Janet Wilde Astington

Wie Kinder das Denken entdecken

Aus dem Amerikanischen von Matthias Reiss
Mit 6 Abbildungen

Ernst Reinhardt Verlag München Basel

Janet W. Astington, Professorin an der Fakultät für Erziehung des Institute of Child Study, University of Toronto

Titel der Originalausgabe: The Child's Discovery of the Mind
Harvard University Press, Cambridge Massachusetts
© 1993 by Janet Wilde Astington

Titelfoto: Bildagentur Schuster, Oberursel/Bank, Park

Die Deutsche Bibliothek – CIP-Einheitsaufnahme

Astington, Janet Wilde:
Wie Kinder das Denken entdecken / Janet Wilde Astington.
Aus dem Amerikan. von Matthias Reiss –
München ; Basel : E. Reinhardt, 2000
Einheitssacht.: The child's discovery of the mind <dt.>
ISBN 3-497-01526-1

© 2000 by Ernst Reinhardt, GmbH & Co KG, Verlag, München

Dieses Werk, einschließlich aller seiner Teile, ist urheberrechtlich geschützt. Jede Verwertung außerhalb der engen Grenzen des Urheberrechtsgesetzes ist ohne schriftliche Zustimmung der Ernst Reinhardt GmbH & Co KG, München, unzulässig und strafbar. Das gilt insbesondere für Vervielfältigungen, Übersetzungen in andere Sprachen, Mikroverfilmungen und für die Einspeicherung und Verarbeitung in elektronischen Systemen.

Printed in Germany

Ernst Reinhardt Verlag, Postfach 38 02 80, D-80615 München
Net: www.reinhardt-verlag.de   Mail: info@reinhardt-verlag.de

In liebevollem Angedenken an meinen Vater
George Wilde, 1902–1991

Inhalt

Kapitel 1: Was ist das Denken? 9
Piaget 14
Methodische Fragen 21
Die Gliederung des Buchs 23

Kapitel 2: Wie denkt man? 26
Alltagspsychologie 27
Mentale Repräsentation 33
Das kindliche Verständnis der Repräsentation 36
Der kulturelle Kontext 39

Kapitel 3: Menschen und Dinge 45
Die ersten Monate 45
Das Ende des ersten Lebensjahres 49
Intentionale Kommunikation 52

Kapitel 4: Gedanken und Dinge 59
Das Ende der Säuglingszeit 59
Das Als-ob-Spiel 62
Was können wir aus dem Als-ob-Spiel von Kindern lernen? 65
Die Unterscheidung zwischen Gedanken und Dingen 70

Kapitel 5: Denken und Sprache ... 76

Mentale Zustände ... 77
Sprechakte ... 81
Gedanken, Worte und Taten ... 84
Erklärung und Vorhersage menschlichen Handelns ... 86

Kapitel 6: Wie Kinder über das Wünschen denken ... 92

Über Bedürfnisse und Emotionen sprechen ... 92
Experimente zur Untersuchung von Bedürfnissen und Emotionen ... 100
Das Verständnis der Intention bei Kindern ... 102

Kapitel 7: Wie Kinder über das Wissen denken ... 112

Informationsaustausch ... 113
Die Ursprünge des Wissen verstehen ... 118
Über Denken und Wissen sprechen ... 122

Kapitel 8: Wie Kinder über Überzeugungen denken ... 126

Verständnis für falsche Überzeugungen ... 127
Die Unterscheidung zwischen Erscheinungsform und Realität ... 133
Eine repräsentationale Theorie des Denkens ... 136
Lügen und Täuschung ... 141
Experimente zur Untersuchung des Täuschungsverständnisses ... 144

Kapitel 9: Das unentdeckte Denken ... 154

Ein autistisches Kind ... 154
Autismus ... 158
Hat das autistische Kind eine Theorie des Denkens? ... 162
Was ruft den Autismus hervor? ... 166
Individuelle Unterschiede beim Autismus ... 173

8 Inhalt

Kapitel 10: Ursachen und Folgen 178
Wie entdeckt das Kind das Denken? 181
Handelt es sich wirklich um eine Theorie des Denkens? ... 188
Folgen aus der Entdeckung des Denkens 199
Schulreif 202

Anmerkungen 211

Literatur 229

Literaturempfehlungen 243

Danksagung 244

Kapitel 1: Was ist das Denken?

- „Ich denke jetzt anders darüber."
- „Haben Sie darüber nachgedacht, wofür Sie sich entscheiden sollen?"
- „Seine Gedanken schweiften umher."

Was ist das für ein Denken*, das uns allen gemeinsam ist? Warum denke ich jetzt anders darüber? Wie haben Sie darüber nachgedacht, wofür Sie sich entscheiden sollen? Mit welcher Zielrichtung schweiften seine Gedanken umher? Wie kommen wir überhaupt darauf, daß wir denken können. Betrachten Sie sich selbst. Körper können wir sehen, zumindest ihre äußere Erscheinungsform; und wir wissen etwas über die Existenz von Muskeln, Blut, Knochen und Nerven unter der Haut. Wir können den Körper sehen und beobachten, was er macht – er bewegt sich, er nimmt Nahrung auf, legt sich hin usw. Doch stellen Sie sich wirklich ihre Familie und ihre Freunde als eine komplizierte Ansammlung von Zellen vor, die sich bewegen, innehalten und sich dann wieder bewegen? Ich habe da meine Zweifel. Dies wäre eine recht ungewöhnliche Art, sich Menschen vorzustellen. Unser Interesse richtet sich meist auf eine andere Ebene, auf der wir es mit Täuschung und Enttäuschung, mit Hoffnung und Glück, mit Überraschungen und Geheimnissen zu tun haben. Wie ist es möglich, daß der materielle Ausgangsstoff zu einem derartig vielschichtigen Leben führt?

* Anm. des Übersetzers: Im Englischen taucht hier das Wort „mind" auf. So lautet das zweite Satzbeispiel im Original: „Have you made up your mind?" Das Wort „mind" wurde in diesem Buch durchgängig mit „Denken" übersetzt. Mind kann aber auch Seele, Verstand oder Geist heißen. So ist das mind-body problem das Leib-Seele-Problem. Weitere Bedeutungen sind Sinn, Gemüt, Meinung, Ansicht, Erinnerung.

Ein solches vielschichtiges Leben gibt es auf der Ebene menschlicher Beziehungen. Wir machen uns Gedanken darüber, was Menschen tun, wie es mit dem zusammenpaßt, was wir selbst tun, wie das wiederum andere beeinflußt usw. Wir wollen wissen, warum Menschen das machten, was sie machten, und wir fragen uns, was sie als nächstes tun werden. Wenn es sich so anhört, als wären wir Psychologen, dann ist genau das meine Absicht. Psychologen versuchen, menschliches Verhalten zu verstehen, zu erklären, warum sich Personen so und nicht anders verhalten, und vorzusagen, was die Menschen machen werden. In diesem Sinne sind wir alle Psychologen. Vielleicht ist es nicht unser Ziel, allgemeine Gesetzmäßigkeiten aufzustellen, die das menschliche Verhalten erklären, doch wir alle interessieren uns für die Art und Weise, wie sich die Menschen verhalten. „Warum hat sie das gemacht?" „Was wird er als nächstes tun?" Hier handelt es sich um die Art von Fragen, die wir uns gegenseitig jeden Tag stellen. Selbstverständlich nehmen die Erklärungen der Psychologen recht unterschiedliche Formen an, je nachdem, welche spezielle Theorie sie nun bevorzugen. „Sie ist in der Vergangenheit dafür verstärkt worden, dieses Verhalten zu zeigen", sagt der eine. „Sein Gehirn ist noch nicht voll ausgereift", sagt der andere. Aber was ist mit den Erklärungen, die wir uns täglich gegenseitig in unseren Unterhaltungen anbieten? Wir sagen: „Sie wollte etwas bekommen, deshalb..." „Er glaubt, es ist..." „Sie war traurig, weil..." Unsere Antworten auf diese Fragen beziehen sich darauf, was Menschen denken, wollen und empfinden. Dies ist unsere Alltagspsychologie, für die wir unseren gesunden Menschenverstand gebrauchen. Und genau das müssen wir einmal näher betrachten, damit wir das Denken entdecken können.

Diese Alltagspsychologie wird häufig *Psychologie der Überzeugungen und der Bedürfnisse* genannt, weil sie sich eben darauf beruft. In diesem Zusammenhang haben die Wörter „Überzeugung" und „Bedürfnis" nicht ihre gewöhnliche umgangssprachliche Bedeutung; dort heißt nämlich Überzeugung soviel wie einem religiösen Glauben anhängen, und Bedürfnis bedeutet soviel wie Lust auf oder Sehnsucht nach etwas. So wie ich die

Wörter an dieser Stelle und im gesamten Buch gebrauche, bedeutet Überzeugung einfach, etwas als wahr ansehen, und Bedürfnis heißt soviel wie Wollen. Warum ging beispielsweise Carl heute morgen an mir vorbei und unterhielt sich nicht mit mir? Weil er dachte, es wäre 9 Uhr und weil er rechtzeitig bei einem Termin sein wollte; er schämte sich, weil er bisher jede Woche zu spät gekommen war, und er wollte sich bessern. Das ist damit gemeint, wenn wir uns auf die Überzeugungen, Bedürfnisse, Emotionen und Intentionen einer Person beziehen, um ihr Verhalten zu erklären und vorherzusagen. Zu glauben, es sei schon spät, das Bedürfnis zu haben, diesmal pünktlich zu sein, ein Gefühl der Scham wegen des Verhaltens in der Vergangenheit zu empfinden, die Absicht zu haben, es besser zu machen – dies alles sind Zustände des Denkens. Eigentlich *bilden* sie alle zusammengenommen das Denken. Natürlich haben all diese Zustände des Denkens ihren Ursprung im Gehirn, doch das Denken ist nicht gleichbedeutend mit dem Gehirn; es ist die Summe dieser mentalen Zustände. Diese Gedanken, Wünsche, Gefühle, Pläne usw., sie alle machen zusammen das Denken aus – wenn es denn existiert.

Warum schreibe ich „Wenn es denn existiert"? Einige Philosophen und einige Psychologen beschäftigen sich intensiv mit der Frage, ob solche mentalen Zustände wirklich existieren. Wie ich gerade erwähnte, haben diese mentalen Zustände ihren Ursprung im Gehirn, in neuronaler Aktivität. Was wir Überzeugungen und Bedürfnisse nennen, sind, so behaupten diese Wissenschaftler, schlicht und einfach bestimmte Zustände des Gehirns. Darum brauchten wir uns keine vermittelnde Ebene zwischen Gehirn und Verhalten vorzustellen. Mentale Zustände seien einfach Hirnzustände. Verhaltensveränderungen könnten vollständig durch Veränderungen im Gehirn erklärt werden.[1]

Diese Personen mögen sich Gedanken darüber machen, ob mentale Zustände wie Überzeugungen und Bedürfnisse wirklich existieren, wir jedoch nicht. Und eigentlich machen sie dies in ihrem täglichen Leben auch nicht. Eine glühende Verfechterin der materialistischen Philosophie würde durchaus meiner Erklärung dafür zustimmen können, warum Carl heute morgen so schnell an mir vorbeiging – womöglich hätte sie dasselbe gesagt. Wie jeder andere auch sprechen diese Philosophen und Psychologen darüber, was die Menschen denken, wollen, erhoffen, vorhaben usw. Seit Generationen haben Schriftsteller, Poeten und ganz gewöhnliche Personen auf diese Weise miteinander gesprochen. In der Tat ist *Alltagspsychologie* ein anderer Name für die Psychologie der Überzeugungen und Bedürfnisse. Die Alltagspsychologie nimmt einfach an, daß Überzeugungen und Bedürfnisse existieren. Sie nimmt an, daß Menschen so etwas wie einen Geist oder ein Denken haben, das die Summe ihrer Überzeugungen, Bedürfnisse, Gefühle und Absichten darstellt. Und dann macht sie Gebrauch von dieser Annahme, um zu erklären, warum Menschen sich so verhalten, wie sie es tun, und um vorherzusagen, was sie machen werden.

In letzter Zeit ist es üblich geworden, diese Alltagspsychologie eine *Theorie des Denkens* zu nennen. Der Begriff wurde in diesem Zusammenhang erstmals von zwei Psychologen, von David Premack und Guy Woodruff, bei ihren Forschungen auf dem Gebiet der Intelligenz bei Menschenaffen gebraucht.[2] Eines ihrer Interessensgebiete war die Fähigkeit der Schimpansen, Handlungen von Menschen vorherzusehen. Sie zeigten den Schimpansen Videobänder, auf denen ein menschlicher Akteur in einem Tierkäfig auf Schwierigkeiten stieß, wenn er versuchte, die Hand nach unerreichbaren Gegenständen wie etwa einem Bund Bananen außerhalb des Käfigs auszustrecken. Gegen Ende des Videobandes zeigten sie dem Tier zwei Fotos; davon zeigte ein Bild die „Lösung" des Problems, etwa indem der Akteur einen Stock aus dem Käfig ragen ließ. Sie fanden heraus, daß der Schimpanse zuverlässig lieber das Bild mit der Lösung als das andere Bild auswählte. Bestärkt durch weitere Ergebnisse aus anderen ähnlich gearteten Experimenten interpretierten sie dies als Hinweis darauf, daß Schimpansen eine Theorie des Denkens haben. „Eine einzelne Person hat eine Theorie des Denkens, wenn sie sich selbst und anderen mentale Zustände zuschreibt. Ein solches System von Schlußfolgerungen kann mit Recht als Theorie betrachtet werden; denn derartige Zustände sind nicht direkt beobachtbar, und das System kann dazu dienen, das Verhalten anderer vorherzusagen."[3] Weil der Schimpanse ein Foto dem anderen vorzog, schlossen diese Forscher somit, daß das Tier nicht beobachtete mentale Zustände einem Akteur zuschrieb, wie etwa, Bananen haben zu wollen, und daß es sie nutzte, „Vorhersagen" über dessen Verhalten anzustellen, wie etwa, daß er mit dem Stock herumstochern würde. Aus diesen Vorhersagen schlossen sie, daß das Tier eine Theorie des Denkens hatte.

Es muß wohl nicht extra erwähnt werden, daß diese recht verstiegenen Behauptungen zu einer langen Diskussion führten. Dabei schlugen eine Reihe von Philosophen ein experimentelles Paradigma vor, das zeigen sollte, ob jemand oder irgendein Tier eine Theorie des Denkens im Sinne von Premack und Woodruff hat.[4] Sowohl das Paradigma als auch den Begriff nahmen zwei Entwicklungspsychologen zum Anlaß für einen richtungsweisenden Artikel; hier wurde näher untersucht, welches Verständnis Kinder für das Denken anderer Menschen entwickeln.[5] Seit dieser Zeit ist die Theorie des Denkens bei Kindern zu einem lebendigen Forschungsgebiet innerhalb der Entwicklungspsychologie geworden. Wissenschaftler stellen beispielsweise Fragen wie: Was wissen Kinder über das Denken – über Täuschung, Enttäuschung, Überraschung, Glück? Können Kinder das Verhalten der Menschen erklären, indem sie ihre Gedanken und Wünsche mit einbeziehen? Glauben sie an die Alltagspsychologie? Dies sind die Fragen, mit denen ich mich in diesem Buch beschäftigen werde. Es ist eine faszinierende Geschichte; eigentlich sind es sogar zwei Geschichten.

Bei der ersten handelt es sich um die Geschichte, in der es darum geht, wie Kinder das Denken entdecken. Tatsächlich müssen sie zwei Entdeckungen machen. Die eine besteht darin, daß es bei Menschen so etwas wie Denken gibt, das sich aus Gedanken, Wünschen usw. bildet. Ich nenne dies die Entdeckung dessen, *worin das Denken besteht*. Bei der anderen fragen wir uns, wo diese Gedanken und Wünsche herkommen und welche Auswirkungen sie haben. Ich nenne dies die Entdeckung, *wie das Denken vor sich geht*. Vielleicht handelt es sich hier um eine Vereinfachung, weil beides ja nicht wirklich voneinander zu

14 Was ist Denken?

trennen ist, doch wir können es uns als etwas Getrenntes vorstellen. Was ist das Denken? Es besteht, wie ich bereits erwähnte, aus Überzeugungen, Bedürfnissen, Gefühlen und Absichten. Das Denken ist die Summe all dieser mentalen Zustände oder, wie wir auch sagen können, dieser *mentalen Repräsentationen*. Und was geht in diesem Denken vor? Es *repräsentiert*, das heißt, es bringt diese mentalen Zustände hervor. Hier geraten wir langsam zu sehr ins Fachliche. Es ist aber wichtig, sich in Erinnerung zu rufen, daß die Entdeckungen, die von den Kindern gemacht werden, nicht die Entdeckungen der Psychologen sind, sondern die ganz gewöhnlicher Menschen, die des sprichwörtlichen Mannes oder der Frau auf der Straße. Möglicherweise lernen sie nie die Wörter „repräsentieren" oder „Repräsentation". Trotzdem können wir ihre Entdeckungen damit beschreiben. Und das ist die zweite Geschichte.

Diese zweite Geschichte spielt in der wissenschaftlichen Psychologie. Sie beschäftigt sich damit, wie Psychologen allmählich herausfanden, welches Verständnis Kinder vom Denken haben. Die beiden Geschichten – was wir über Kinder wissen und wie wir dazu kamen, es zu wissen – haben offensichtlich etwas miteinander zu tun. In den folgenden Kapiteln werde ich die Entwicklung der Kinder im Hinblick auf die Theorie des Denkens beschreiben und mich mit der Forschung auseinandersetzen, die dieser Beschreibung zugrunde liegt.

Piaget

Ich beginne mit Jean Piaget; denn er war es, der als erster untersucht hat, welches Verständnis Kinder vom Denken oder zumindest von einigen mentalen Phänomenen wie Gedanken und Träumen haben. Es gibt keine einhellige Zustimmung mehr zu allem, was Piaget aus seinen Untersuchungen geschlossen hat; trotzdem ist sein Werk wichtig, weil er der erste war, der derartige Fragen aufwarf, und dies stellte die Grundlage für die spätere Forschung dar. Die Untersuchungen wurden zu einem frühen Zeitpunkt in Piagets beruflicher Karriere durchgeführt, und über sie wird in seinen ersten Büchern aus den zwanziger

Jahren berichtet.[6] Schon viele Autoren haben dargestellt, wie Piaget dazu kam, diese Untersuchungen zu machen. Am Anfang seiner beruflichen Entwicklung war er nicht Psychologe sondern Biologe. Aber er interessierte sich auch für philosophische Fragen, insbesondere für diejenigen, die mit dem Wesen des Wissens zu tun hatten – was Wissen ist und wie es erlernt wird. Er dachte, daß er durch ein Psychologiestudium, insbesondere durch die Beschäftigung mit der Frage, wie das Wissen von einem sich entwickelnden Kind erlernt wird, sein Interesse an philosophischen Fragen mit dem Wissen über naturwissenschaftliche Methodik, wie sie in der Biologie zur Anwendung kommt, zusammenführen könnte. Piaget begann im Jahre 1918 sein Psychologiestudium, nachdem er den Doktor der Zoologie gemacht hatte. Er war an psychologischen Laboratorien in Zürich und Paris tätig, und es gab auch eine kurze Zwischenphase, während der er in einer psychiatrischen Klinik arbeitete. Im Jahre 1921 ging er nach Genf und begann seine lang andauernde wissenschaftliche Beschäftigung mit Fragen der Entwicklung von Kindern. In seinen ersten Untersuchungen wandte er eine Interviewtechnik an, die er in der psychiatrischen Klinik gelernt hatte. Er fragte Kinder nach ganz gewöhnlichen Dingen und Ereignissen; er folgte den Kindern, wohin ihre Antworten auch führten. Am Anfang eines Gesprächs pflegte er gewisse, vorher festgelegte Fragen zu stellen, doch danach ließ er es zu, daß die Antworten der Kinder den Verlauf des Informationsaustauschs bestimmten.

Die Kinder waren zwischen vier und zwölf Jahre alt. Piaget fragte sie nach Gedanken und Träumen, darüber, welche Dinge Schmerzen empfinden könnten, welche Dinge lebendig seien, er stellte Fragen über die Sonne, den Mond und über das Wetter. Man mag es vielleicht nicht für möglich halten, daß das kindliche Verständnis von Astronomie und Metereologie uns viel über ihr Verständnis des Denkens sagt, doch es ist tatsächlich so. Zum einen zeigten die Kinder in ihren Antworten auf diese Fragen, wie sie über sich selbst denken; und, was wir über unser Selbst denken, hängt in starkem Maße damit zusammen, was wir über das Denken denken. Zum andern stellte sich heraus, daß Kinder im Gegensatz zu uns keine Unterscheidung zwischen Menschen und Dingen machen. Sie versehen den Mond und den Wind mit ihren eigenen mentalen Fähigkeiten – oder zumindest sprechen sie davon, was der Mond weiß und was der Wind gerne möchte; das teilt uns etwas über ihr Verständnis des Wissens, des Wollens und vor allem über ihre geistigen Handlungen mit.

Piaget oder einer seiner Mitarbeiter stellte den Kindern Fragen wie:

- Woher kommen die Träume?
- Womit denkst du?
- Was war zuerst da, die Dinge oder die Namen?
- Wie fing die Sonne an?
- Wie bewegt sich der Mond?
- Wenn du diesen Stein pieken würdest, würde er es spüren?
- Weiß ein Fahrrad, daß es fährt?
- Warum sinkt ein Boot nicht?

Nach der einleitenden Frage folgte der Erwachsene dem Kind dahin, wohin die Antwort des Kindes führte. So fragte Piaget einen Fünfjährigen: „Sind Träume wahr?" Das Kind erwiderte: „Nein, sie sind Bilder, die wir sehen."

„Woher kommen sie?"
„Von Gott."
„Sind deine Augen offen oder geschlossen, wenn du träumst?"
„Geschlossen."
„Meinst du, ich könnte deinen Traum sehen?"
„Nein, Sie wären zu weit weg.
„Und deine Mutter?"
„Ja, aber sie macht das Licht an."
„Ist der Traum im Zimmer oder in dir?"
„Er ist nicht in mir; sonst sähe ich ihn ja nicht."
„Und könnte deine Mutter ihn sehen?"
„Nein, sie liegt ja nicht im Bett. Nur meine kleine Schwester, die neben mir schläft."[7]

Hier ein weiteres Beispiel: Piaget fragt ein Kind, das gerade sieben geworden war: „Du weißt, was es heißt zu denken?"

„Ja."
„Dann denk dir ein Haus. Womit denkst du?"
„Mit dem Mund."
„Kannst du denken, wenn der Mund zu ist?"
„Nein."
„Wenn die Augen zu sind?"
„Ja."
„Mit zugestopften Ohren?"
„Ja."
„Schließ jetzt deinen Mund und denk an euer Haus. Denkst du?"
„Ja."
„Womit hast du gedacht?"
„Mit dem Mund."[8]

Piaget interessierte sich nicht vorwiegend dafür, was die Kinder über diese Einzelphänomene, die Träume, die Gedanken usw. dachten. Er beschäftigte sich mit größeren Zusammenhängen. Er wollte die Eigenarten und den Gesamtzusammenhang des kindlichen Denkens in unterschiedlichen Entwicklungsstufen erklären. Aus den Antworten der Kinder auf viele unterschiedliche Fragen, aus der Beobachtung von Gesprächen unter Kindern in alltäglichen Situationen und aus der Auswertung der Fragen, die sie spontan stellten, leitete er eine ganze Reihe zentraler Konzepte ab, die dazu genutzt werden konnten, das Denken und die Entwicklung der Kinder zu charakterisieren. Drei wichtige Konzepte in seinen frühen Schriften sind *Realismus*, *Animismus* und *Egozentrismus*. Zusammengenommen können diese Konzepte dazu dienen, Piagets Auffassung darüber zu beschreiben, welches Verständnis Kinder vom Denken haben.

Piaget kam zu der Schlußfolgerung, daß für kleine Kinder vor dem sechsten Lebensjahr das geistige Leben überhaupt nicht existiert. Im Hinblick auf psychologische Phänomene sind sie Realisten, sagt er. Sie unterscheiden nicht zwischen geistigen Gebilden, wie Gedanken und Träumen, und realen physischen Dingen. Viele der Kinder, die Piaget befragte, verbanden wie das oben erwähnte Kind Denken mit Sprechen. Wenn Piaget fragte: „Womit denkst du?", antworteten sie: „Mit dem Mund." Denken war für sie so etwas wie Sprache. Die Kinder gaben auch realistische Antworten auf solche Fragen wie: „Woher kommen die Träume?" Sie dachten, Träume kämen durch die Nacht, aus den Lampen, vom Himmel. Sie dachten, der Traum sei bei ihnen im Zimmer; und einige dachten sogar, daß andere Personen den Traum auch sähen, wenn sie nur im Zimmer wären. Das heißt, der Realismus in der Kindheit stattet geistige Gebilde, wie Gedanken und Träume, mit solchen physischen Eigenschaften aus wie der einer öffentlichen Existenz und eines Platzes in der Welt. Kinder, die in diesem Sinne Realisten sind, können die Dinge und die Gedanken über Dinge nicht voneinander unterscheiden. Nach Piaget „kann das Kind nicht unterscheiden zwischen einem realen Haus beispielsweise und einem Begriff oder einem geistigen Bild oder einem Namen des Hauses."[9]

Umgekehrt, sagte Piaget, denken Kinder, daß Bäume und Felsen, die Sonne und der Mond leben. So war er etwa daran interessiert, wie Kinder eine Parallaxe deuten, beispielsweise die scheinbare Bewegung des Mondes, wenn sich der Standpunkt des Beobachters ändert. Er fragte einen Sechsjährigen:

„Was macht der Mond, wenn du gehst?"
„Er geht mit uns mit."
„Warum?"
„Weil der Wind ihn bewegt."
„Weiß der Wind, daß du gehst?"
„Ja."
„Und der Mond auch?"
„Ja."
„Bewegt er sich absichtlich, um mit dir mitzugehen, oder weil er das muß?"
„Er kommt einfach mit, um für uns zu scheinen."[10]

Diese Antworten veranschaulichen das Phänomen des kindlichen Animismus. Genauso wie Kinder psychologische Phänomene mit Eigenschaften der physischen Welt ausstatten, machen sie auch den umgekehrten Fehler, die physische Welt mit Leben zu versehen, und auch, was an dieser Stelle sogar noch wichtiger ist, mit einem geistigen Leben. Dingen, die sich so verhalten, wie sie es eben tun, wird ein Bewußtsein zugeschrieben; sie verhalten sich also nicht nach Naturgesetzen, sondern so, wie sie es wollen und wie sie denken. Beispielsweise beruft sich sogar die Erklärung eines Neunjährigen, warum eine Kiste, die an einem doppelt verdrehten Bindfaden aufgehängt wurde, immer wieder dreht, eher auf die Psychologie als auf die Physik.

„Warum dreht sie sich?"
„Weil der Bindfaden verdreht ist."
„Warum bewegt sich denn der Bindfaden?"
„Weil er sich loswickeln will."
„Warum?"
„Weil er losgewickelt werden möchte."
„Weiß der Bindfaden, daß er verdreht ist?"
„Ja."
„Warum?"
„Weil er sich loswickeln möchte, weiß er, daß er verdreht ist."
„Weiß er wirklich, daß er verdreht ist?"
„Ja. Ich bin nicht ganz sicher."
„Wie meinst du, kann er das wissen?"
„Weil er mitbekommt, daß alles verdreht ist."[11]

Piaget versuchte zu erklären, warum sich Kinder die Welt auf diese Weise vorstellen. Warum meint ein Kind, daß Träume von draußen in sein Zimmer kommen, daß der Mond ihm folgt, wo immer er hingeht, daß der Bindfaden sich verdreht vorkommt? Piagets Antwort lautet, daß Kinder so denken, weil sie egozentrisch sind. Er gebrauchte den Begriff „egozentrisch" zunächst, um einige Aspekte der kindlichen Sprache zu beschreiben. In der frühen Zeit sprechen die Kinder einfach mit sich selbst, ohne die Absicht zu haben, mit irgend jemandem zu kommunizieren. Möglicherweise wiederholen sie etwas, was sie gerade gehört haben, oder sie sprechen einfach mit sich selbst. Selbst in einer Gruppe sprechen kleine Kinder, die anscheinend miteinander reden, vielleicht ganz mit sich alleine, ohne den Versuch zu machen, die Bemerkungen anderer zu verstehen und auf sie zu antworten. Piaget beschrieb ein derartiges Gespräch als „egozentrisch" oder selbstzentriert; hier ist nicht gemeint, daß das Kind selbstsüchtig ist, sondern nur, daß es ganz für sich ist. Das Kind unternimmt „nicht den Versuch, sich selbst in die Position des Zuhörers zu versetzen."[12] Eigentlich können die Kinder das auch gar nicht, weil sie noch keine Vorstellung vom Standpunkt eines anderen Menschen haben. Das Kind ist sich seiner selbst, seiner eigenen Position noch nicht bewußt. Wenn man ein Bewußtsein seiner selbst entwickelt, wird die Subjektivität der eigenen Erfahrung offensichtlich, und man wird in die Lage versetzt, die Welt objektiv zu sehen. Weil Kinder sich ihrer selbst nicht bewußt sind, verwechseln sie das Selbst und die Welt miteinander. Ohne Subjektivität, sagt Piaget, verstehen Kinder ihre Gedanken und Träume als Teil der physischen Welt; dies wiederum führt zum Realismus. Und ohne Objektivität verstehen sie die physischen Dinge so, als wären sie wie sie selbst; dies führt zum Animismus. Sie glauben, physische Gegenstände hätten in ähnlicher Weise Wissen und Ziele, wie es bei Kindern selber der Fall ist.

Nachdem Piaget diese Schlußfolgerungen veröffentlicht hatte, widmete er seine Aufmerksamkeit der Beschäftigung mit Kleinkindern. Zum Teil war er auch durch die frühe Entwicklung seiner eigenen Kinder dazu angeregt worden, verstehen zu wollen, woher der Gedanke des Egozentrismus, des Realismus und des Animismus kommt. Offensichtlich brauchte er eine andere Untersuchungsmethodik. Babys kann man nicht fragen; man muß sie einfach beobachten. In diesem Zusammenhang war Piagets naturwissenschaftliche Ausbildung von besonderer Bedeutung, denn hier wurde die Fähigkeit betont, genaue und detaillierte Beobachtungen zu machen. Piaget folgerte, daß die Entwicklung bei Kleinkindern entscheidend von ihrer Aktivität abhängt. Später konzentrierte sich Piaget wieder auf ältere Kinder, doch verließ er sich nicht mehr allein auf verbale Fragen. Er setzte Materialien ein, mit denen der Experimentator oder das Kind arbeiten und über die sie sprechen konnten. Ein meiner Auffassung nach bedeutsamerer Unterschied bestand in der Tatsache, daß Piaget nicht mehr so sehr am kindlichen Verständnis psychologischer Phänomene interessiert war; er richtete seine Aufmerksamkeit auf das Verständnis physischer Phänomene. Er interessierte sich immer stärker dafür, das Kind als Laienphysiker zu beschreiben, nicht so sehr als Laienpsychologen.

Methodische Fragen

Man hat Piagets Methodik bei seinen frühen Untersuchungen zu Recht deswegen kritisiert, weil sie zu sehr auf den Verbalisierungsfähigkeiten der Kinder aufbaute, also auf den Fähigkeiten, über ihr Verständnis zu sprechen. Aber das war nicht das einzige; die Fragen setzten eine Ontologie voraus, von der man auch beim Erwachsenen nicht ausgehen kann. So fragte Piaget: „Woher kommen die Träume?" Und er nahm dabei an, daß Träume physikalische Objekte sind, die irgendwoher kommen. Wenn ein kleines Kind, das die Frage auf die eine oder andere Weise beantworten wollte, erwiderte „Vom Himmel", wurde es der Gruppe der Realisten zugeordnet. Piagets frühe und eigentlich auch seine späte Arbeit wurde weiterhin deswegen kritisiert, weil die Fragen und die Aufgaben nicht in einen Zusammenhang gestellt wurden, der für das Kind von Bedeutung war. Wenn wir uns für die Fähigkeiten und für das Verständnis von Kindern interessieren, dann müssen wir darauf achten, daß wir Fragen stellen, die sie im Zusammenhang mit Situationen verstehen, die für sie einen Sinn ergeben. Wir alle fallen in die Alltagspsychologie zurück, wenn wir mit Phänomenen konfrontiert werden, die wir nicht vollständig verstehen – erst gestern wollte mein Computer nichts mehr auf die neue Diskette schreiben.

Vor ungefähr 20 Jahren begannen Forscher wie Margaret Donaldson und Rochel Gelman damit, einige der experimentellen Aufgaben von Piaget in einen Zusammenhang zu bringen, der für kleine Kinder, sogar für Vorschulkinder, einen Sinn ergibt. Die beiden Forscherinnen zeigten, wie kompetent Vorschulkinder tatsächlich in ihrem Denken und Schlußfolgern über die physische Welt sein können, viel kompetenter als man nach Piagets Arbeiten hätte erwarten können. In neuerer Zeit haben Entwicklungspsychologen wie John Flavell, Henry Wellman, Josef Perner, Paul Harris und viele andere untersucht, welches Verständnis Vorschulkinder von psychologischen Begriffen entwickeln; wiederum achteten diese Forscher darauf, daß die Aufgaben und Fragen in einem Zusammenhang standen,

den kleine Kinder dieses Alters verstehen können. Erneut können wir sehen, wie kompetent Vorschulkinder sind, wenn wir es mit dem vergleichen, was sich aus Piagets Arbeiten ergab. Wellman und seine Kollegen zeigten beispielsweise, daß ganz kleine Kinder in Wahrheit den Unterschied zwischen Gedanken und Dingen kennen. Dreijährige sind in der Lage, zu sagen, worin der Unterschied zwischen einem Jungen besteht, der an einen Keks denkt, und einem Jungen, der einen Keks hat. Sie wissen, welcher von beiden einen Keks sehen, berühren und essen kann. Sie glauben nicht, daß Gedanken real sind.

Methodische Fragen sind wichtig. Wie sollen wir das kindliche Verständnis des Denkens untersuchen? Wann ist es erlaubt, zu dem Schluß zu kommen, daß Kinder dies oder jenes beim Denken nicht verstehen? Erstens ist es wichtig, sich daran zu erinnern, daß es das kindliche Alltagsverständnis ist, wofür wir uns interessieren; es handelt sich um die Art von Verständnis, das, wie ich zuvor erklärte, ganz gewöhnliche Menschen haben, und es geht nicht um ein Verständnis, wie es kognitive Psychologen entwickeln. Zweitens suchen wir nicht nach verbalen Beschreibungen einer Alltagspsychologie, wie sie uns Philosophen beschreiben könnten. Wir erwarten von Kindern nicht, daß sie ihre Theorie des Denkens beschreiben können; wir müssen sie erschließen. Und wie erschließen wir sie? Wir gehen so vor, daß wir zwei grundlegende Methoden der Entwicklungspsychologie nutzen: die Beobachtung und das Experiment. Wir können Kinder dabei beobachten und ihnen zuhören, wie sie in ihrer eigenen familiären Umwelt leben, sprechen und spielen. Oder wir können Experimente planen und ihr Verständnis an dem messen, was sie sagen und als Reaktion auf unsere Aufgaben machen. Selbstverständlich gehen wir weiter, als nur zu beobachten und zu experimentieren. Wir müssen uns entscheiden, was es denn ist, was wir beobachten oder messen wollen. Und bei der Beantwortung der Frage, was es nun wert ist, beobachtet oder gemessen zu werden, werden wir von unseren Theorien geleitet.

Wie bereits erwähnt, wurde Piagets Arbeit kritisiert, weil er sich zu sehr darauf verließ, daß die Kinder ihr Verständnis bei ihren Antworten auf seine manchmal etwas merkwürdigen Fragen verbalisieren konnten. Spätere Forscher richteten ihr Augenmerk darauf, ihre Probleme in einen für die Kinder bedeutungsvollen Zusammenhang zu bringen und Fragen in Begriffe zu fassen, die ein Kind versteht. Ihre Ergebnisse und Schlußfolgerungen werden jedoch von anderen Forschern kritisiert, die die Interaktionen der Kinder im Durcheinander des Familienlebens beobachten. Derartige Beobachtungen legen den Gedanken nahe, daß Kinder in einem viel früheren Alter auf eine Art Alltagspsychologie zurückgreifen, als man aufgrund experimenteller Arbeiten meinen könnte. Judy Dunn hat Treffendes über diese Diskrepanz geschrieben.[13] Es erscheint einem paradox, sagt sie, daß Kleinkinder sich so gut auf Menschen einstellen können, daß Trotzkinder sich offensichtlich der Reaktionen anderer Menschen und deren emotionaler Reaktionen so bewußt sind, aber daß ältere Vorschulkinder dennoch bei experimentellen Tests zum Verständnis für den Standpunkt anderer Menschen versagen. Dieses Problem läßt sich nicht so einfach lösen; man sollte es jedoch beim Lesen der nächsten Kapitel, in denen ich die Ergebnisse von experimentellen und Beobachtungsstudien beschreibe, im Hinterkopf behalten. Manchmal ist auch nur eine Information verfügbar, die mit Hilfe einer der beiden Untersuchungsmethoden gewonnen wurde. Wenn sich widersprüchliche Befunde aus diesen beiden Quellen ergeben, werde ich versuchen, sie gegeneinander abzuwägen. Es ist durchaus möglich, daß der Widerspruch größer zu sein scheint, als er ist, daß die Experimentatoren und die Beobachter einfach nur über unterschiedliche Aspekte der kindlichen Entdeckung des Denkens sprechen.

Die Gliederung des Buchs

Der Gliederung des Buchs liegen drei Themenstellungen zugrunde. Das Hauptthema wird immer wieder angesprochen. Es geht dabei um den Gegenstand oder die Inhaltsbereiche, mit denen sich die Theorie des Denkens beschäftigt, wie sie bei Kindern anzutreffen ist – ihr Verständnis von Verstellung, Bedürfnis, Absicht, Vorstellung usw., ihre Fähigkeit, darüber zu sprechen, und die Auswirkung, die dieses kindliche Verständnis auf ihre sozialen Interaktionen und auf ihre Schulreife hat. Diese Themenstellungen sind Gegenstand unterschiedlicher Kapitel.

Die zweite Themenstellung beschäftigt sich mit dem zeitlichen Verlauf. In jedem Inhaltsbereich hängen die Fähigkeiten und das Verständnis der Kinder von ihrem Alter ab. Ich konzentriere mich in diesem Buch auf die Zeitspanne von 18 Monaten bis zu fünf Jahren; und jedes Kapitel des Buchs beschäftigt sich mit Entwicklungsveränderungen zwischen diesen beiden Altersstufen. Wenn ein bestimmter Bereich in einem bestimmten Alter von besonderer Bedeutung ist, wird dieses Alter in dem relevanten Kapitel besonders hervorgehoben. Um zu zeigen, wo das Verständnis seinen Ursprung hat und wohin es führt, gebe ich auch einige Literaturempfehlungen für die Zeit vor 18 Monaten und das Alter nach fünf Jahren.

Das dritte Thema ist eher theoretischer Natur. Die Ausweitung der Forschung zur kindlichen Theorie des Denkens hat in letzter Zeit zu einer ganzen Reihe unterschiedlicher theoretischer Interpretationen geführt; einige von ihnen ergänzen sich gegenseitig, andere allerdings widersprechen sich.[14] Es gibt da zum Beispiel einen Streit, ob sich die Befunde besser dadurch erklären lassen, daß es zwischen früher Kindheit und Jugend zu einer allmählichen Entwicklung im kindlichen Verständnis kommt, oder ob zu bestimmten Zeitpunkten, etwa zwischen 18 Monaten und vier Jahren, ein grundlegender Wandel vor sich geht. Dies führt zu einer Debatte darüber, ob sich Kinder eigentlich eine Theorie über das Denken konstruieren, ob sie andere Menschen auf der Grundlage ihrer eigenen Erfahrungen verstehen oder ob sie ihr Verständnis einfach über die Kultur in sich aufnehmen. Wenn ich hier diese Fragen anspreche, dann beabsichtige ich, die Argumente so mit den Befunden in Beziehung zu setzen, daß die Debatte für Laien klarer wird und denjenigen, die bereits damit vertraut sind, ein brauchbarer Überblick geboten wird.

Im zweiten Kapitel stelle ich unser Alltagsverständnis vom Denken detaillierter dar, insbesondere unser Alltagsverständnis der mentalen Repräsentation dessen, was beim Denken vor sich geht. In den darauffolgenden Kapiteln beschäftige ich mich damit, wie die Kinder allmählich das Denken entdecken. Kapitel 3 beschreibt wichtige Vorläufer der kindlichen Theorie des Denkens, wie sie sich bei Kleinkindern entwickelt, insbesondere die Fähigkeit, zwischen Menschen und Dingen zu unterscheiden. Kapitel 4 konzentriert sich auf einschneidende Entwicklungen, die um das Alter von 18 Monaten herum stattfinden und für die beginnende Fähigkeit kennzeichnend sind, zwischen der Welt und mentalen Repräsentationen der Welt, zwischen Gedanken und Dingen zu unterscheiden. Kapitel 5 beschäftigt sich mit dem Verhältnis von Gedanken und Worten, also mit der Beziehung zwischen mentalen Zuständen und Sprechakten; hier setzen wir uns mit der Frage auseinander, wie wir unser Wissen über mentale Zustände nutzen, um menschliches Verhalten vorherzusagen und zu erklären. Die nächsten drei Kapitel unterziehen das kindliche Verständnis dieser Beziehung zwischen Gedanken und Handlungen einer genaueren Analyse; dabei geht es um die Zusammenhänge zwischen dem Denken und der Welt. Kapitel 6 konzentriert sich darauf, wie Kinder Bedürfnisse und Intentionen verstehen. Kapitel 7 setzt sich mit ihrem Verständnis der Wahrnehmung und des Wissens sowie mit der Wirkung der Welt auf das Denken auseinander. Kapitel 8 beschäftigt sich vor allem mit ihrem Verständnis der Überzeugung und der Täuschung sowie damit, wie sie die Diskrepanz zwischen dem, was in ihrem Denken, und dem, was in der Welt vor sich geht, verstehen. In Kapitel 9 gehe ich näher auf die atypische Entwicklung von autistischen Kindern ein und werfe die Frage auf, ob sie eine Theorie des Denkens entwickeln. Schließlich greife ich in Kapitel 10 noch einmal allgemein das Problem auf, ob Kinder wirklich eine Theorie über das Denken entwickeln. Wie entdecken sie das Denken, das heißt, wie kommt es zu dieser Entwicklung? Und ich versuche zu beurteilen, worin die Konsequenzen dieser Entdeckung bestehen – was haben Kinder gelernt, wenn sie fünf Jahre alt sind, und wie grundlegend ist das für die Schulreife?

Kapitel 2: Wie denkt man?

Bevor wir darauf eingehen können, wie Kinder das Denken entdecken und sich die Alltagspsychologie bei ihnen herausbildet, müssen wir uns mit Fragen beschäftigen, die im vorigen Kapitel lediglich kurz angesprochen wurden: Was genau muß das Kind entdecken und lernen? Worin besteht also das Denken, und wie denkt man? Was ist Alltagspsychologie, und wie nutzen wir sie, um menschliches Verhalten zu erklären und vorherzusagen?
 Zu Beginn sollten wir zwischen zwei wichtigen Aspekten unterscheiden. Zum einen gibt es auf diese Fragen zum menschlichen Verhalten und Denken fachlich begründete Antworten und laienhafte Antworten. Es handelt sich dabei um Fragen, die Philosophen und Psychologen an den Universitäten stellen; diese Wissenschaftler sind Vertreter recht unterschiedlicher Theorien, die diese Fragen ganz anders beantworten. Diejenigen, die eine bestimmte Theorie aufstellen, berufen sich auch auf Befunde und Argumente, die ihre Theorie stützen und andere Theorien widerlegen. In dieser Diskussion ist die „Alltagspsychologie" eine Theorie unter vielen, die den Anspruch erheben, wahr zu sein. Doch das vorliegende Buch beschäftigt sich nicht mit diesem Thema. Jeder wird zustimmen, wenn ich sage, daß wir alle im Alltag Elemente der Alltagspsychologie anwenden, wenn wir über Verhaltensweisen unserer Freunde spekulieren und unsere eigenen rechtfertigen. Ob unsere alltagspsychologischen Theorien und unser Alltagsverständnis des Denkens im wissenschaftlichen Sinne *wahr* sind oder nicht, ist hier nicht wichtig. Wenn man einmal von seinem Ansehen in der philosophischen Diskussion absieht, ist es dieses Alltagsverständnis, das Kinder erwerben.
 Zum anderen haben Philosophen die Alltagspsychologie als

eine Position in dieser Diskussion recht präzise beschrieben. Niemand würde den Anspruch erheben, daß jeder, der alltagspsychologisch argumentiert, eine solche philosophische Beschreibung wiedergeben oder auch nur verstehen könnte. Ganz gewöhnliche Erwachsene hängen dieser Theorie an, ohne viel darüber nachzudenken: Ihre Erklärungen und Vorhersagen werden von ihr bestimmt, aber sie sind wahrscheinlich nicht in der Lage, sie zu erläutern. Auch Kinder eignen sich diese Theorie an, ohne sie als Theorie zu begreifen. Auf Grund der Art und Weise, wie sie sich die Handlungen von Menschen erklären und wie sie diese vorwegnehmen, kann man ihr Verständnis bewerten; wir können allerdings nicht von ihnen erwarten, daß sie uns in allen Einzelheiten die Theorie, die Regeln und die ihren Erklärungen und Vorhersagen zugrundeliegenden Prinzipien erklären. Um das kindliche Verständnis des Denkens und die Entwicklung bis hin zur Alltagspsychologie zu untersuchen, brauchen wir jedoch eine präzise Beschreibung dieser Materie.

Alltagspsychologie

Wie wir bereits gesehen haben, beschäftigt sich die Alltagspsychologie mit der Erklärung und Vorhersage menschlichen Verhaltens. Der Philosoph Daniel Dennett hat die Art und Weise erforscht, wie wir erklären und vorhersagen können, was jemand oder etwas tut.[15] Dennett sagt: Wenn man erklären wolle, warum etwas das tut, was es tut, und wenn man es vorhersagen wolle, dann gebe es drei verschiedene Betrachtungsweisen. „Es" kann dabei eine Maschine, ein Tier oder eine Person sein; das macht keinen Unterschied. Es gibt drei Betrachtungsweisen, drei Standpunkte, die man einnehmen kann. Nehmen wir an, „es" sei ein Wecker, und wir wollten erklären, warum er uns heute morgen aufgeweckt hat, und vorhersagen, um welche Uhrzeit er uns morgen aufwecken wird.

Erstens gibt es da den *physikalischen Standpunkt*. Man könnte beschreiben, wie die Uhr aufgebaut ist, die Unruh, die Rädchen, die Hebel usw. Wenn sie in einer bestimmten Position zueinander stehen, tritt die Glocke in Aktion. Es gibt allerdings viele unterschiedliche Arten von Weckern: mechanische mit einer Unruh und einem Glockenton, elektrische mit Transistoren und Musik, elektronische mit Batterien und hochtonigen Piepsgeräuschen. Für jeden Wecker bräuchten wir eine andere Erklärung, wenn wir nicht einen anderen Standpunkt einnehmen. Der zweite Standpunkt, den wir einnehmen können, ist der *Konstruktionsstandpunkt*. Wenn wir es von dieser Warte aus betrachten, können wir dieselbe Erklärung für alle möglichen unterschiedlichen Wecker geben und dieselben Vorhersagen für sie machen. Wir nehmen an, die Wecker wären nicht fehlerhaft, das heißt, sie funktionierten. Dann sagen wir voraus, daß sie sich so verhalten würden, wie sie sich nach dem Konstruktionsplan verhalten sollten. Hier handelt es sich um eine funktionale Beschreibungsebene. Die drei Arten von Weckern müssen vielleicht auf ganz unterschiedliche Art und Weise gestellt werden, doch wir stellen alle drei so ein, daß sie uns pünktlich um 7 Uhr aufwecken; ebendas leisten alle drei.

Der dritte Standpunkt, den man einnehmen kann, ist der *intentionale Standpunkt*. Wir gehen mit dem Objekt, dem Tier oder der Person wie mit einer rational handelnden Person um. Wir ziehen Schlußfolgerungen im Hinblick auf seine Überzeugungen und Bedürfnisse; wir sagen voraus, daß es so handeln wird und daß es seine Bedürfnisse in Übereinstimmung mit seinen Überzeugungen erfüllt. Offensichtlich ist dieser Standpunkt für unser Beispiel, den Wecker, ziemlich übertrieben. Wir müßten annehmen, der Wecker wolle uns aufwecken, er möchte nicht, daß wir zu spät zur Arbeit kämen, und er glaube, daß er das bewerkstelligen könne, wenn er nur klingele. Wir brauchen Weckern keine Überzeugungen und Bedürfnisse zusprechen, um zu erklären und vorherzusagen, was sie tun. Doch, wie Dennett zeigt, ist der intentionale Standpunkt der beste Standpunkt, den man gegenüber einer Maschine einnehmen kann, etwa gegenüber einem Schachcomputer, der viel komplizierter ist als ein Wecker. Vielleicht haben wir kein Wissen über seine Hardware; deshalb ist es uns unmöglich, ihm gegenüber einen physikalischen Standpunkt einzunehmen. Vielleicht wissen wir auch nichts über seine Software – wie das Gerät programmiert und auf welche Verhaltensweisen hin es konstruiert wurde –, und deshalb können wir ihm gegenüber keinen Konstruktionsstandpunkt einnehmen. Wir wissen jedoch, daß er gebaut wurde, um uns beim Schach zu schlagen, und deshalb können wir, wenn wir den intentionalen Standpunkt einnehmen, seine Züge voraussagen. Die Maschine „möchte" uns davon abhalten, Schach zu bieten, und „glaubt", daß sie dies erreichen könnte, wenn sie die Dame bewegt; deswegen sagen wir voraus, daß sie es machen wird. Dies ist eine einfache und wirkungsvolle Methode, eine komplizierte Maschine zu verstehen. Und die Tatsache, daß man mit dem intentionalen Standpunkt erfolgreich die Wirkungsweise von Computern verstehen kann, hat viele Menschen wirklich dazu verleitet, daraus zu schließen, daß Computer denken.

Obwohl wir normalerweise Maschinen gegenüber nicht den intentionalen Standpunkt einnehmen müssen, ist dies gewöhnlich unser Standpunkt gegenüber Menschen. Natürlich handelt es sich hier um Alltagspsychologie. Dennetts intentionaler Standpunkt ist die theoretische Grundlage für die Alltagspsychologie. Wir betrachten Menschen als rational handelnde Personen, und wir nehmen an, daß sie agieren, um auf der Grundlage bestimmter Überzeugungen ihre Bedürfnisse zu befriedigen. Vielleicht war es gar nicht ihr Wecker, der sie heute morgen um 7 Uhr aufweckte. Vielleicht war es Ihr vierjähriges Kind. Warum machte es das? Sie könnten einen physikalischen Standpunkt einnehmen: Es wachte auf, weil es hungrig war. Nun, das würde erklären, warum es aufwachte; doch dies würde nicht erklären, warum es aus dem Bett kletterte und zu Ihnen kam, um Sie aufzuwecken. Eine physikalische Erklärung des ganzen Vorgangs könnte sehr kompliziert ausfallen. Möglicherweise ist es leichter, einen intentionalen Standpunkt einzunehmen: Es wachte auf, weil es hungrig war, und es wollte etwas essen; es glaubte, Sie könnten ihm etwas zu essen geben.

Warum stellt dieser dritte Standpunkt, der sogenannte intentionale Standpunkt, die theoretische Grundlage für die Alltagspsychologie dar? Dies liegt daran, daß die Überzeugungen und

Bedürfnisse, die bei diesem Standpunkt unterstellt werden, *intentionale* Zustände sind. Es war ein österreichischer Philosoph aus dem neunzehnten Jahrhundert, Franz Brentano, der diese mentalen Zustände intentional nannte; und damit ging er auf einen Begriff mittelalterlicher Philosophen zurück.[16] Intentional wird hier als Fachbegriff gebraucht, es hat nicht die sonst übliche Bedeutung von „absichtlich" oder „zielgerichtet" (einige Autoren verwenden im Englischen ein großes „I", um den philosophischen Sprachgebrauch von dem sonst üblichen zu unterscheiden; doch darauf kann man sich nicht verlassen, weil dies nicht alle machen). Brentano sprach in diesem besonderen Sinne von Intentionalität als „Kennzeichen des Geistigen".

Diese Intentionalität wurde in letzter Zeit etwas umgangssprachlicher als *aboutness* (das, worum es geht) bezeichnet. Bei intentionalen oder mentalen Zuständen geht es immer um etwas, um Gegenstände oder Ereignisse in der Welt oder vielleicht auch um nichtexistierende Dinge wie etwa in der Aussage „Sie glaubt, nachts kommt die Zahnfee"; doch selbst dann glaubt man an etwas. Wenn Sie an etwas glauben und ich Sie frage, woran Sie glauben, dann wäre es merkwürdig, wenn Sie antworteten: „An nichts. Ich glaube einfach nur, das ist alles." Überzeugung ist immer Überzeugung von etwas; Bedürfnisse sind immer Bedürfnisse nach etwas. Intentionen sind in der Alltagssprache eine Art intentionaler Zustand im philosophischen Sinne, und auch bei ihnen geht es um etwas; Intentionen sind Intentionen, etwas zu machen. Das läßt die Frage aufkommen, ob Emotionen intentionale Zustände sind oder nicht. Einige Martinis etwa können dazu führen, daß man sich glücklich fühlt. Wenn ich Sie frage, worüber sie so glücklich sind, dann könnten Sie durchaus sagen: „Oh, wegen nichts. Ich bin einfach glücklich." In ähnlicher Weise könnte man einfach verzweifelt sein; man muß nicht immer über etwas verzweifelt sein. Häufig jedoch hat man Emotionen gegenüber etwas: Ich bin unglücklich darüber, daß mein Freund heute abend so lange arbeiten muß. Aber ich freue mich, daß wir morgen abend zusammen essen gehen können. Überzeugungen, Bedürfnisse, Intentionen und einige Emotionen sind darum intentionale Zustände; und das ist es, was wir unterstellen, wenn wir einen intentionalen Standpunkt einnehmen. Ein „intentionales System" ist alles, was in einen intentionalen Standpunkt eingeht – eine Person oder ein künstlicher Gegenstand, dem wir Überzeugungen und Bedürfnisse unterstellen, um sein Verhalten erklären zu können. Wenn wir gegenüber einer Person oder gegenüber einem Gegenstand einen intentionalen Standpunkt einnehmen, hängt unsere Einstellung davon ab, ob wir meinen, die Person oder der Gegenstand, um den es geht, nähme auch sich selbst und uns gegenüber einen intentionalen Standpunkt ein. Das soll heißen, wir können einem solchen System im Sinne von Dennett unterschiedliche Grade von Intentionalität zuordnen. Es gibt ein *Null*-Niveau, aber das kann man nicht richtig dazu zählen; denn in diesem Fall ordnen wir dem System überhaupt keine Intentionalität zu, weil es keine Überzeugungen und Bedürfnisse hat. Um sein Verhalten erklären zu können, müssen wir entweder ihm gegenüber einen physikalischen oder einen Konstruktionsstandpunkt einnehmen, wie dies im Falle des Weckers geschah: Er verhält sich so, weil er so konstruiert oder programmiert wurde. Hier handelt es sich nicht um ein intentionales System; und der intentionale Standpunkt würde nicht dazu beitragen, sein Verhalten zu erklären.

Das nächste Niveau ist das Niveau *erster Ordnung;* in einem intentionalen System erster Ordnung gibt es Überzeugungen und Bedürfnisse, und wir können sein Verhalten dadurch vorhersagen, daß wir auf diese Überzeugungen und Bedürfnisse Bezug nehmen. In diesem System gibt es jedoch keine Überzeugungen über die Überzeugungen anderer Menschen. Es wird in dem Sinne tätig, daß es nur etwas beeinflußt, was jemand anders tut, nicht das, was jemand anders denkt. Vielleicht könnte man so das Verhalten Ihres vierjährigen Kindes erklären, als es Sie um sieben Uhr morgens aufweckte. Es wollte etwas zu essen, und es glaubte, daß Sie es ihm geben könnten. Es stand auf, damit Sie aus dem Bett kommen und ihm Frühstück machen. Es dachte nicht daran, welche Meinung Sie zu diesem Thema hatten, nur daran, was Sie machen würden. Es hatte ein System erster Ordnung.

In einem intentionalen System *zweiter Ordnung* gibt es nicht nur Überzeugungen, sondern wir haben es auch mit einem rekursiven System zu tun; es kann sich auf sich selbst beziehen. Es enthält Überzeugungen über die eigenen Überzeugungen und über die anderer Menschen. Es nimmt an, daß andere Personen Überzeugungen und Bedürfnisse haben, und es verhält sich so, daß es darauf Einfluß nimmt, was andere denken, und nicht auf das, was sie machen. Oder es handelt vielmehr so, daß es das beeinflußt, was andere machen, indem es das beeinflußt, was andere denken. Vielleicht wollten sie schlafen und sagten ihrem vierjährigen Kind, daß es für das Frühstück noch zu früh sei. Vielleicht ging es für eine Weile fort, kam dann wieder zurück und erzählte ihnen, das Badezimmer sei überschwemmt oder es sei jemand an der Tür. Sie sprangen aus dem Bett, und das Kind sagte: „Ich habe dich angeschmiert. Kann ich jetzt mein Frühstück haben?" Ein solches vierjähriges Kind ist ein intentionales System zweiter Ordnung. Systeme zweiter Ordnung schließen nicht nur Überzeugungen und Bedürfnisse ein, sie unterstellen auch, daß sie selbst und andere Menschen Überzeugungen und Bedürfnisse haben. Sie haben verstanden, was Tricks, Lügen, Geheimnisse und vorgetäuschte Überzeugungen sind. Sie nehmen den intentionalen Standpunkt ein und dadurch, daß sie ihn einnehmen, können sie andere Menschen manipulieren, indem sie ihre Überzeugungen und Bedürfnisse manipulieren.

Warum bezeichnet Dennett dies als intentionalen *Standpunkt*? Weil es sich um einen Ort handelt, an dem man steht, eine Position, die man dabei einnimmt, wenn man einem System Überzeugungen und Bedürfnisse unterstellt, um seine Handlungen zu erklären. Man legt sich nicht darauf fest, ob das System *wirklich* Überzeugungen und Bedürfnisse hat, ob sie also *real* sind. Trotzdem betrachten einige Theoretiker Überzeugungen und Bedürfnisse als reale Zustände, und sie interessieren sich dafür, worum es sich bei diesen Zuständen denn nun handelt. Im Endeffekt sind es Hirnzustände, die von besonderen Erregungsmustern aktivierter Nervenzellen hervorgerufen werden. Obwohl jedoch das Gehirn die materielle Grundlage für das Denken darstellt, können wir unabhängig davon von einer Struktur auf der mentalen Ebene sprechen. Überzeugungen und Bedürfnisse sind mentale Zustände, die im Denken repräsentiert werden. Im Fall eines Staatsmannes verstehen wir, was hinter dem Begriff der Repräsentation steht. Wir wissen, was gemeint ist, wenn man sagt, er repräsentiert. Er zieht sich etwas besser als sonst an, das Auto wird gut geputzt, und er läßt einen roten Teppich ausfahren. Für sich genommen ist das alles nichts Besonderes. Wir wissen aber, daß diese Verhaltensmuster für etwas anderes stehen. Er zieht sich nicht „lediglich" einen schönen Anzug an, sondern dieses Verhalten ist ein Zeichen dafür, daß er einem Staatsgast eine Ehre erweisen möchte. In ähnlicher Weise sind Überzeugungen und Bedürfnisse zwar „lediglich" ein Aktivierungsmuster in unseren Gehirnzellen, dieses Muster steht aber für etwas anderes.

Mentale Repräsentation

Mentale Zustände wie etwa Überzeugungen und Bedürfnisse sind Repräsentationen, die ein Bindeglied zu unserer Aktivität in der Außenwelt darstellen. Sie bringen in uns eine psychologische Beziehung zur Realität hervor. Bei physischen Beziehungen gibt es einen unmittelbaren Zusammenhang zur Realität; bei psychologischen Beziehungen ist der Zusammenhang jedoch häufig indirekt.

Was bedeutet das? Lassen Sie mich das veranschaulichen: Thomas pflückt von einem Baum Kirschen und bringt sie zum Markt. Nicole kauft ein paar Kirschen und trägt sie nach Haus. Ihre Kinder essen sie. In all diesen Fällen handelt es sich um eine Art physischer oder materieller Beziehung zwischen der Person und den Kirschen: pflücken, zum Markt bringen, kaufen, tragen, essen. Wo bleiben da die psychologischen Beziehungen? Thomas beabsichtigt, die Kirschen zu verkaufen; Nicole glaubt, die Kirschen sind reif; die Kinder wollen sie essen. In diesem Fall gibt es einige psychologische Beziehungen zwischen der Person und den Kirschen: beabsichtigen, glauben, wollen. Worin unterscheiden sich die beiden Fälle?

Es gibt drei wichtige Unterschiede. Erstens: Wenn ich davon

spreche, daß die Kirschen gepflückt, gebracht und gegessen wurden, dann kann ich dies auf unterschiedliche Weise ausdrücken: Die Kinder aßen die Kirschen, die Kinder aßen Früchte von Thomas' Baum, die Kinder aßen eine besondere Art Steinfrucht, die Kinder aßen Früchte von *Prunus cerasus*. Alle Bezeichnungen beziehen sich auf dieselben Objekte; das geschieht unabhängig davon, welche Bezeichnung ich verwende. Wenn ich jedoch über psychologische Beziehungen spreche, dann macht das durchaus einen Unterschied. Nicole dachte, es seien Kirschen; sie war wahrscheinlich nicht der Auffassung, es handele sich um Früchte des *Prunus cerasus*. Die Kinder wollten Kirschen, keine Steinfrüchte. Im Falle physischer Beziehungen ist daher die Bezeichnung klar: Wie auch immer ich den Gegenstand bezeichne, die physische Beziehung kommt immer wieder so zum Vorschein, wie sie ist – es ist immer noch dieselbe Beziehung. Bei psychologischen Beziehungen jedoch ist die Bezugnahme undurchsichtig: Wenn ich den Gegenstand anders bezeichne, kommt möglicherweise die Beziehung nicht zum Tragen, sie bleibt vielleicht nicht erhalten. Deswegen spricht man davon, daß sich intentionale Zustände durch eine referentielle Undurchsichtigkeit (Opakheit) kennzeichnen lassen.

Zweitens: Wenn ich über eine nichtpsychologische Beziehung zu etwas spreche, dann hängt die Wahrheit dessen, was ich sage, von den materiellen Tatsachen in der Umwelt ab. Zum Beispiel: „Nicole aß Kirschen, die reif waren." Dieser Satz ist wahr, wenn dies zutraf, und falsch, wenn es nicht der Fall war. Wenn ich jedoch von einer psychologischen oder intentionalen Beziehung spreche wie etwa im Satz „Nicole glaubte, daß die Kirschen reif waren", dann kann dieser Satz unabhängig vom tatsächlichen Zustand der Kirschen wahr sein. Damit ist gemeint, daß bei physischen Beziehungen Wahrheit durch Dinge und Ereignisse in der Umwelt erklärt wird und der Satz *dadurch zustande kommt*. Drittens fällt ihm Existenz entsprechend zu oder auch nicht. Der Satz „Die Kirschen sind im Korb" ist nur dann wahr, wenn Kirschen im Korb sind; allerdings ist es möglich, daß Nicole der Auffassung ist, es seien Kirschen im Korb, auch wenn die Kinder sie alle aufgegessen haben.

Der sprichwörtliche Mann oder die Frau von der Straße wird wahrscheinlich noch nie von „referentieller Opakheit" und vom „Nichtbestehen einer strengen Implikationsbeziehung zwischen Wahrheit und Existenz" gehört haben. Aber trotzdem wird er oder sie ein intuitives Verständnis für diese Eigenschaften einer mentalen Repräsentation haben. In der Tat ist ein solches Verständnis ein wesentlicher Bestandteil unserer Alltagspsychologie. Es erlaubt uns, alltägliche Reaktionen zu verstehen, wie die Überraschung in einer Situation, bei der sich etwas anders entwickelt, als jemand erwartet hatte, oder häufig anzutreffende, aber unangemessene Handlungen, etwa daß jemand am falschen Ort nach etwas sucht. Solche Aktionen und Reaktionen geschehen, weil Menschen indirekt mit der Welt über deren mentale Repräsentation in Verbindung treten; und sie handeln auf der Grundlage dieser Repräsentationen selbst in Fällen, in denen die Repräsentation die Realität ungenau wiedergibt.

Stellen Sie sich die folgende Szene vor: Ein Mann kommt mit einer großen Tüte voller Äpfel nach Hause; er legt sie in den Kühlschrank, bevor er auf den Hof hinter dem Haus geht. Eine Frau kommt in die Küche und sucht etwas zu essen. Sie sieht die Äpfel im Kühlschrank, nimmt sich einen heraus und beißt hinein. Weil sie meint, die Äpfel seien zu kalt, legt sie diese auf den Küchenschrank. Später kommt der Mann in die Küche zurück. „Ich bin hungrig", sagt er. „Ich esse jetzt einen Apfel." Die Tatsache, daß er im Kühlschrank danach sucht, überrascht uns ebensowenig wie die Tatsache, daß er dort keine Äpfel findet. Daß wir nicht überrascht sind, veranschaulicht zwei wesentliche Aspekte unseres Alltagsverständnisses mentaler Repräsentationen. Erstens: Wir glauben, daß es eine reale Außenwelt gibt, eine Welt, in der sich reale Dinge wie Äpfel und Kühlschränke befinden. Die realen Dinge existieren, und sie existieren unabhängig davon, was wir über sie denken. Zweitens: Wir glauben, daß wir uns Gedanken über diese Dinge machen und daß diese Gedanken die Dinge nicht so wiedergeben, wie sie wirklich sind. Jedenfalls handeln wir nicht danach, wie die Dinge *wirklich* sind, sondern danach, wie wir *meinen*, daß es sich verhält. Damit ist gemeint, wir handeln in Übereinstimmung mit unserer mentalen Repräsentation der Welt.

Dieses Verständnis mentaler Repräsentation bildet die Grundlage für unsere Alltagspsychologie, für unsere Theorie des Denkens. Es ist so tief in unserer Denkweise verwurzelt, daß es uns praktisch nicht möglich ist, uns vorzustellen, wie es wäre, wenn wir nicht so dächten. Es gab allerdings auch eine Zeit, als dies noch nicht so war. Es handelt sich weder um ein Verständnis, mit dem wir auf die Welt gekommen sind, noch haben wir es sofort entwickelt. Mit zwei Jahren wurden unsere Denkprozesse noch nicht von diesem Verständnis geleitet, doch im Alter von fünf Jahren war das der Fall. Was geschah also in dieser Zeit zwischen zwei und fünf Jahren? Was ermöglicht es einem Kind, diese Denkweise über die Welt zu entwickeln? Es bildet ein Verständnis der mentalen Repräsentation. Es entdeckt das Denken.

Das kindliche Verständnis der Repräsentation

Im vorigen Kapitel schrieb ich, daß ein Kind bezogen auf das Denken zwei Entdeckungen machen muß: *Worin besteht es* und *wie geht es vor sich?* Ich erwähnte, daß das Denken etwas repräsentiert – so geht es vor sich – und daß das Denken die Summe dieser mentalen Repräsentationen ist – daraus besteht es. Wir können uns deshalb eine *Repräsentation* auf zwei Weisen vorstellen. „Eine Repräsentation" ist ein mentaler Zustand: Gedanke, Wille, Überzeugung, Absicht usw.; dagegen ist „Repräsentation" (ohne den unbestimmten Artikel) der Vorgang der Bildung dieser mentalen Zustände. Deshalb ist Repräsentation sowohl eine *Aktivität* als auch ein *Gebilde*, sowohl ein Prozeß als auch ein Produkt. Es ist der Vorgang, mit dessen Hilfe das Denken Repräsentationen hervorbringt.

Dies heißt, daß Kinder anfangs möglicherweise nur ein partielles Verständnis für mentale Repräsentation haben. Sie mögen zwar verstehen, daß Überzeugungen und Bedürfnisse etwas Mentales darstellen, das von der Realität getrennt ist; und deshalb verwechseln sie auch Gedanken und Dinge nicht miteinander. Vielleicht begreifen sie diese mentalen Gebilde als unsichtbare Zustände, bei denen es sich in einem bestimmten Sinne um mögliche Alternativsituationen zur realen Situation handelt.[17] Sie können außerdem ihr Wissen über diese unsichtbaren Zustände nutzen, um Vorhersagen über das Verhalten der Menschen zu machen. Eventuell sind sie in der Lage, all dies lediglich mit einem partiellen Verständnis dessen, was eine Repräsentation ist, zu leisten.

Ein vollständigeres Verständnis schlösse die Erkenntnis ein, daß Überzeugungen und Bedürfnisse nicht einfach nur Dinge sind, die im Denken existieren, sondern Repräsentationen, die vom Denken hervorgebracht werden und die in spezifischer Weise eine Beziehung zur Welt aufweisen. Einige mentale Zustände sind lediglich Gedanken über die Dinge der Welt; Überzeugungen anderseits repräsentieren die Welt in besonderer Weise. In der Unterscheidung zwischen *an etwas denken* und *denken, daß* macht dies Josef Perner recht deutlich.[18] Ich kann an Sie denken und mir vorstellen, wie Sie an Ihrem Schreibtisch arbeiten; ich kann an Sie denken und mir vorstellen, wie Sie am Strand liegen, und ich kann an Sie denken und mir vorstellen, wie Sie in Ihrem Bett schlafen. Ich kann jedoch auch gleichzeitig denken, *daß* Sie an ihrem Schreibtisch arbeiten, *daß* Sie am Strand liegen und *daß* Sie in Ihrem Bett schlafen. Ernsthaft kann ich mir nicht vorstellen, daß die Welt drei verschiedene Zustände auf einmal annimmt. Grundsätzlich stelle ich mir alles *auf eine Weise* vor, und ich halte dies für *wahr*. Wenn ich ernsthaft meine, daß Sie in Urlaub gefahren sind und am Strand liegen, dann würde ich recht überrascht sein, Sie am Schreibtisch bei der Arbeit vorzufinden. Wir sind überrascht, wenn sich unsere Überzeugungen als falsch herausstellen. Aber selbst wenn ich weiß, daß Sie in Urlaub sind, kann ich Sie mir doch in Ihrem Büro vorstellen.

Wie die folgenden Kapitel zeigen werden, gibt es einen wichtigen Unterschied zwischen diesem partiellen Verständnis von Repräsentation und einem vollständigeren Verständnis. Wenn wir Überzeugungen und Bedürfnisse als etwas Mentales verstehen, so ermöglicht dies die unterschiedlichsten Vorhersagen und Erklärungen für das, was die Menschen machen. Es gibt jedoch Fälle, in denen dies nicht gelingt. Bei einer fehlgeschlagenen Aktion wie etwa bei dem Mann, der im Kühlschrank nach Äpfeln sucht, handelt es sich offensichtlich um einen solchen Fall. Er *dachte* nicht einfach nur *an* Äpfel im Kühlschrank, sondern er *dachte* auch, *daß* sie im Kühlschrank sind. Wenn Kinder nicht verstehen, was repräsentational Handeln heißt – wenn sie nicht verstehen, daß die Menschen die Welt intern repräsentieren und diese Repräsentationen wirklich für den Zustand der Welt halten –, dann können sie solche fehlgeschlagenen Aktionen nicht verstehen.

Wenn ich behaupte, daß Kinder verstehen müssen, was repräsentational Handeln bedeutet, dann meine ich damit natürlich nicht, daß sie neuropsychologische Prozesse verstehen müssen. Diese sind eigentlich unterhalb der Bewußtseinsschwelle und jenseits dessen, was die meisten Erwachsenen noch verstehen. Ich meine einfach, das Kind muß verstehen, daß das Denken etwas Aktives ist – unter dem Einfluß sich verändernder Situationen konstruiert es und interpretiert es ständig Situationen und revidiert seine Interpretationen – daß es keine passive Fassung ist, in die mentale Gebilde eingeschraubt werden. Hier handelt es sich um die alltagspsychologische Unterscheidung zwischen dem Denken als Behälter und dem Denken als Prozessor.[19] So wird es den Kindern möglich, zu verstehen, daß die Menschen keinen unmittelbaren Zugang zur Realität haben, sondern daß sie die Welt im Kopf konstruieren und wieder in ihre Einzelteile zerlegen. Im wesentlichen gibt dies Kindern die Möglichkeit, nicht nur zu verstehen, daß Gedanken und Dinge etwas Unterschiedliches sind, sondern auch in welcher Beziehung Gedanken und Dinge zueinander stehen. Die Gedanken des Mannes drehten sich darum, wo denn nun die Äpfel sind. Das heißt, Gegenstand seiner Überzeugung war der Ort (*im* Kühlschrank), an den er die Äpfel gelegt hatte. Erinnern Sie sich jedoch daran, daß die Frau sie *auf* den Küchenschrank gelegt hatte; aber seine Gedanken bezogen sich auf jenen Ort und auf ebenjene Äpfel, die sich nun auf dem Küchenschrank befanden. Doch denken sie auch daran, daß er nicht gesehen hatte, wie sie die Früchte auf den Küchenschrank gelegt hatte; er dachte, sie wären immer noch im Kühlschrank. Das soll heißen, seine Repräsentation der Äpfel, die sich in Wirklichkeit auf dem Küchenschrank befanden, repräsentierte sie als Äpfel, die im Kühlschrank liegen.[20]

Wenn Kinder das Denken entdecken, erlernen sie ein doppeltes Verständnis der Repräsentation, Repräsentation als mentales Gebilde und als mentale Aktivität, mit anderen Worten, als Produkt und als Prozeß. Vielleicht würde alles eindeutiger, wenn wir wie Perner das partielle Verständnis überhaupt nicht als *repräsentational* bezeichneten. Wir könnten es uns als ein mentalistisches, aber nichtrepräsentationales Verständnis von Überzeugung und Bedürfnis vorstellen. Das könnten wir. Wie wir in den letzten Kapiteln sehen werden, ist dies jedoch nicht der allgemein verbreitete Sprachgebrauch; deshalb müssen wir die beiden verschiedenartigen sprachlichen Verwendungen von „Repräsentation" im Hinterkopf behalten.

Der kulturelle Kontext

Wir müssen uns noch mit der Frage beschäftigen, in welchem Ausmaß unser Verständnis mentalen Lebens und unsere Theorien des Denkens kulturell verschieden sind. Gibt es ein in der gesamten Menschheit verbreitetes Verständnis der mentalen Repräsentation? Glauben die Menschen überall auf der Erde, daß es eine Welt gibt, die unabhängig von ihren Gedanken existiert und daß diese Gedanken nicht immer Ausdruck dessen sein müssen, wie es um die Dinge in Wirklichkeit steht?

Es handelt sich um einen belanglosen Gemeinplatz, wenn man sagt, daß unterschiedliche Kulturen ähnlich und unähnlich sind: Sie sind ähnlich, weil alle Menschen einen ähnlichen Körper und ein ähnliches Gehirn haben, ähnliche physiologische Prozesse in ihnen ablaufen und sie in einer Welt leben, auf die dieselben grundlegenden Gesetze der Physik und der Chemie Anwendung finden. Sie sind unähnlich, weil es Myriaden von Unterschieden hinsichtlich der sozialen Organisation und der

Sprache gibt. Dies deutet darauf hin, daß es in unterschiedlichen Kulturen sowohl Ähnlichkeiten als auch Unterschiede im Hinblick auf alltagspsychologische Theorien gibt; und die Forschungsbefunde, wenn es auch nicht viele sind, stützen diese Behauptung.

Wie könnten wir beginnen, wenn wir die alltagspsychologische Theorie der Menschen in einer anderen Kultur untersuchen wollen? Wie könnten wir etwas über ihr Verständnis der Überzeugungen, Bedürfnisse, Intentionen und Emotionen herausfinden, die wir unterstellen, wenn wir einen intentionalen Standpunkt einnehmen? Wie könnten wir jemals sicher sein, ob sie auch wirklich anderen Menschen Überzeugungen und Bedürfnisse unterstellen, um deren Handlungen zu erklären und sie vorherzusagen? Überzeugungen und Bedürfnisse sind verborgene Zustände; man kann sie in Sprache ausdrücken und jemandem zuschreiben; doch wenn sie dann sprachlich beschrieben werden, versteckt die Vielfalt sprachlicher Ausdrucksweisen möglicherweise die zugrundeliegenden Gemeinsamkeiten. Vielleicht hat sich genau aus diesem Grund die interkulturelle Forschung auf die Rolle der Emotion in der Alltagspsychologie konzentriert. Emotionen hängen eng mit Überzeugungen und Bedürfnissen zusammen, doch sie verbergen sich nicht so. Sie können sich ohne Sprache im Gesichtsausdruck oder in Gesten zeigen. Wenn sich etwa die Überzeugung eines Menschen als falsch herausstellt, dann drückt er eventuell seine Überraschung aus; oder wenn bei einer Person ein Bedürfnis befriedigt wird, dann sieht sie vielleicht glücklich aus usw. Tritt diese Inszenierung und Interpretation nichtverbalen Ausdrucks in allen Kulturen auf? Und wenn dies der Fall ist, geschieht dies dann unter allen Umständen auf ähnliche Weise?

Im letzten Jahrhundert behauptete Charles Darwin, daß der Gesichtsausdruck bei Emotionen und das Erkennen sowie das Verstehen eines solchen Gesichtsausdrucks angeborene und universale Eigenschaften des Menschen sind.[21] Psychologen haben seitdem versucht, Darwins Behauptung zu überprüfen, indem sie untersuchten, wie Menschen unterschiedlicher Kulturen und kleine Kinder verschiedene Arten des Gesichtsausdrucks manifestieren und wie sie diese bei anderen Personen erkennen. Paul Ekman und seine Mitarbeiter konnten beispielsweise zeigen, daß Menschen aus ganz unterschiedlichen Kulturen, sowohl Analphabeten als auch solche, die lesen und schreiben können, in der Lage sind, sechs grundlegende Emotionen im Gesichtsausdruck zu zeigen und zu erkennen; es handelt sich um Emotionen, die wir gewöhnlich Glück, Ärger, Traurigkeit, Ekel, Furcht und Überraschung nennen, obwohl die letzten beiden manchmal miteinander verwechselt werden.[22] In diesen Studien hörten sich die untersuchten Personen eine Geschichte an, in der ein Beteiligter mit großer Wahrscheinlichkeit eine dieser Emotionen, wie etwa Glück, erleben müßte; dann wählten sie aus einer Reihe von Photographien, die unterschiedliche Formen des Gesichtsausdrucks darstellten, ein Bild mit einem glücklichen Gesichtsausdruck aus; oder sie machten ein glückliches Gesicht nach, nachdem sie gebeten worden waren, zu zeigen, wie sich die Hauptperson der Geschichte fühlte. Andere Forscher wiederum zeigten, daß Babys recht früh Formen des Gesichtsausdrucks für unterschiedliche Emotionen zum Ausdruck bringen und offensichtlich auch in einem recht frühen Stadium zumindest manche davon erkennen (siehe Kapitel 3).[23] Darwin scheint somit recht zu haben, wenn er behauptet, daß es zumindest für manche Emotionen eine angeborene und universelle Grundlage gibt.

Völkerkundler haben jedoch auch die Unterschiede zwischen Menschen verschiedener Kulturen beim Erkennen von Emotionen beschrieben. Wenn wir deutsche Worte für Emotionen mit denen aus anderen Sprachen vergleichen sollten, würden wir herausfinden, daß manche Völker ein einziges Wort für Emotionen haben, die im Deutschen unterschieden werden, und daß manche mehrere Emotionen unterscheiden, wo es im Deutschen nur einen Ausdruck gibt; und einige haben ein einzelnes Wort für eine Emotion, die im Deutschen nur durch einen ganzen Satz beschrieben werden kann. Darüber hinaus behaupten Völkerkundler, daß manche Kulturen Begriffe für Emotionen haben, für die es im Deutschen keine Entsprechung gibt. Die Ifaluk in Indonesien zum Beispiel erleben *fago*, eine

Art Mischung aus Leidenschaft, Liebe und Traurigkeit.[24] Trotzdem kann man in all diesen Fällen einen gewissen Zugang zu diesen Worten und Begriffen einer anderen Kultur finden, wenn man sie als Kombination grundlegender Emotionen ausdrückt, die es offensichtlich in allen Kulturen gibt. Anscheinend erleben Kinder überall auf der Erde diese grundlegenden Emotionen, und sie sind in der Lage, sie zu erkennen und sie anderen Personen zu unterstellen. Vielschichtigere Emotionen, die spezifisch sind für eine Kultur, werden durch die Entwicklung in dem Maße erlernt und verstanden, wie Kinder sich die Emotionstheorie ihrer Kultur aneignen.[25]

Wie verhält es sich dann mit den Alltagspsychologien, deren Bestandteil die Emotionstheorien sind? Ist die Psychologie der Überzeugungen und Bedürfnisse universell, oder ist sie einzigartig für die westliche Kultur? Wiederum scheint den kulturellen Unterschieden eine elementare Gleichheit zugrunde zu liegen. Sie ist Ausdruck der elementaren Ähnlichkeit in unseren körperlichen Selbstkonzepten, die eben diesen Eigenschaften unseres sozialen Systems zugrunde liegt.[26] Überall versuchen Menschen die eigenen Handlungen in Begriffen des moralischen Kodex ihrer Gesellschaft zu erklären und die Handlungen anderer auf diese Weise zu verstehen. Dies legt den Gedanken nahe, daß es eine allgemeine Selbsterkenntnis gibt sowie eine Erkenntnis des Selbst als etwas von anderen und von der physischen Welt Unterschiedenes. Dies soll heißen, daß das Bewußtsein seiner selbst eine universelle menschliche Eigenschaft ist. Das Variable besteht darin, in welchen Begriffen die Handlungen des Selbst beschrieben werden und wo sich nach dieser Auffassung das Steuerungszentrum befindet. Befindet es sich innerhalb der Person, oder handelt es sich um irgendwelche externen Kräfte?

In der westlichen Kultur sind wir der Auffassung, daß es sich in uns befindet: Menschen kontrollieren ihre eigenen Handlungen und sind für das Ergebnis verantwortlich. Unsere Praxis, Lob und Tadel zu verteilen, unser Rechtssystem und unser Verständnis der Emotionen Stolz, Scham und Schuld hängen damit zusammen. Ein derartiges Verständnis für die innere Verursachung von Handlungen wird in einem frühen Stadium aufgebaut. Wie Eltern bestätigen werden, ist die Warum-Frage die Lieblingsbeschäftigung von Vorschulkindern, die in Form interner Zustände wie etwa, was eine Person wollte oder beabsichtigte, verstehen und erklären können, warum diese Person etwas machte. Sie können auch ihre eigenen Handlungen dadurch rechtfertigen, daß sie sich auf ihre Absichten berufen. Judy Dunn zitiert einen Jungen, der noch keine drei Jahre alt war und auf den Hinweis seiner Mutter, vom Sofa zu gehen, erzählte, daß er versuche, den Fernsehapparat zu reinigen: „Ich versuche Farbe wegmachen. Ich nur mache – das hier."[27] Später in der Schule eignen sich westliche Kinder ein formaleres Verständnis der inneren Steuerung an, wenn sie etwas über das Gehirn und das Denken lernen. Doch selbst vorher weist man sie möglicherweise darauf hin, „ihr Gehirn zu gebrauchen", oder sie hören Lieder wie das folgende aus der „Sesamstraße":

Ich kann denken, und mein Denken hilft mir
bei allem, was ich tue und sehe.

Im Denken Erwachsener tauchen auch nur halb verstandene, formale Begrifflichkeiten auf – so etwa in Anspielung auf Freuds Konzept unbewußter Impulse, die Handlungen erklären. Derartige Energiequellen kommen von innen und sind trotzdem der persönlichen Kontrolle entzogen. Wenn amerikanische Erwachsene aus der Mittelschicht gefragt werden, wie sie zu ihrem Beruf kamen, werden sie ihre Berufswahl erklären, indem sie beim Dogma einer popularisierten freudianischen Psychologie Zuflucht nehmen.[28] Selbst diejenigen von uns, die felsenfest von einer inneren Kontrolle über das Verhalten überzeugt sind, werden möglicherweise jeden Morgen in der Zeitung das Horoskop befragen. In nichtwestlichen Kulturen ist die Idee von den externen Kontrollinstanzen vielleicht stärker verbreitet. Die Dinka im südlichen Sudan zum Beispiel teilen unsere Auffassung von der eigenen Verantwortung nicht und haben auch keinen Begriff für das, was wir Schuldgefühl nennen. Sie haben einen Begriff, der dem des Bewußtseins *(mathiang gok)* entspricht, es handelt sich jedoch um eine externe Kraft. Sie wirkt von außen auf eine Person ein und kann auch von einer anderen Person ausgeübt werden; wenn etwa jemand eine Schuld nicht bezahlt hat; so kann der Gläubiger *mathiang gok* auf den Schuldner einwirken lassen.[29]

Gegenwärtig gibt es nur wenige interkulturelle Forschungsprojekte über die Entwicklung von Alltagspsychologien; ich werde jedoch in den folgenden Kapiteln darauf eingehen, welche Untersuchungen es gibt. Offensichtlich kennen verschiedene Kulturen ähnliche Kindheitsstadien. Für die Bewohner der Fidschi-Inseln zum Beispiel ist die frühe Kindheit zu Ende, wenn die Kinder im Alter von zwei Jahren *vakayalo* (Vernunft) entwickeln, und für die Inuit Utku, wenn die Kinder mit zwei Jahren *ihuma* (Verstand) erlernen; Amerikaner sehen bei Zweijährigen einen neuen Abschnitt der Unabhängigkeit, da sie hier das Anfangsstadium für die *terrible two* (die Zeit der schrecklichen Zweijährigen) feststellen.[30] Entsprechend ist man in vielen Kulturen der Auffassung, daß Kinder schulreif sind, wenn sie fünf oder sechs Jahre alt sind. Viele der Entwicklungen, mit denen wir uns in den folgenden Kapiteln auseinandersetzen werden, wenn Kinder in westlicher Begrifflichkeit ausgedrückt das Denken entdecken, sind grundlegend für die Schulreife.

Kapitel 3: Menschen und Dinge

Wann fangen Kinder an, das Denken zu entdecken? Wissen Säuglinge irgend etwas über das Denken? Wenn wir ein Neugeborenes betrachten, sehen wir, daß sein Kopf zur Seite wackelt und seine Augen sich nicht auf unsere Augen einstellen. Kann es denken? Was denkt es? Wieviel versteht es? Wir trauen ihm eigentlich nicht sehr viel zu, aber wir sprechen mit ihm, als verstünde es alles. Und an einem wunderschönen Tag zwei oder drei Monate später treffen sich seine und unsere Augen, und ein Lächeln geht über sein Gesicht. Jetzt ist es einfach, das Kind als wirkliches menschliches Wesen zu behandeln. Doch was denkt, will und empfindet es? Wieviel weiß es über sich selbst und über uns, über seine eigenen sowie über unsere Gedanken und Empfindungen? Wie ist es, ein Baby zu sein?

Die ersten Monate

Es handelt sich hier um ganz alte Fragen. Während der letzten zwanzig Jahre wurden jedoch einige neue Antworten gefunden. Entwicklungspsychologen fanden neue Methoden, diese Fragen zu stellen; dadurch sind ganz kleine Babys, sogar Neugeborene, in der Lage, sie zu beantworten.[31] Natürlich können sie immer noch nicht unmittelbar zu uns sprechen; doch von Anfang an können kleine Kinder schauen und ihren Kopf in beide Richtungen drehen, wenn sie so daliegen und saugen. Forscher haben diese drei Reaktionen genutzt, um herauszufinden, was Babys wissen und was sie wollen. Was sehen sie sich beispielsweise gerne an? Mögen sie einige Dinge lieber als andere? Können sie zwischen verschiedenen Gegenständen unterscheiden, wenn wir sie rechts und links neben den Kopf des Babys legen. Können sie zwischen ihnen unterscheiden, wenn sie anders riechen? Gesetzt den Fall, ein Baby zieht anscheinend einen Gegenstand nicht dem anderen vor, kann es dann die beiden Gegenstände nicht auseinanderhalten? Wir können dieser Frage nachgehen, wenn wir das *Habituations-Dishabituations-Paradigma* anwenden. Wir zeigen ihm immer und immer wieder denselben Gegenstand, bis es sich dabei langweilt und ihn nicht mehr lange anschaut; es ist dann habituiert (an den Gegenstand „gewöhnt"). Dann zeigen wir ihm etwas anderes. Verbringt es mehr Zeit damit, den neuen Gegenstand anzuschauen, oder scheint es genauso gelangweilt zu sein wie mit dem Gegenstand, den es zum wiederholten Male gesehen hat? Wenn es mehr Zeit damit verbringt, wenn es also dishabituiert, dann wissen wir, daß es sich hier anscheinend für das Baby um etwas anderes handelt als das, was es zuvor betrachtet hat.

Dann beginnen wir, Fragen zu stellen wie: Was schauen sich Babys gerne an, und was hören sie gerne? Welche Arten von Veränderung in ihrer Umgebung bemerken sie? Und am wichtigsten: Was sagt das darüber aus, wie sie Menschen verstehen und wie sie ihr Denken entdecken?

Von Anfang an beachten und mögen Babys Menschen oder, in der Sprache des Labors ausgedrückt, sie ziehen soziale nichtsozialen Reizen vor.[32] Wir können dies aus den Ergebnissen psychologischer Experimente ablesen, und wir wissen es auch aus eigener Erfahrung. Sobald ein Baby in der Lage ist, seinen Kopf zu drehen, können wir beobachten, daß es uns mit den Augen folgt, wenn wir im Zimmer umhergehen. Doch was sieht es? Weiß es, wen es da sieht?

In letzter Zeit wurden große Anstrengungen unternommen, die Wahrnehmung von Gesichtern bei Kleinkindern zu erforschen. Die charakteristischen Eigenschaften von Gesichtern – geringe oder starke Kontraste, Bewegung, Dreidimensionalität – sind genau die Eigenschaften, die kleine Kinder bei Experimenten zur visuellen Unterscheidungsfähigkeit gerne heranziehen. In vielen dieser Untersuchungen wurde mit schematisierten Zeichnungen von Gesichtern gearbeitet, die es dem Experimentator gestatten, die Reize präzise zu kontrollieren. Obwohl einige Forscher herausfanden, daß zwei Monate alte Kinder Gesichter Mustern vergleichbarer Komplexität vorziehen, zeigten diese Arbeiten im allgemeinen, daß Babys bis zum Alter von vier oder fünf Monaten diese Vorlieben nicht zeigen. Setzte man in diesen Experimenten jedoch echte Gesichter ein, die sich bewegen, dreidimensional sind und Kontraste sowie Komplexität aufweisen, zeigte sich, daß viel kleinere Kinder, sogar zwei oder drei Tage alte Babys, zwischen dem Gesicht der Mutter und dem eines Fremden unterscheiden können. Neugeborene können auch die Stimme der Mutter von der eines anderen unterscheiden. Babys können alles hören, was wir hören. Durch plötzliche Geräusche schrecken sie auf und lassen sich durch rhythmische Musik wieder beruhigen; doch es sind gerade die menschlichen Stimmen, denen sie wirklich zu lauschen scheinen. Ein schreiendes Baby hört möglicherweise auf zu schreien, wenn es die Stimme der Mutter hört; ein anderes Baby, das ruhig da liegt, fängt vielleicht vor Aufregung an, mit den Beinen zu strampeln, wenn der Vater mit ihm zu sprechen beginnt. Babys „stimmen" sich anscheinend von Anfang an dadurch auf Menschen ein, daß sie Gesichter betrachten und Stimmen lauschen. Sie kommen mit dieser Fähigkeit auf die Welt.

Das soll nicht heißen, daß Babys tatsächlich zwei Personen voneinander unterscheiden; damit ist nicht gemeint, sie könnten Menschen und Dinge in dem Sinne auseinanderhalten, daß sie wissen, dies ist meine Mutter, und daß sie eine begriffliche Vorstellung von der betreffenden Person haben. Es ist wohl eher so, daß die Eigenschaften von Menschen eben jene sind, die ihre Aufmerksamkeit anziehen, und sie können Unterschiede zwischen diesen Eigenschaften feststellen. Es ist zwar nicht richtig, daß ihr gesamter Verstand angeboren ist, aber sie haben angeborene Dispositionen; und diese helfen ihnen dabei, eine Person von einer anderen und von anderen Dingen auf der Welt zu unterscheiden. Menschen und Dinge unterscheiden sich auf vielerlei Weise, obwohl sie auch gemeinsame Eigenschaften haben: Menschen haben ein Gesicht, aber auch Puppen haben ein Gesicht. Menschen bewegen sich, aber auch Blätter wehen im

Wind hin und her. Menschen sprechen, aber in einem bestimmten Sinne trifft dies auch auf Radiogeräte zu. Menschen reagieren durchgängig auf etwas, d. h. abhängig davon, was das Baby macht, aber das ist möglicherweise auch bei einem Hund oder einer Katze der Fall. Ein ganzes Bündel von Eigenschaften ist für eine Person charakteristisch. Während der ersten Lebensmonate lernen Babys allmählich, daß nur eine Person ein Gesicht hat, sich bewegt, spricht und reagiert. Diese Entwicklung ist für den Vorgang wichtig, bei dem ein Kind das Denken entdeckt; denn Menschen haben einen Verstand, Gegenstände jedoch nicht. Im ersten Jahr sind viele Meilensteine der Entwicklung damit verbunden, daß zwischen Menschen und Dingen unterschieden und ein Begriff zur Person gebildet wird; dies führt schließlich dazu, daß Kinder das Denken entdecken.

Ungefähr im Alter zwischen zweieinhalb und drei Monaten besteht ein wichtiger Meilenstein im ersten Lächeln, im ersten wirklichen Lächeln. Vorher werden Babys im Schlaf lächeln. Wenn sie wach und allein sind, werden sie Dinge anlächeln, die sie sehen oder hören. Zu wirklichem sozialen Lächeln kommt es allerdings erst als Reaktion auf das Lächeln eines anderen Menschen, und dies führt natürlich zu einem neuen Lächeln. Hier handelt es sich um die erste wahre soziale Interaktion. Ungefähr ein halbes Jahr später wird ein weiterer wichtiger Meilenstein erreicht. Anfangs wird ein Baby jemanden anlächeln, der es seinerseits anlächelt, doch ganz allmählich wird es sich sein schönstes Lächeln für die Person aufbewahren, welche die tägliche Betreuung übernimmt, häufig also für die Mutter. Und im Alter von sieben oder acht Monaten wird es Fremde möglicherweise nicht mehr anlächeln; und es wird möglicherweise ängstlich sein und schreien, wenn die Mutter außer Sichtweite ist. Jetzt kennt es nicht nur Menschen, sondern auch einzelne Personen; und es geht zu einer bestimmten Person eine stärkere Bindung ein als zu anderen. Diese Bindung ist eine gute Grundlage dafür, daß das Kind die Welt entdeckt. Sie ist kennzeichnend für eine neue emotionale Reaktionsfähigkeit.

Das Ende des ersten Lebensjahres

Experimentelle Untersuchungen haben gezeigt, daß fünf Monate alte Kinder imstande sind, zwischen verschiedenen Gefühlsäußerungen wie Lächeln und Stirnrunzeln zu unterscheiden.[33] Dies muß jedoch kein Hinweis auf eine emotionale Reaktionsfähigkeit sein. Es kann sich einfach um eine Reaktion auf unterschiedliche äußere Erscheinungsformen handeln; möglicherweise haben die Gefühlsäußerungen für das Kind keine Bedeutung. Ein paar Monate später ist das Baby in der Lage, auf ihre Bedeutung zu reagieren.[34] Das kann man zum Beispiel bei Experimenten sehen, in denen die „optische Klippe" zum Einsatz kommt; dabei handelt es sich um eine Vorrichtung, die entwickelt wurde, um die Tiefenwahrnehmung bei Kleinkindern zu untersuchen. Der durchsichtige Glasschutz ist ganz eben, aber das Oberflächenmuster darunter stürzt plötzlich unterhalb des Glases in die Tiefe. In einem Alter, in dem Babys krabbeln können, nehmen sie dieses Gefälle wahr und wollen auf der ebenen Glasfläche darüber nicht so recht weiterkrabbeln. In einer solchen Situation kann ihr Verhalten vom Gesichtsausdruck der Mutter beeinflußt werden. Wenn sie aufmunternd lächelt, wird das Baby darin bestärkt, über das Glas zu krabbeln; wenn sie jedoch einen ängstlichen Gesichtsausdruck hat, wird es diese Fläche nicht überqueren. Nur in Augenblicken der Unsicherheit wird das Baby vom Gesichtsausdruck der Mutter geleitet. Wenn die gemusterte Fläche unter dem Glas eben ist, wenn es also kein offensichtliches Gefälle gibt, braucht sich das Baby nicht im Gesicht der Mutter rückzuversichern; und wenn es das macht, wird es hinüberkrabbeln, welchen Gesichtsausdruck die Mutter auch immer zeigt. Das Baby setzt somit den sogenannten *sozialen Rückbezug* ein, um zu entscheiden, wie es sich in Zeiten der Unsicherheit verhalten soll. Ein Baby wird auch einen prüfenden Blick auf den Gesichtsausdruck der Mutter werfen, wenn es mit einer unbekannten Person oder einem fremdartigen neuen Spielzeug konfrontiert ist. Wenn die Mutter feindselig oder ängstlich guckt, wird es sich zurückziehen; wenn sie allem Anschein nach freundlich und glücklich ist, wird es darin bestärkt, sich der Person oder dem Spielzeug zu nähern. Kinder sind sich somit der emotionalen Reaktionen ihrer Mütter bewußt, oder zumindest zeigen sie eine gewisse Fähigkeit, unterschiedlich auf die Dinge in der Umwelt zu reagieren; und das hängt davon ab, welchen Gefühlsausdruck sie im Gesicht der Mutter erkennen können.

Noch bevor Babys ein Alter von neun Monaten erreichen, spielen sie mit Spielzeug und anderen Gegenständen; sie interagieren mit Menschen, lächeln und plappern. Doch danach erreichen sie eine neue Stufe. Sozialer Rückbezug ist kennzeichnend für die Fähigkeit, die Interaktion mit einer Person und mit Gegenständen aufeinander abzustimmen; sie sind fähig, auf die Reaktion ihrer Mutter gegenüber einem Gegenstand aus der Umwelt zu reagieren. Ein drei Monate altes Kind wird eine andere Person anlächeln und angurren; ein 16 Monate altes Kind wird nach einem Spielzeug greifen und es hochnehmen. Aber im Alter von ungefähr neun Monaten ist ein Baby nicht mehr darauf beschränkt, nur mit einer Person oder nur mit Dingen zu interagieren; es ist in der Lage, beides miteinander zu koordinieren. Wir haben es hier mit einer Fähigkeit zu tun, der eine ganz besondere Bedeutung dabei zukommt, mit anderen über die Dinge der Welt zu kommunizieren.

Diese Fähigkeit kann man beim sozialen Rückbezug, doch auch in vielen anderen Situationen beobachten. Wenn die Mutter etwas anschaut, wird das Baby ihrem Blick folgen, so daß Mutter und Kind in dieselbe Richtung schauen.[35] Später kann das Baby in die Richtung schauen, in welche die Mutter zeigt, und es kann selbst auf Dinge deuten, von denen es möchte, daß die Mutter sie sieht.[36] All dies sind Vorgehensweisen, durch die Mutter und Kind sich gemeinsam auf einen Gegenstand konzentrieren können, eine Grundvoraussetzung, um darüber zu kommunizieren. Typischerweise wechseln wir uns beim Sprechen ab, wenn wir uns erst einmal auf ein Gesprächsthema geeinigt haben. Auch Babys erwerben diese Fähigkeit, sich abzuwechseln, bevor sie überhaupt imstande sind, ein Gespräch im herkömmlichen Sinne zu führen. Das kann man sehr früh beobachten, wenn ein zwei Monate altes Kind über Blickkontakt mit der Mutter interagiert: Das kleine Kind und die Mutter wechseln sich dabei ab, zu lächeln und sich gegenseitig anzugurren. Es gibt jedoch eine Diskussion darüber, wieviel Kontrolle das Baby in einem derart frühen Stadium über die Interaktion ausübt. Manche Wissenschaftler, wie etwa Rudolph Schaffer, behaupten, daß die Mutter ihre Antworten in die Aktivitätspausen des Babys einpaßt.[37] Andere wie Colwyn Trevarthen halten den Anspruch aufrecht, daß selbst zwei Monate alte Kleinkinder sich wirklich mit der Mutter abwechseln und angeborene Prädispositionen für eine solche Intersubjektivität besitzen.[38] Trotzdem stimmen die Wissenschaftler darin überein, daß sich die Interaktionen der Babys mit anderen Menschen ungefähr im Alter von neun Monaten grundlegend ändern. Wir können diese Veränderung bei Spielen beobachten, bei denen Geben und Nehmen vorkommen und die Babys in diesem Alter so gerne spielen. Der Vater hält einen Ball hin, das Baby nimmt ihn, gibt ihn wieder zurück, und es geht hin und her. Das Baby konzentriert sich auf denselben Gegenstand wie der Vater, und es nimmt an einem Austausch teil; wie in späteren Jahren haben sie ein gemeinsames Gesprächsthema, und es geht im Gespräch hin und her.

Man hat wirklich ein anderes „Gefühl" bei der Interaktion, wenn ein Kleinkind erst einmal so weit ist. Das Kind hat jetzt tatsächlich Sinn für Kommunikation und Intention. Aber die vielleicht wichtigere Frage besteht meiner Meinung nach darin, wie sehr sich ein kleines Kind dessen bewußt ist, was es macht und woran es teilhat. Ist es sich seiner Überzeugungen und Bedürfnisse sowie der Überzeugungen und Wünsche anderer Menschen bewußt? Niemand würde abstreiten, daß kleine Kinder Überzeugungen und Bedürfnisse haben. Wir können ihre überraschte Reaktion beobachten, wenn etwas Unerwartetes eintritt – und wir werden Zeuge ihrer Wut, wenn ein Bedürfnis nicht gleich befriedigt wird. Und wenn Kinder diese emotionalen Zustände anderen mitteilen, scheint ihr Verhalten intentional zu sein. Wenn ein Baby etwas will und seine Mutter nicht sofort reagiert, wird es seinen Versuch fortsetzen, es zu bekommen. Es wird zur Mutter zurückgucken und wieder das Spielzeug anschauen, es wird, abgesehen davon, daß es die Hand ausstreckt, noch einen Laut von sich geben, aus dem hervorgeht, daß es etwas will; es wird diesen Laut immer wieder und immer lauter von sich geben, bis es sein Ziel erreicht hat. All dies sind Hinweise auf intentionale Aktivität. Lediglich Überzeugungen, Bedürfnisse und Intentionen zu *haben*, ist jedoch etwas anderes, als eine Überzeugung, ein Bedürfnis und eine Intention zu *verstehen*, und als die Fähigkeit, solche Zustände anderen Personen zuzuordnen. Trotzdem reagieren Kleinkinder darauf, wenn andere eine Überzeugung oder ein Bedürfnis zum Ausdruck bringen. Die Mutter sagt „Guck' mal, ein Lastwagen", während sie dorthin zeigt, und das Baby schaut auch dorthin. Der Vater sagt „Gib mir den Ball", hält die geöffnete Hand hin, und das Baby gibt ihm den Ball. Gegen Ende des ersten Lebensjahres sind Babys dieses Alters wirklich aktive Teilnehmer am sozialen Austausch; dennoch bleibt es für uns weiterhin eine echte und wichtige Frage, wie weit das Verständnis dieser sozialen Interaktion reicht.

Intentionale Kommunikation

Soziale Interaktion ist eigentlich eine Interaktion zwischen verschiedenen Denkweisen, zwischen mentalen Zuständen also; aber wir müssen diese Zustände anderen mitteilen. Wir müssen eine andere Person darüber informieren, daß wir etwas wollen oder daß wir wollen, sie solle einer bestimmten Auffassung sein usw. Menschen können keine Gedanken lesen, zumindest nicht im telepathischen Sinne; und um zu wissen, was im Denken einer anderen Person vor sich geht, müssen wir uns diese Information gegenseitig mitteilen. Wir müssen „Kontakt aufnehmen", „mit etwas ankommen" oder „es 'rüberbringen" – all dies sind verbreitete Methoden, mit denen wir auf die Kommunikation Bezug nehmen, auf der soziale Interaktion beruht; und wenn diese Kommunikation auch nicht ausschließlich sprachlich ist, schließt sie doch häufig den Gebrauch der Sprache ein. Das Bild auf dem Umschlag des Buchs *Language and Perception* von George Miller und Philip Johnson-Laird gibt diesen

Gedanken treffend wieder: Zwei Gesichter im Profil sehen einander an, und zwischen ihnen bildet sich aus einem Durcheinander von Buchstaben des Alphabets eine Art Regenbogen.[39] Im einen Kopf sind alle Buchstaben grün, im anderen sind sie alle rot, und im Bogen, der sich zwischen ihnen aufspannt, mischen sich grüne und rote Buchstaben. Sie haben Ihre Gedanken, Ihre Überzeugungen, Ihre Bedürfnisse usw., und ich habe meine. Wir tauschen uns sprachlich darüber aus, in einem Gespräch, das zwischen uns hin und her geht.

Ich möchte nicht zu weit in ein Themengebiet abschweifen, das gründlich erforscht und über das in den letzten Jahren ausführlich berichtet wurde, das Gebiet des Spracherwerbs bei Kindern.[40] In dem Maße, wie wir unsere Überzeugungen und Bedürfnisse sprachlich miteinander austauschen, ist dennoch der Spracherwerb bei Kindern die Grundlage dafür, daß sie das Denken entdecken. Wichtig ist nicht so sehr das Erlernen der Bedeutung bestimmter Wörter oder die Fähigkeit, in der richtigen Art und Weise Wörter aneinanderzureihen; es geht vielmehr um die Fähigkeit, die Sprache dafür einzusetzen, „einander näher zu kommen" und es den anderen „'rüberzubringen". Die Lehrbücher zur Sprache bei Kindern drücken diesen Sachverhalt so aus, daß die relevanten Themen nicht darin bestehen, Semantik (Wortbedeutung) und Syntax (Satzbau) zu erlernen, sondern Pragmatik, das heißt, den Sprachgebrauch zu lernen.

Die Untersuchung des Spracherwerbs wurde durch die Chomskysche Revolution in den sechziger Jahren ausgelöst, die sich zunächst mit Fragen der Syntax und später mit Fragen der Semantik beschäftigte.[41] Am Ende des Jahrzehnts betonte eine neue Generation von Sprachforschern die Bedeutung pragmatischer oder funktionaler Aspekte bei der Untersuchung des Spracherwerbs bei Kindern.[42] Von ihrem Standpunkt aus reichte es anscheinend nicht, nur die syntaktische Form und den semantischen Inhalt der kindlichen Sprache zu untersuchen. Weil Sprache in sozialen Zusammenhängen erlernt wird, meinten sie, auch ihr Gebrauch in einem Kommunikationssystem, die Intentionen des Sprechers und die Methoden, wie diese Intentionen kodiert und interpretiert werden, sollten einbezogen werden. Und tatsächlich schenkten sie nicht nur diesen Faktoren ihre Aufmerksamkeit, sie zeigten auch, daß eine derartige Entwicklung der semantischen und syntaktischen Entwicklung vorangeht. Damit ist gemeint: Babys kommunizieren, bevor sie sprechen. Die Eltern unter Ihnen wird dies nicht überraschen. Bevor Babys sprechen können, setzen sie weitere Gesten ein wie etwa das zuvor erwähnte Auf-etwas-Zeigen. Häufig entwickeln sich diese Gesten aus Handlungen, die zunächst nicht kommunikativ sind oder mit denen zumindest nicht die Intention verfolgt wird, kommunikativ zu sein.[43] Bei dem Versuch etwa, ein Spielzeug zu ergreifen, streckt ein Baby seine Hand danach aus; wenn ein Erwachsener zuschaut, wie es versucht, das Spielzeug zu bekommen, wird er es ihm geben, und allmählich wird sich das Ausstrecken und Öffnen der Hand zu einer Geste entwickeln, durch die es nach einem Gegenstand verlangt. Auf ähnliche Weise entwickelt sich auch mit der Zeit die Geste des Armhebens, mit deren Hilfe Babys darum bitten, auf den Arm genommen zu werden.[44] Wenn die Mutter das Kind hochnimmt, bewegen sich dessen Arme zunächst einfach deshalb nach oben, weil ihre Hände an seinen Achseln ansetzen. Es handelt sich hier lediglich um eine unbeabsichtigte und vom Kind nicht verursachte Bewegung. Später macht es vielleicht dabei mit, hochgenommen zu werden. Noch etwas später wird es vielleicht in einem Augenblick, in dem die Mutter überhaupt nicht daran denkt, das Kind hochzunehmen, seine Arme in ihrer Richtung ausstrecken, um sie zu bitten, auf den Arm genommen zu werden.

Wenn Kinder also damit beginnen, die Sprache einzusetzen, sind sie bereits erfolgreiche Kommunikatoren. Mit dem Sprechen anzufangen ist ein allmählicher Prozeß, der sich übergangslos aus diesen frühen Fähigkeiten entwickelt und auf ihnen aufbaut. Wenn Babys gestikulieren, plappern sie auch und setzen dann charakteristische Lautkombinationen ein, aus denen später erkennbare Wörter werden; hier handelt es sich zunächst um einzelne, sehr stark an die Situation gebundene Wörter und später um Kombinationen aus mehreren Wörtern. Die Geste des Handausstreckens beim Baby etwa kann zunächst mit Plapperlauten kombiniert werden, dann mit einem Laut, der Ausdruck dafür ist, etwas zu wollen. Später wird es ein Wort für einen Gegenstand, den es möchte, einsetzen;[45] und in diesem Stadium kann es genau angeben, was es meint, wenn der Gegenstand nicht mehr zu sehen ist.

Einer der offensichtlichsten und der geheimnisvollsten Aspekte der Verwendung der Sprache besteht darin, daß wir etwas damit *meinen*. Wie kann eine Lautkombination etwas bedeuten? Der Philosoph Paul Grice hat durch die Unterscheidung zwischen *natürlicher* und *nichtnatürlicher* Bedeutung etwas Licht ins Dunkel dieses Geheimnisses gebracht.[46] Einige Dinge haben „natürlicherweise" eine Bedeutung in dem Sinne, daß Rauch auf ein Feuer hinweist oder daß das Schreien eines kleinen Babys bedeutet, daß es durch etwas beunruhigt ist. Der Rauch und das Schreien bedeuten etwas und teilen uns etwas mit, obwohl niemand die Intention hat, uns irgend etwas mitzuteilen. Das kleine Baby schreit einfach, und seine Unruhe wird an die Eltern weitergegeben; doch in diesem frühen Stadium kann man einem Baby keine Intention unterstellen. Nichtnatürliche Bedeutung ist andererseits die Grundlage für intentionale Kommunikation. Mit der Botschaft – Laute, Wörter, Zeichen oder was auch immer – wird die Absicht verfolgt, etwas mitzuteilen. Tatsächlich geht es hier um eine komplexe Intention. Um es mit den Worten von Grice zu sagen, gehört zur intentionalen Kommunikation einer Person, die beabsichtigt, eine andere Person einfach dadurch dazu zu veranlassen, über etwas nachzudenken oder etwas zu tun, daß sie die Intention hat, die andere Person die Botschaft von selbst erkennen zu lassen, daß sie sie veranlassen will, dies zu denken oder zu tun. Vielleicht schreie ich, weil ich beunruhigt bin; und wenn Sie mich hören, wissen Sie eventuell, daß ich beunruhigt bin, obwohl ich möglicherweise nicht einmal weiß, daß Sie da sind. Wie beim Schreien des kleinen Babys handelt es sich hier nicht um intentionale Kommunikation. Andererseits weiß ich vielleicht, daß Sie zuhören, und eventuell möchte ich, daß Sie denken, ich sei beunruhigt; deshalb schreie ich und verfolge damit die Absicht, Sie erkennen zu lassen, daß ich Sie wissen lassen möchte, daß ich beunruhigt bin. Hier handelt es sich um einen Fall intentionaler Kommunikation und nichtnatürlicher Bedeutung.

In seinem Buch *Wie das Kind sprechen lernt* stellt Jerome Bruner dar, wie Kinder die Fähigkeit erwerben, in diesem Sinne intentional zu kommunizieren, wie sie dazu kommen, nichtnatürliche Bedeutungen zu verstehen und hervorzubringen.[47] Er behauptet, daß sie auf den natürlichen Bedeutungen aufbauen, die sie zunächst hervorbringen. Das frühe Schreien bedeutet natürlicherweise, daß sie sich aufregen, und wenn sie in diesem Stadium den Arm ausstrecken, so bedeutet dies natürlicherweise, daß sie den Gegenstand haben wollen, den sie zu bekommen versuchen. Obwohl das Kind in diesem frühen Stadium nicht die Intention hat, eine Unruhe oder ein Bedürfnis zu kommunizieren, handeln die Eltern so, als wäre dies der Fall. Das heißt, Eltern gehen mit nichtintentionalen, natürlichen Bedeutungen so um, als handele es sich um intentionale Kommunikationen. Durch diese unterstützenden Maßnahmen erwirbt das Kind allmählich die Fähigkeit, intentional zu kommunizieren und nichtnatürliche Bedeutungen mitzuteilen. Es erlernt die Konventionen des Systems.

Würde es nicht ausreichen, das einfach zu sagen? Die Sprache ist doch ein System von Konventionen. Wäre es da nicht einfacher, lediglich zu sagen, daß das Baby die Konventionen des Systems lernt? Zum Beispiel: Ich möchte, daß du mir den Ball gibst. In den Worten von Grice intendiere ich, wenn ich „Geben Sie mir den Ball" sage, Sie dazu einfach dadurch zu veranlassen, ihn mir zu geben, daß ich Sie dazu bringe, einzusehen, daß es das ist, was ich intendiere. Wäre es nicht leichter, einfach zu sagen, daß die linguistische Bedeutung von Konventionen abhängt und daß konventionsgemäß „Geben Sie mir den Ball" bedeutet, daß ich möchte, daß Sie mir den Ball geben? Das stimmt, es ist aber nicht alles. Denn ich könnte sagen: „Können Sie mir den Ball geben." Und ich möchte nicht, daß Sie mit „Ja" antworten. Oder ich könnte sagen: „Warum geben Sie mir nicht den Ball?" Und ich möchte nicht, daß Sie mir einen Grund dafür angeben. Ich könnte sogar sagen: „Ich komme nicht an den Ball heran." Auch diese indirekten Aufforderungen enthalten die Botschaft

„Geben Sie mir den Ball". Einen Gutteil der Zeit beruht unsere Kommunikation nicht auf dem, was unsere Sätze konventionsgemäß und wörtlich bedeuten. Grice' Theorie der nichtnatürlichen Bedeutung basiert darauf, daß wir uns wechselseitig komplexer Intentionen bewußt sind, und gestattet uns, immer dann eine Erklärung parat zu haben, wenn die gesprochenen Worte nicht exakt und konventionsgemäß mit dem übereinstimmen, was der Sprecher meint. Diese Theorie entstand, um die Art und Weise zu erklären, wie wir vielleicht das eine sagen und etwas anderes meinen. Sie erlaubt es uns, Erklärungen für jeden nichtnatürlichen Sprachgebrauch zu finden – für indirekte Aufforderungen, Sarkasmus, Ironie und noch vieles mehr.

Wenn wir jedoch Grice' komplizierte Formulierung akzeptieren, so setzt sie voraus, daß das Baby, wenn der Vater sagt „Gib mir den Ball" und es ihn abgibt, es sich seiner Intention bewußt ist, daß es ihm den Ball geben will. Das heißt, es bringt nicht nur seine eigenen Intentionen zum Ausdruck, indem es beispielsweise die Hände ausstreckt, sondern es ist sich der Intentionen des anderen bewußt. Dies setzt voraus, daß Kleinkinder gut über das Denken Bescheid wissen. Viele Forscher bezweifeln jedoch, daß auf dieser frühen Stufe ein so explizites Verständnis vorhanden ist. Selbst diejenigen, die als erste auf diese Schlußfolgerungen aus den kommunikativen Fähigkeiten bei Kleinkindern hinwiesen, erhoben nicht den Anspruch, daß sich Kleinkinder der Theorie bewußt sind, von der sie implizit Gebrauch machen, oder daß sie mentale Zustände anderen Personen zuordnen können.[48] Kleinkinder haben auf dieselbe Weise eine implizite Theorie des Denkens, sagen diese Autoren, wie Zweijährige eine implizite Theorie der Grammatik haben. Zudem verstehen Kinder wenig später Metaphern, Ironie usw., was ja darauf beruht, daß sie die Prinzipien von Grice verstanden haben.[49] Vielleicht haben wir es mit einer müßigen Diskussion zu tun. Ob nun die Entdeckung des Denkens die Kinder vom Unverständnis zu einem gewissen Verständnis bringt oder von einem impliziteren zu einem expliziteren Verständnis, es ist ein wichtiger Entwicklungsprozeß und ein Prozeß, der spannend nachzuvollziehen ist.

Zweifellos spielt selbst ein Einjähriger in diesem System

mit, und nicht nur durch Auswendiglernen. Kleine Kinder verstehen möglicherweise Ironie nicht, doch selbst sie verwechseln echte Warum-Fragen nicht mit indirekten Aufforderungen wie „Warum räumst du nicht deine Spielsachen auf?" Sie beantworten solche Frage wie die eben erwähnte nicht mit „weil...", zumindest nicht, bevor sie älter und frecher werden. Wie Bruner meinte, ist dies ein Hinweis darauf, daß Kinder unterschiedliche Intentionen hinter den beiden Formen erkennen. Sie lernen etwas über die *Kommunikation* und nicht über die *Frageform*. Sie konzentrieren sich auf den intentionalen Aspekt der Sprache; sie achten darauf, was die Menschen meinen. Margaret Donaldson betonte, daß sie in einem gewissen Sinne tatsächlich verstehen, was die Menschen meinen, bevor sie verstehen, was mit den Wörtern gemeint ist.[50] Sie erzählte die Geschichte einer Engländerin, die mit einer arabischen Frau und deren beiden Kindern, einem sieben Jahre alten Jungen und einem 13 Monate alten Mädchen, zusammensaß. Die Engländerin sprach nur englisch, die Mutter und der Sohn nur arabisch. Das kleine Mädchen konnte keine der beiden Sprachen sprechen. Auf wackligen Beinen geht es zu der Dame aus England und dann zurück zur Mutter; dann dreht es sich wieder um und geht erneut zur Engländerin, die zum Jungen hinüber zeigt und sagt: „Geh jetzt zu deinem Bruder." Er breitet seine Arme aus, und das Baby geht zu ihm. Der Junge verstand die Worte der Frau nicht, doch ebenso wie seine Schwester verstand er die Situation. Margaret Donaldson betont, daß aus der Situation heraus so klar war, was gemeint war, daß es so schien, als verstünden die Kinder die Worte. Genauso lernen Kinder, die Sprache einzusetzen. Auf dieser frühen Stufe jedoch fügt sich ihr Verständnis in einen Kontext, in den des Hier und Jetzt. Wenn sie keine Kleinkinder mehr sind, fangen sie an, über die unmittelbare Gegenwart, über das Hier und Jetzt, hinauszugehen; und darum geht es im nächsten Kapitel.

Kapitel 4: Gedanken und Dinge

In den letzten zwanzig Jahren konzentrierte sich die Forschung auf die frühe Kindheit, und die vielen Untersuchungen zu den sozialen und kommunikativen Fähigkeiten von Säuglingen zeigen uns, daß Babys sehr viel mehr wissen und sehr viel mehr verstehen, als die Psychologen ursprünglich meinten. Niemand würde allerdings abstreiten, daß Babys und kleine Vorschulkinder ganz unterschiedliche Geschöpfe sind; sie unterscheiden sich auf vielerlei Weise und so auch in ihrem Verständnis des Denkens. Worauf beruht dieser Unterschied? Ich will es einfach ausdrücken: Ein Baby ist durchaus in der Lage, über die Dinge auf der Welt, über die Realität nachzudenken, doch sie denken nicht über andere mögliche oder hypothetische Realitäten nach. In der Mitte des zweiten Lebensjahres, wenn sie anfangen, über Alternativen zur Realität nachzudenken, kommt es zu einer aufregenden Veränderung: Sie beschränken sich dann nicht mehr darauf, nur über die vorfindbare Welt nachzudenken. Sie können auch über nicht vorhandene und hypothetische Situationen nachdenken.

Das Ende der Säuglingszeit

Woher wissen wir das? Die experimentelle Arbeit, mit deren Hilfe dieses Wissen erarbeitet wurde, geht auf Piagets Beobachtungen an seinen eigenen drei Kindern zurück und wurde in den nachfolgenden Untersuchungen, die auf seiner Arbeit aufbauten, fortgesetzt.[51] Welche Art von Aufgaben setzten die Forscher ein? Man legt eine Puppe mit leuchtenden Farben an eine Stelle, die der ein Jahr alte Joe gerade nicht mit den Händen erreichen kann, und läßt eine Spielzeugharke daneben liegen. Joe fuchtelt mit den Armen umher, weil er die Puppe haben möchte. Er stößt auch mit den Armen gegen die Harke und ergreift sie. Er fuchtelt mit der Harke herum und stößt gegen die Puppe. Er bewegt die

Harke noch etwas hin und her und zieht die Puppe damit näher an sich heran. Dann streckt er die Hände aus und ergreift die Puppe. Wir wollen dasselbe nun mit Molly probieren, die schon fast zwei Jahre alt ist. Wir legen die Puppe außer Reichweite und lassen daneben die Harke liegen. Sie schaut sich die Puppe an, sie guckt die Harke an und sieht dann wieder zur Puppe herüber. Dann ergreift sie die Harke und schleift die Puppe zu sich herüber. Joe und Molly haben beide dasselbe Ziel erreicht, Joe anscheinend nach dem Motto „Wenn es dir nicht gleich gelingt, versuch es immer wieder" und Molly nach dem Motto „Guck, bevor du springst". Derartige Aufgaben zeigen uns, daß Kinder irgendwann in der Mitte des zweiten Lebensjahres die Fähigkeit erwerben, sich eine Lösung für ein neues Problem auszudenken, es mit „Einsicht" zu lösen, ohne eine Periode von Versuch und Irrtum durchzumachen. Das Kind ist in der Lage, sich mögliche Verhaltensweisen vorzustellen und erst dann zu handeln.

Lassen Sie uns noch etwas anderes ausprobieren. Wir haben einen Schlüsselbund mit lauter bunten Plastikschlüsseln. Ich lasse sie rasseln und zeige sie Joe, der sich dafür interessiert. Ich umfasse die Schlüssel mit der Hand, verstecke sie und schiebe meine Hand, während er zuguckt, unter das Sofakissen. Ich lasse die Schlüssel dort liegen, ziehe meine Hand wieder heraus und sage zu Joe: „Wo sind die Schlüssel?" Er öffnet meine Faust – keine Schlüssel da. Er weiß jetzt nicht, wo er nachschauen soll; er kann sie nicht finden. Molly jedoch schafft es, selbst wenn ich die Schlüssel dadurch „unsichtbar wegschiebe", daß ich sie auf diese komplizierte Weise verstecke. Joe kann sich daran erinnern, daß die Schlüssel sich in meiner Hand befanden; doch er weiß nicht mehr weiter, wenn sich herausstellt, daß sie leer ist. Molly dagegen ist in der Lage, zurückzudenken und sich daran zu erinnern, daß meine Hand unter dem Kissen war, und kann herausfinden, daß die Schlüssel vielleicht dort sind. Sie kann sich ihre mögliche Position vorstellen.

Joe kennt ein oder zwei Wörter, doch Molly spricht besser als er; und sie ist nicht so sehr auf das Hier und Jetzt beschränkt, wie es bei Joe der Fall ist. Sie kann über Gegenstände sprechen,

die nicht direkt da sind; sie kann nach etwas fragen, was sie nicht
sehen kann, und sie wird, wenn wir sie darum bitten, weggehen
und etwas aus einem anderen Zimmer holen. Auf einfache
Weise kann sie über Dinge sprechen, die sich in der Vergangenheit zutrugen. Emily, ein kleines Mädchen, von dem wir Tonbandaufnahmen machten, als sie in ihrem Bett mit sich selbst
sprach, lieferte uns viele Beispiele – mit 21 Monaten etwa
dachte sie über einen Vorfall nach, der sich etwas früher, aber
am selben Tag zugetragen hatte:

Auto kaputt,
das... Emmy kann nicht in das Auto gehen.
In grünes Auto gehen...[52]

Kinder können in diesem Alter auch im voraus an etwas denken, was sie planen zu machen, nach dem Plan handeln und
dann einen Kommentar zu Erfolg oder Mißerfolg abgeben –
daraufhin etwas als Erfolg werten und mit „Ach, du meine
Güte" oder „Oh, nein" als Mißerfolg betrachten. Das sind vielleicht nicht sehr anspruchsvolle Kommentare, aber eben dennoch Kommentare.[53] So plant ein Kind vielleicht, einen Turm zu
bauen, lächelt und sagt: „Da", wenn er fertig ist. Oder es sagt
„Oh, nein", wenn er umfällt, nachdem es den letzten Baustein
aufgeschichtet hat. Sein „Oh, nein" deutet auf die Diskrepanz
zwischen dem hin, was es sich vorgestellt hat, und dem, was
tatsächlich eingetreten ist: Es kann an etwas Mögliches denken
und dies mit der Realität vergleichen.

Auf diese Weise zeigen uns Kinder im zweiten Lebensjahr,
daß sie über nicht vorhandene und hypothetische Situationen
nachdenken können – ob sie nun über vergangene Ereignisse
sprechen oder über Dinge, die nicht in Reichweite sind, ob sie
Probleme durch Einsicht lösen oder ob sie auf unsichtbare
Weise verlegte Gegenstände finden. All diese Verhaltensweisen, die sich ungefähr im Alter von 18 Monaten entwickeln,
deuten darauf hin, daß das Kind über den möglichen Zustand
der Dinge nachdenken kann, nicht nur über Dinge, die tatsächlich vor ihm liegen und, vor seinen Augen existent sind. Diese
Fähigkeit – sich eine mögliche andere Realität vorzustellen – ist

vielleicht bei kleinen Kindern und ihrem Als-ob-Spiel, das sich ebenfalls etwa in diesem Alter zu entwickeln beginnt, am deutlichsten zu erkennen.

Das Als-ob-Spiel

Es war Piaget, der als erster die Fähigkeit kleiner Kinder betonte, so zu tun als ob.[54] Er beschrieb seine Tochter Jacqueline, als sie 15 Monate alt war; sie tat so, als ob sie schliefe, sie hielt eine Decke auf die Art und Weise, wie sie normalerweise ihr Kissen im Arm hielt, lutschte am Daumen und legte sich hin. Aber dabei lachte sie und sagte: „Nein, nein." Denn sie wußte ja, daß sie nicht wirklich schlief. Im Alter von 19 Monaten tat eine weitere Tochter „so, als tränke sie aus einer Kiste, und hielt sie dann jedem der Anwesenden an den Mund".[55] Eltern muß ich dieses Thema nicht ausführlicher beschreiben – und auch niemandem, der eine gewisse Zeit mit kleinen Kindern verbracht hat. Uns allen ist dies vertraut. Überall auf der Welt sind Kinder imstande, auf diese Weise zu spielen, obwohl es Unterschiede zwischen verschiedenen kulturellen und sozialen Gruppen gibt, und auch zwischen einzelnen Kindern; sie unterscheiden sich im Hinblick darauf, wieweit dieses Spiel, bei dem etwas vorgetäuscht wird, verbreitet ist.[56]

Es ist eine Freude, Kindern dabei zuzusehen, wie sie uns etwas vormachen wollen. Wir lernen dabei wirklich etwas über die Fähigkeit des Kindes, sich mögliche hypothetische Welten vorzustellen – eine Fähigkeit, die im Alter von etwa 18 Monaten einsetzt und sich über die kommenden Jahre hinweg in bemerkenswerter Weise entwickelt. Sogar Kinder, die gerade erst zwei Jahre alt sind, können sich jedoch, wie das folgende Beispiel zeigt, in recht komplizierte Als-ob-Szenarien verwickeln:

J. findet eine Mauer aus Bauklötzen vor. Er nimmt eine kleine Figur mit einem breitkrempigen Hut in die Hand: „Bauer möchte baden. Mache Bauer Bad." J. tut so, als würde er fantasierte Wasserhähne am einen Ende der Anlage aufdrehen. Er läßt die Figur kurz hineinsausen und sagt dann: „Oh nein, soooo heiß. Muß 'was Kaltes 'reinlassen." Er holt den Bauern heraus, und tut so, als ließe er noch etwas Wasser aus den frei fantasierten Wasserhähnen einfließen. Dann steckt J. den Farmer wieder in die „Badewanne". „Oh nein, soooo heiß, zu heiß. Muß 'was Kaltes 'reinlassen." Er läßt die Figur wieder aus der Badewanne hüpfen.[57]

Mit drei oder vier Jahren wird das Als-ob-Spiel der Kinder recht vielschichtig und erfindungsreich; es kann einen großen Teil der Zeit ausmachen, die sie beim Spielen zubringen.[58] Kinder übernehmen vorgetäuschte Rollen und agieren komplizierte Szenarien an fantasierten Orten aus. Wie Judy Dunns Beobachtungen gezeigt haben, können selbst Zweijährige dieses Spiel spielen, wenn ihnen wohlwollende ältere Geschwister dabei helfen.

Johns Schwester: Ich weiß, daß du der Papa sein kannst und ich die Mama. Ja?
John: Ja.
Johns Schwester: Ja, dann. Wir haben ein Kind bekommen, ja?
John: Ja, mmh.
Johns Schwester: (spricht ihn mit dem Namen des wirklichen Vaters an) Henry.
John: Ja?
Johns Schwester: Hast du Babys bekommen?
John: (nicht hörbare Antwort)
John zum Beobachter: Ich ein Papa.[59]

John, der gerade einmal zwei Jahre alt ist, konnte nicht nur eine vorgetäuschte Identität annehmen und diese Rolle angemessen spielen, er war auch imstande, zu erzählen, daß es jemand anders war, den er spielte. Und zweijährige Kinder gebrauchen beim Als-ob-Spiel ausdrücklich die Worte „als ob": Er tut so, als ob er ein Käfer ist. Diese Monster tun nur so, als ob sie das sind, oder?" „Ich gehe weg, Mami. Mami, du mußt so tun, als ob du weinst."[60]

Es geht sogar so weit, daß sich Kinder beim Als-ob-Spiel Dinge vorstellen und über vorgetäuschte Dinge sprechen. Die dreijährige Katie ging mit ihrer Mutter vom Kindergarten nach Hause:

Mutter: Was gibt es zum Mittagessen?
Katie: Papi.
Mutter: Ja, das ist eine gute Idee. Mit Ketchup?
Katie: Laß uns Mami zu Mittag essen.
Mutter: Mit Ketchup?
Katie: Ja.
Mutter: Aber dann würde Mami ganz aufgegessen werden. Ich wäre ganz weg, wenn du mich zu Mittag ißt.
Katie (mit einem ärgerlichen Blick zur Mutter): Wir tun doch nur so.

Diese Beobachtungen an Kindern beim Spiel und beim Gespräch in Alltagssituationen werden durch die neueren experimentellen Arbeiten von Paul Harris and Robert Kavanaugh bestätigt.[61] In diesen Untersuchungen konnten die Autoren eine feste Situation vorgeben und belegen, daß Zweijährige die Täuschungsmanöver einer anderen Person wirklich verstehen und sich nicht nur im Spiel mitziehen lassen. Wenn ein Kind etwa mit einer Spielzeugteekanne spielt, kann die Mutter eine Tasse hinhalten und um etwas „Tee" bitten; das Kind greift dann vielleicht zur Teekanne und tut so, als ob es Tee in die Tasse eingießt. Es kann jedoch einfach das Naheliegendste sein, was man in diesem Kontext macht, oder das Kind kann auch einfach nur nachmachen, was die Mutter oder die Schwester gerade vorgemacht hat. Harris und Kavanaugh hatten ihre Experimente so angelegt, daß die angemessene Reaktion der Kinder Belege für wirkliches Verständnis lieferte. Wenn der Experimentator vorgab, daß ein gelber Baustein eine Banane war und ein roter Baustein ein Kuchen, und den Zweijährigen erzählte, daß das Schwein etwas vom Kuchen oder die Ente etwas von der Banane haben möchte, gaben die Kinder den Spielzeugtieren korrekterweise einen roten oder einen gelben Stein aus einem Eimer mit Bausteinen. Und sie konnten dasselbe „Requisit" verwenden, beispielsweise den Plastikstiel, um den Tee für den Teddy umzurühren oder um dem Teddy die Zähne zu putzen, je nach dem, was der Experimentator gesagt hatte. Sie waren auch in der Lage, ein angemessenes Verhalten zu zeigen und das Verhalten in einem ausgedachten Szenario zu beschreiben. Wenn der Experimentator eine freche Puppe eins der Spielzeugschweine mit fantasiertem Tee überschütten ließe, würde das Kind das Schwein abtrocknen und auch beschreiben können, was passiert ist. Nichts davon ist bemerkenswert. Wir alle haben schon Zweijährige bei so etwas beobachtet. Harris und Kavanaugh zeigen jedoch, daß die Kompetenz und das Verständnis Zweijähriger in einer kontrollierten Situation ebensogut ist, wie wir es von Beobachtungen in alltäglichen Spielsituationen her angenommen hatten.

Was können wir aus dem Als-ob-Spiel von Kindern lernen?

Die wichtige Frage lautet nun: Was sagt die Fähigkeit der Kinder, so zu tun als ob, über ihr Verständnis für Denkprozesse aus? Wiederum war es Piaget, der als erster versuchte, die Antwort auf diese Frage zu finden. Nach Piaget deutet das Als-ob-Spiel auf die Entwicklung der Fähigkeit des Kindes hin, etwas symbolisch zu repräsentieren; es geht also um die Fähigkeit, etwas zu nutzen, das für etwas anderes steht. Als Jacqueline beispielsweise so tat, als sei die Decke ihr Kissen, gebrauchte sie die Decke als Symbol für das Kissen; und als sie „nein, nein" sagte, zeigte sie, daß sie sich dessen bewußt war, was sie da machte – sie verstand, daß die Decke das Kissen repräsentierte. Die Gegenstände, die das kleine Kind als erstes im Als-ob-Spiel benutzt, sagt Piaget, sind persönliche Symbole. Dies heißt, daß anfangs dieses kindliche Spiel etwas Einsames ist; später wird es etwas Soziales, und die Symbole werden zu gemeinsamen Symbolen. Im Gegensatz dazu betonte Alan Leslie, daß Kinder schon, wenn sie mit dem Als-ob-Spiel beginnen, in der Lage sind, die Verstellung bei anderen zu verstehen; dies haben auch die Beobachtungen von Margret Dunn sowie die Experimente von Harris und Kavanaugh gezeigt. Deshalb, meint Leslie, besteht die Bedeutung des frühen Als-ob-Spiels darin, daß es ein erster eindeutiger Hinweis auf die Fähigkeit der Kinder ist, den mentalen Zustand einer anderen Person zu verstehen.[62] Dies muß so sein, wenn sie in der Lage sind, ihre eigenen Täuschungsmanöver mit denen einer anderen Person zu koordinieren. Denn sie müssen die Verbindung ihrer Handlungen mit dem, was die andere Person vorgibt zu tun, herstellen, nicht mit dem, was er oder sie tatsächlich tut. Leslie beschäftigt sich nun damit, wie man erklären kann, daß derartig kleine Kinder dieses Verständnis entwickeln. Er fragt sich, warum Zweijährige beim Als-ob-Spiel nicht völlig durcheinander geraten. Sie sind in einem Alter, in dem sie gerade etwas über die Welt und über die Bedeutung von Worten herausfinden, und man müßte meinen, daß das Als-ob-Spiel all dies durcheinanderbringt. Stellen Sie sich einmal eine Zweijährige vor, sagt er, die ihre Mutter dabei beobachtet, wie sie telefoniert; sie versteht nicht, wozu das Telefon da ist und wie es funktioniert; doch sie erwirbt ein Wissen, durch das sich dieses Verständnis entwickeln wird. Dann tut die Mutter auf einmal so, als wäre eine Banane ein Telefon. Leslie fragt sich, was geschehen würde, wenn das Kind diese Information auf dieselbe ernsthafte Weise anginge wie zuvor – es könnte auf einige recht seltsame Gedanken kommen. Dann gibt die Mutter dem Kind die Banane mit den Worten „Hier, nimm das Telefon". Jetzt ist auch noch der Sprachlernprozeß gefährdet!"[63] Warum geraten also die Zweijährigen durch das Als-ob-Spiel nicht völlig durcheinander? Leslie behauptet, daß es im Gehirn einen angeborenen Mechanismus gibt, den er das Modul „Theorie des Denkens" nennt. Es befähigt ein Kind dazu, das Als-ob-Spiel von der wirklichen Welt abzuschirmen.[64]

Unser Wahrnehmungssystem und unser Kognitionssystem haben sich so entwickelt, daß sie uns erlauben, korrekte Repräsentationen der Welt, also wahre Überzeugungen, aufzubauen – das ist leicht gesagt, obwohl es unglaublich schwer zu beschreiben und zu erklären ist; doch wie dies erreicht wird, soll an dieser Stelle nicht von Bedeutung sein. Es genügt zu sagen, daß wir annehmen, es sei eben das, was geschieht – Sehen heißt schließlich Glauben. Leslie nennt diese korrekten Repräsentationen der Welt Primärrepräsentationen. Von der Säuglingszeit an läßt das kognitive System diese *Primärrepräsentationen* entstehen – selbst ein Baby kann beispielsweise die krumme gelbe Banane sehen, wie die Forschungsergebnisse im letzten Kapitel zeigten. Wir haben jedoch nicht nur Primärrepräsentationen, also Überzeugungen über die Welt, wir haben auch Überzeugungen über uns selbst und über die Überzeugungen anderer Menschen (sowie Hoffnungen, Ängste, Bedürfnisse, Intentionen und Vorstellungen). Wir haben also Überzeugungen bezüglich Überzeugungen; das nennt Leslie *Sekundärrepräsentationen*. Diese Überzeugungen unterscheiden sich von den Primärrepräsentationen auf bedeutsame Weise. Denn, wie wir in Kapitel 2 gesehen haben, sind derartige Überzeugungen opak, also undurchsichtig; das heißt, sie schweben über der Realität, und ihnen kommt nicht dieselbe Wahrheit und Existenz zu wie den Primärrepräsentationen. Der Satz „Die Kirschen sind reif" setzt zweierlei voraus: daß Kirschen da sind und daß sie reif sind. Der Satz „*Nicole meint*, die Kirschen seien reif" kann jedoch wahr sein, unabhängig davon, ob die Kirschen tatsächlich reif sind, oder selbst wenn alle Kirschen aufgegessen wurden. Jetzt nehmen wir Nicoles Primärrepräsentation „Die Kirschen sind reif" und fügen sie in die Sekundärrepräsentation ein: „Nicole meint, die Kirschen sind reif." Wenn wir die Aussage auf diese Weise einfügen, bleiben die Schlußfolgerungen über Wahrheit und Existenz unentschieden. Nach Leslie ist das Modul „Theorie des Denkens" der kognitive Mechanismus, der diese Einfügung ausführt. Fügt man die Primärrepräsentation auf diese Weise ein, wird sie von der Realität abgeschirmt, sie ist weder wahr noch falsch.

Leslie argumentiert, das Als-ob-Spiel der Kinder sei ein erster Hinweis darauf, daß dieses System in Aktion tritt. Es erlaubt dem Kind, Sekundärrepräsentationen der Art „*John tut so, als ob* er Papi wäre" oder „*Ich tue so, als ob* die Banane ein Telefon wäre" entstehen zu lassen, ohne daß das kognitive System des Kindes die Eigenschaften von kleinen Jungen und Vätern oder die von Bananen und Telefonen durcheinanderbringt. Ebenso wie die übertriebenen Verhaltensweisen und der besondere Ton unserer Stimme, die wir einsetzen, ist das „wissende Aussehen und Lächeln", wie Piaget anmerkte,[65] ein sozialer Hinweis darauf, daß wir uns verstellen; doch nach Leslie ist der zugrundeliegende kognitive Mechanismus angeboren. Später können mit Hilfe dieses Mechanismus andere Sekundärrepräsentationen dadurch entstehen, daß der Begriff

68 Gedanken und Dinge

„Sich-Vorstellen" gebraucht wird, beispielsweise „Ich stelle mir vor, das ist ein Stachelschwein" oder „Du stellst dir vor, es gehört mir".[66] Leslie nennt diese Sekundärrepräsentationen *Metarepräsentationen*. Er gebraucht die Vorsilbe *Meta*, um auf deren rückbezügliche Eigenart hinzuweisen – sie sind Sekundärrepräsentationen von Primärrepräsentationen. Josef Perner stimmt mit Leslie darin überein, daß die Fähigkeit der Zweijährigen, so zu tun als ob, darauf hinweist, daß sie Sekundärrepräsentationen entwickeln können, die über der Realität schweben; doch er stimmt mit ihm nicht darin überein, daß man sie als Metarepräsentationen bezeichnen sollte.[67] Perner richtet sich gegen Piagets Interpretation des Als-ob-Spiels als Zeichen für die beginnende Fähigkeit zur symbolischen Repräsentation. Er streitet ab, daß so kleine Kinder eine Repräsentation verstehen. Für Perner zeigt die Verstellung bei kleinen Kindern, daß sie imstande sind, sich andere hypothetische Situationen vorzustellen und zu handeln, „als ob" die Welt so wäre. Verstehen zu können, daß etwas irgend etwas anderes sein könnte, daß eine Decke zum Beispiel ein Kissen sein könnte, setzt kein Verständnis dafür voraus, daß etwas genutzt werden kann, um etwas anderes zu *repräsentieren*, sagt Perner.

Hier handelt es sich um einen recht bedeutsamen Punkt, weil Zweijährige eine Fehlrepräsentation nicht verstehen können, obwohl sie die Verstellung verstehen. Die Dinge, mit denen wir uns in Kapitel 2 beschäftigten, können sie nicht verstehen, so etwa die Frage, warum eine Person nach etwas an einem Ort sucht, von dem sie meinte, es sei dort, und nicht an einem neuen Ort, wohin es gelegt wurde, während sie gerade nicht hinsah. Wenn Kinder ein repräsentationales Verständnis der Täuschung haben, dann würden wir auch erwarten, daß sie eine Fehlrepräsentation verstünden, die ebenfalls ein repräsentationales Verständnis voraussetzt. Doch bis zum Alter von vier Jahren verstehen Kinder Fehlrepräsentationen nicht; und Perner schreibt, wir sollten ihnen bis dahin kein metarepräsentationales Verständnis zutrauen.

Es ist verwirrend, daß Forscher den Begriff Metarepräsentation auf unterschiedliche Weise gebrauchen. Dies ist Ausdruck der unterschiedlichen Bedeutungen von Repräsentation, wie ich sie in Kapitel 2 diskutierte; dort schrieb ich, daß Kinder beim Denken zweierlei entdecken müssen: was es ist und wie es vor sich geht. Das Denken repräsentiert – genau darum geht es. Und es ist die Summe dieser mentalen Repräsentationen – das besagt etwas darüber, wie es vor sich geht. Deshalb hat Repräsentation zwei Bedeutungen: Repräsentation ist ein mentales Gebilde, wie etwa eine Überzeugung, und Repräsentation ist die Denkaktivität in dem Augenblick, in dem Überzeugungen und andere mentale Zustände entstehen. Die beiden unterschiedlichen Bedeutungen von „Metarepräsentation" sind Ausdruck dieser beiden Sichtweisen auf die Repräsentation. Metarepräsentationen in Leslies Sinn sind Repräsentationen von repräsentationalen Gebilden wie etwa Überzeugungen bezüglich Überzeugungen. Metarepräsentation im Sinne Perners ist ein Verständnis für metarepräsentationale Aktivität – natürlich nicht in einem neurophysiologischen Sinne –, das es dem Kind gestattet, mentale Zustände *als* Repräsentationen zu verstehen.

Es kann jedoch sein, daß die Fähigkeit der Kinder, so zu tun als ob, weniger voraussetzt, als Leslie oder Perner behaupten. Harris und Kavanaugh bieten hierzu eine weitere Erklärung an. Sie stimmen mit Leslie darin überein, daß Kinder ihre Handlungen mit dem in Beziehung setzen müssen, was die andere Person vortäuscht, und nicht damit, was sie oder er tatsächlich tut. Doch sie meinen im Gegensatz zu Leslie, dies sei ein Hinweis darauf, daß das Kind den mentalen Zustand der anderen Person versteht. Sie behaupten wie auch Angeline Lillard[68], daß das Kind „weniger eine charakteristische mentale Einstellung des Als-ob als vielmehr eine charakteristische Verhaltensweise" erkennt.[69] Im Kopf eines Zweijährigen ist die Verstellung möglicherweise eine besondere Art von Aktivität, er denkt dabei weniger an die daran beteiligten mentalen Zustände – wie Repräsentationen, hypothetische Situationen oder ähnliches. Harris und Kavanaugh schlagen ein Modell vor, in dem das Verständnis von Verstellung mit dem Begreifen einer Geschichte verglichen werden kann. In beiden Fällen ist das Begreifen ein konstruktiver Prozeß, der Allgemeinbildung, Bezugnahme auf den unmittelbaren Kontext und Rückbezug auf vorangehende Teile des Spiels oder der Geschichte voraussetzt. Sie behaupten, daß Kinder den Requisiten in einem Verstellungsspiel einen „Signalcharakter" geben, sie markieren beispielsweise den Baustein als Schwein. Wenn das Spiel voranschreitet, werden diese Signale bearbeitet; so wird das Schwein naß, wenn es mit Tee übergossen wird. Und die Signale werden entschlüsselt, wenn Handlungsbedarf besteht, wenn etwa das Schwein abgetrocknet werden muß. Die zentrale Frage, die Henry Wellman und Anne Hickling stellen, lautet: Betrachten Kinder die „Signale" als etwas, was in der Welt oder was in ihrem Denken existiert?[70] Nehmen sie also an, daß jemand, der nach Beginn des Spiels dazukommt, weiß, was vereinbart wurde – daß etwa der Baustein ein Schwein ist –, und erwarten sie, daß diese Person in der Lage ist, beim Spiel mitzumachen? Nur weitere Untersuchungen werden diese Frage beantworten können.

Jedenfalls wird deutlich, daß sich Kinder von einem frühen Alter an mit Freude und durchaus mit einem gewissen Verständnis am Als-ob-Spiel beteiligen. Sie können nachvollziehen, was real ist und was nur in der Vorstellung existiert. Sie wissen, daß die Decke nicht wirklich ein Kissen und die Banane nicht wirklich ein Telefon ist. Verstellung und Realität werden von ihnen eindeutig voneinander unterschieden. Sie bringen Gedanken und Dinge nicht durcheinander.

Die Unterscheidung zwischen Gedanken und Dingen

Nach Henry Wellman ist die Unterscheidung zwischen Gedanken und Dingen der Eckpfeiler, auf dem die Theorie des Denkens bei Kindern ruht.[71] Kennzeichen einer Theorie, sagt er, ist es, daß in ihr ontologische Unterscheidungen gemacht werden; damit ist gemeint, daß in ihr festgelegt wird, welche Kategorien oder Arten von Dingen existieren. Die grundlegende begriffliche Unterscheidung, die in einer Theorie des Denkens gemacht wird, ist die zwischen der Welt und dem Denken, zwischen der realen Welt „draußen" und der mentalen Welt. In diesem Sinne sind wir alle im täglichen Leben „Alltagsrealisten".[72] Wir alle glauben, daß es eine reale Welt gibt, die unabhängig davon existiert, ob wir an sie denken; und weiterhin glauben wir, daß in uns Gedanken über diese Welt existieren. Wir begreifen, daß unsere Gedanken etwas Privates sind, daß man sie nicht sehen oder anfassen kann und daß man sie manchmal, wie etwa bei mentalen Bildern, willkürlich kommen und gehen lassen kann. Andererseits kann man Dinge sehen und anfassen. Ihnen kommt eine öffentliche und häufig fortdauernde Existenz zu. Jeder, der ins Zimmer kommt, kann den Tisch und die Stühle sehen und anfassen; sie sind an einem Tag da und auch am nächsten. Haben kleine Kinder ein solches Verständnis? Machen sie ebensolche Unterscheidungen zwischen Gedanken und Dingen? Wie wir in Kapitel 1 sahen, dachte Piaget, daß sie dies nicht täten; er schrieb: „Das Kind kann z.B. ein reales Haus nicht von einem Begriff oder ein mentales Bild von einem Namen des Hauses unterscheiden."[73] Henry Wellman bestreitet, daß diese Behauptung stimmt. Er und seine Mitarbeiter führten eine Reihe von Experimenten mit Vorschulkindern durch, die belegen, wie ausgeklügelt deren Verständnis der Unterscheidung zwischen Gedanken und Dingen in Wirklichkeit ist.

Diese Untersuchungen zeigen eindeutig, daß Kinder zwischen drei und fünf Jahren zwischen realen Dingen und mentalen Gebilden, also Gedanken, Erinnerungen, Träumen und Täuschungen unterscheiden können. Man zeigte den Kindern Bilder eines Jungen, der beispielsweise einen Keks hatte, und Bilder eines Jungen, der an einen Keks dachte, davon träumte, sich daran erinnerte oder vortäuschte, einen Keks zu haben. Selbst Dreijährige konnten sagen, welcher Junge den Keks sehen, anfassen, essen und seinem Freund einen Keks zu Essen geben konnte; und sie waren auch imstande, zu sagen, daß der Keks beim ersten Jungen real war und beim zweiten nicht. In diesen Experimenten waren die Kinder auch dazu in der Lage, zwischen Gedanken und möglicherweise verwirrenderen realen Dingen wie Rauch, Tönen und Fotografien zu unterscheiden. In einer der Untersuchungen unterschieden Dreijährige zwischen einem Gegenstand, etwa einer Tasse, einem mentalen Bild einer Tasse und einer realen Tasse, die in einem Kasten versteckt war. Sie wußten, daß sie die Tasse vor ihnen auf dem Tisch anfassen konnten, nicht jedoch die im Kasten und die „in ihrem Kopf". Und sie begriffen, daß sie, wenn sie lediglich daran dachten, das Bild verändern konnten, nicht jedoch den realen Gegenstand (in ihrem Kopf konnten sie beispielsweise die Tasse umdrehen). Außerdem besaßen sie die Fähigkeit, Erklärungen zur Untermauerung dieses Urteils abzugeben. Sie sagten, daß sie das Bild nicht anfassen könnten, weil es „nicht echt" sei oder weil es „nur in meiner Vorstellung" existiere. Dagegen sagten sie, daß sie die versteckte Tasse deswegen nicht anfassen könnten, weil sie sich im Kasten befinde.

Aus Wellmans Experimenten ergibt sich anscheinend, daß Kinder wirklich dieselbe grundlegende Unterscheidung zwischen Gedanken und Dingen machen wie wir. Warum fand Piaget etwas anderes heraus? Wie Wellman schreibt, kam dies daher, daß Piaget allgemeine Fragen über abstrakte mentale Gebilde stellte anstelle von einfachen direkten Fragen über spezifische mentale Gebilde wie jene, die Wellman untersuchte. Darüber hinaus wurden bei seiner Vorgehensweise die Urteile der Kinder über mentale Gebilde und reale Dinge miteinander verglichen. Piaget hingegen verließ sich allein auf die Fähigkeit der Kinder, verbale Erklärungen lediglich für mentale Phänomene hervorzubringen. Und er interpretierte die bildreichen Erklärungen der Kinder, daß etwa Träume Bilder seien, zu wörtlich.

Denken Sie noch einmal an die oben erwähnte Diskussion über die beiden Entdeckungen, wie sie das Kind im Hinblick auf das Denken machen muß: worin es besteht und wie es vor sich geht. Das, was Wellman herausfand, ist für die erste Entdeckung von Bedeutung. Es ist vorstellbar, daß Kinder Fragen über mentale Gebilde beantworten können, ohne zu verstehen, was das Denken repräsentiert, ohne zu verstehen, daß es das Denken ist, das die Gebilde hervorbringt. Nach Josef Perner hängt die Fähigkeit Dreijähriger, zwischen realen und mentalen Gebilden zu unterscheiden, davon ab, ob sie den Inhalt der Bilder, der Gedanken, der Erinnerungen usw. als „vorgestellte Situationen" begreifen.[74] Sie verstehen nicht, daß ihre mentalen

Bilder, Gedanken und Erinnerungen Repräsentationen sind, die vom Denken hervorgebracht werden. Wellman stimmt mit Perner darin überein, daß Dreijährige, obwohl sie mentale Gebilde von realen Dingen unterscheiden, nicht verstehen, daß mentale Dinge vom Denken konstruiert werden. Obwohl Dreijährige bei diesen experimentellen Aufgaben so gute Leistungen zeigen, wird von ihnen möglicherweise keine eindeutige Trennlinie zwischen Realität und Fantasie gezogen, wie der folgende Auszug aus einem Gespräch veranschaulicht:

Tun wir 'mal so, als ob ein Monster käme, okay?
Nein, laß uns nicht so tun.
Okay, warum?
Weil ich zu große Angst davor habe, darum.[75]

Jeder, der es einmal mit dem fantasierten Freund eines Vorschulkindes zu tun hatte – John und Elizabeth Newsons Arbeit[76] deutet darauf hin, daß es hier mindestens um ein Viertel der Eltern geht –, wird erkennen, daß Realität und Vorstellung in der Welt eines kleinen Kindes nicht immer strikt voneinander getrennt sind. Wie ich bereits erwähnte, kann man mentale Gebilde im Gegensatz zu realen Dingen nicht sehen und anfassen; ihnen kommt keine fortdauernde und öffentliche Existenz zu. Doch ein fantasierter Freund ist ein weiterhin existierendes Wesen, das für Monate, ja sogar über Jahre hinaus, Bestandteil im Leben eines Kindes sein kann. Der Freund erlangt eventuell auch eine „öffentliche Existenz", zumindest innerhalb der Familie, und obwohl er oder sie unsichtbar und nicht recht faßbar ist, muß man ihm gegenüber Nachsicht walten lassen. Eine Mutter, die von den Newsons interviewt wurde, sagte, als sie über den imaginären Freund ihres Vierjährigen sprach: „Vielleicht sitzen wir beim Fernsehen, und wenn mir mein Junge zu sehr auf die Pelle rückt, dann muß ich nur sagen: ‚Du drückst sie (Janet) ja zusammen – geh von ihr runter!' Und er muß wegrutschen usw. Ich glaube, wir haben uns jetzt alle an Janet gewöhnt."[77] Es hat den Anschein, als wären die imaginären Freunde und Begleiter kleiner Kinder für sie ganz real. Eine weitere Mutter sagte über ihren vierjährigen Sohn: „Ich kann diesen Hund (den imaginären Begleiter ihres Sohnes) wirklich sehen. Ich sagte tatsächlich zu meinem Mann, ich glaube, ich kann diesen Hund sehen."[78] Und sicherlich fragen sich all die von uns, deren Schlaf durch die Ängste von Kindern vor fantasierten Geistern und Monstern unterbrochen wurde, wie eindeutig bei Kindern die Grenze zwischen Realem und Fantastischem ist.

Paul Harris stellte sich dieselbe Frage.[79] Er meinte, daß Vorschulkinder, die einen klaren Unterschied zwischen einer realen Tasse und einer vorgestellten Tasse erkennen konnten, sich möglicherweise noch nicht im klaren darüber sind, daß ein fantasiertes Monster irreal ist. Er und seine Mitarbeiter baten Vier- und sechsjährige, sich Dinge wie „ein Monster, das mit dem Schwanz wackelt und hinter dir herjagt", vorzustellen. Er fand heraus, daß die Kinder ebensogut in der Lage waren, zu sagen, daß es nicht real war, wie sie sagen konnten, daß eine fantasierte Tasse nicht real war. Selbst Kinder, die zugaben, daß sie Angst vor dieser Kreatur hatten, erkannten an, daß sie nicht real war. In einem weiteren Experiment bat Harris die Kinder, so zu tun, als wäre ein freundliches Hündchen in einem Kasten und ein unheimliches Monster in einem anderen; beide Kästen hatten ein kleines Loch an der Seite. Obwohl sie wußten, daß es sich um ein Als-ob-Spiel handelte, würden die Kinder doch eher ihren Finger durch das Loch im Kasten mit dem Hündchen stecken als einen Stock durch das Loch im Kasten mit dem Monster. Harris zieht daraus die Schlußfolgerung, daß seine Experimente „darauf hinweisen, daß Kinder in systematischer Weise zwischen Fantasie und Realität unterscheiden, sie jedoch versucht sind, an die Existenz dessen zu glauben, was sie sich lediglich vorgestellt haben."[80] Vielleicht unterscheiden wir uns gar nicht so sehr von den Kindern. Im Theater weine ich echte Tränen, und manchmal habe ich wirklich Angst, wenn ich im Bett liege und spät abends lese. Alles nur fantasiert – ja. Auch kleine Kinder wissen das, obwohl sie geringer ausgeprägte Fähigkeiten besitzen, sich daran zu erinnern und sich durch den Gedanken daran zu beruhigen.

Trotzdem kennen kleine Kinder wirklich den Unterschied zwischen der Repräsentation und der Realität, zwischen Gedanken und Dingen. Sie wissen, daß Gedanken „nur im Kopf" sind. Sie wissen, daß der gedachte Keks nicht mit Freunden geteilt werden kann. Der gedachte Keks kann allerdings etwas Gemeinsames sein. Er kann sprachlich mitgeteilt werden. Im nächsten Kapitel werden wir uns damit beschäftigen, wie Gedanken mitgeteilt werden und wie wir dadurch, daß wir Gedanken anderer Menschen kennen, ihre Handlungen vorhersagen und erklären können.

Kapitel 5: Denken und Sprache

Wie wir gesehen haben, unterscheiden Kinder eindeutig zwischen Gedanken und Dingen. Sie sind in der Lage, zu erklären, daß ein Junge, der nur an einen Keks denkt, ihn nicht sehen oder anfassen oder mit seinen Freunden teilen kann. Denn der Keks ist nicht real; es gibt ihn eben nur in seinem Kopf. Warum „nur in seinem Kopf"? In unserem Alltagsverständnis des Denkens nehmen wir an, daß sich mentale oder geistige Aktivität in unserem Gehirn abspielt (zumindest nach dem westlichen Alltagsverständnis im zwanzigsten Jahrhundert); und offensichtlich haben ganz kleine Kinder ein gewisse Vorstellung von den Funktionen des Gehirns und seiner Lage im Kopf. In einer experimentellen Untersuchung meinten einige Vierjährige und die meisten Fünfjährigen, daß man, wie man die Hände braucht, um die Schuhe zuzubinden, das Gehirn braucht, um zu denken, zu träumen und sich an etwas zu erinnern. Sie klärten den Fragesteller darüber auf, daß sich sein Gehirn in seinem Kopf befinde und daß eine Puppe kein Gehirn besäße.[81]

Wir glauben, daß mentale Zustände wie das Denken und das Sich-Erinnern ihren Ursprung im Gehirn haben. Mentale Zustände sind Hirnzustände, die durch besondere Muster aktivierter Nervenzellen hervorgerufen werden. Einige Philosophen und Psychologen behaupten nun, wie ich in Kapitel 1 erwähnte, daß mentale Zustände in der wissenschaftlichen Psychologie entbehrlich sind, wenn es sich dabei schlicht um Hirnzustände handelt. Die Wörter für mentale Zustände lassen sich vergleichen mit Begriffen, die wir für Geister und Feen verwenden und die Bestandteil volkstümlicher Geschichten sind. Sie sind vergleichbar mit Begriffen wie Phlogiston und Äther, die Bestandteil früher, jedoch inzwischen längst widerlegter Theorien sind.

Deshalb sollten Begriffe für Gedanken und Wille, für Überzeugungen und Bedürfnisse dort bleiben, wo sie hingehören: in der Alltagspsychologie. Dies ist der geeignete Platz für sie; bei einer wissenschaftlichen Erklärung menschlichen Handelns sind solche Begriffe verzichtbar.

Mentale Zustände

Trotzdem sehen andere Philosophen und Psychologen, wie in Kapitel 2 erwähnt, mentale Zustände wie Überzeugungen und Bedürfnisse als reale Zustände an.[82] Sie streiten nicht ab, daß es sich bei diesen Zuständen um Hirnzustände handelt. Sie behaupten nicht, daß es ein Denken gibt, das *unabhängig* vom Gehirn ist, wie es ein Dualist machen würde. Sie sagen nicht wie früher Descartes, daß Vernunft und Materie, das Psychische und das Physische, voneinander unabhängig sind. Sie behaupten aber in der Tat, daß das Denken *nicht* mit dem Gehirn gleichzusetzen sei und daß wir uns mentale Zustände vorstellen können, ohne sie auf Hirnzustände zu reduzieren, genauso wie wir uns Tiere und Pflanzen vorstellen können, ohne sie auf Chemikalien zu reduzieren. Obwohl unsere Körper und die der anderen Lebewesen sich aus Substanzen zusammensetzen, die nur in besonderer Weise aufgebaut sind, meinen wir nicht, daß Zoologen ihre Zeit verschwenden, wenn sie unterschiedliche Tierarten und ihre Eigenschaften beschreiben. Das heißt, wir behaupten nicht, daß die ganze Zoologie auf Chemie reduziert werden sollte, obwohl wir anerkennen, daß dem Körper eines Lebewesens eine Art chemische Zusammensetzung zugrunde liegt. Ebenso können wir zugestehen, daß wir aufgrund von Gehirnprozessen denken, aber wir können dennoch über eine Struktur auf mentaler Ebene sprechen. Nach dieser Auffassung sind Überzeugungen und Bedürfnisse geistige Phänomene; sie haben ihre Funktion in Erklärungen auf der mentalen Ebene. Dadurch, daß wir uns auf diese mentale Ebene berufen, können wir das Verhalten von Menschen in einer Weise erklären und vorhersagen, wie es nicht möglich wäre, wenn wir uns auf Hirnzustände beriefen – zumindest momentan nicht.

Daraus ergibt sich die Frage, wie sich diese mentale Ebene näher beschreiben läßt. Brentano behauptete, so haben wir in Kapitel 2 gesehen, daß Intentionalität (im engeren philosophischen Sinne) für das Geistige charakteristisch ist, es sich also um das handelt, was die mentale Ebene vom Bereich des Physischen unterscheidet. Intentionalität ist *aboutness* (das, worum es geht) – bei mentalen oder intentionalen Zuständen geht es immer um etwas. Etwas aus der Umwelt wird im Denken repräsentiert. Was heißt das nun – im Denken repräsentiert werden? Dies ist eine umfassende Frage, auf die ich lediglich eine recht bruchstückhafte Antwort geben werde: Als ich heute morgen meine Kaffetasse in die Küche bringen wollte, ließ ich sie fallen; sie zerbrach, ich fegte die Scherben zusammen und schüttete sie in den Mülleimer. Und doch kann ich mich an die Tasse erinnern: Ich kann mir in meiner Vorstellung ein Bild davon machen, ich kann die blauen Blumen darauf sehen. Ich fühle mich im Moment gerade hungrig, ich werde telefonieren und eine Pizza bestellen; ich denke dabei an eine ganze Liste von Dingen, die ich auf meiner Pizza haben möchte – eine doppelte Portion Käse, Peperoni und keine Oliven. Wenn ich an die Tasse und die Pizza denke, dann sind es Dinge, die in der Welt existieren, oder zumindest *existierten* sie, oder sie *könnten existieren*. Wenn wir an Dinge denken, dann stellen wir sie für uns im Denken dar. Vielleicht stellen wir sie uns in Bildern oder in Worten vor, vielleicht auch nicht. Auf eine bestimmte Weise repräsentieren wir trotzdem die Welt im Denken, wenn wir denken. Unsere mentalen Zustände sind somit Re-Präsentationen.

Wir können eine beliebige Anzahl unterschiedlicher Repräsentationen haben: Ich erinnere mich an die Kaffetasse; ich möchte eine Pizza. Wir repräsentieren nicht nur Gegenstände, sondern auch Ereignisse und Sachverhalte: Ich erinnere mich daran, daß mir meine Mutter diese Tasse gab; ich möchte, daß mir die Pizza nach Hause geliefert wird. „Meine Mutter gab mir die Tasse" und „Die Pizza wird mir nach Hause geliefert" sind Aussagen oder das, was man *Propositionen* nennt. Deshalb werden mentale Zustände häufig auch als *Einstellungen* gegenüber Propositionen beschrieben. Sie bestehen aus dem propositionalen Inhalt, zu dem die Person eine bestimmte Einstellung hat, sie kann ihn beispielsweise für wahr halten oder wünschen, daß er eintritt. Die Einstellung gibt an, um welchen Typ eines mentalen Zustandes es sich handelt – Überzeugung, Bedürfnis usw. – und um welchen Inhalt es geht. Hier ist ein Beispiel:

Einstellung Typ des mentalen Zustands	Aussage Inhalt, um den es geht
Überzeugung	(es sind Oliven auf der Pizza)
Bedürfnis	(Peperoni auf der Pizza)
Absicht	(die Pizzeria anrufen)

Wir können derselben Proposition gegenüber unterschiedliche Einstellungen einnehmen; dies wirkt sich wiederum in unterschiedlichen mentalen Zuständen aus. Ich kann der Überzeugung sein, die Pizza würde in fünf Minuten eintreffen; ich kann wollen, daß die Pizza in fünf Minuten eintrifft; ich kann hoffen, daß die Pizza in fünf Minuten eintrifft usw. Es ist offensichtlich ein Unterschied, ob ich der Überzeugung bin, daß etwas wahr ist, oder ob ich will, daß etwas der Fall ist, auch wenn der propositionale Inhalt der Überzeugung und des Bedürfnisses derselbe ist. Überzeugungen werden durch Dinge in der Umwelt hervorgerufen – wir sehen etwas oder uns wird etwas darüber erzählt und deshalb sind wir zu einer bestimmten Überzeugung in dieser Frage gelangt. Da kommt beispielsweise die Pizza, und wir sehen, daß sie mit Oliven garniert ist. Das Verhältnis zwischen einer Überzeugung und der Realität läßt sich durch Wahrheit (oder Unwahrheit) kennzeichnen. Das heißt, wenn der propositionale Inhalt meiner Überzeugung dem entspricht, wie es sich tatsächlich verhält, dann ist die Überzeugung wahr. Entspricht sie dem nicht, dann ist sie falsch. Wenn sie falsch ist, dann kann ich sie wieder wahr machen, indem ich meine Überzeugung wechsele. Ich dachte, es wären Peperoni auf der Pizza, aber das war falsch. Ich sehe Oliven, keine Peperoni; und deshalb verändere ich meine Überzeugung.

Bedürfnisse sind etwas anderes als Überzeugungen, weil sie weder wahr noch falsch sein können. Das Verhältnis zwischen Bedürfnis und Realität ist eine Frage der Befriedigung eines Bedürfnisses (oder seiner Nichtbefriedigung). Stimmt der propositionale Inhalt meines Bedürfnisses mit den Tatsachen in der Umwelt überein, dann wird mein Bedürfnis befriedigt. Wird das Bedürfnis nicht befriedigt, kann ich es nicht dadurch befriedigen, daß ich mein Bedürfnis verändere. Ich wollte eine Pizza mit Peperoni, sie ist aber mit Oliven garniert; um mein Bedürfnis zu befriedigen, muß ich sie zurückschicken, damit sie gegen eine Pizza mit Peperoni ausgetauscht wird. Die Dinge in der Umwelt müssen sich verändern, damit mein Bedürfnis befriedigt wird. Unsere Bedürfnisse können tatsächlich dadurch Veränderungen in der Umwelt hervorrufen, daß sie zu Intentionen führen, die zu Handlungen führen, die wiederum Veränderungen mit sich bringen. Auch Intentionen sind weder wahr noch falsch. Wie bei Bedürfnissen ist deren Beziehung zur Umwelt durch Realisierung oder Nichtrealisierung gekennzeichnet. Stimmt der Inhalt meiner Intention mit den Tatsachen in der Umwelt überein, kann ich die Intention realisieren, indem ich so handle, daß sich die Dinge in der Umwelt ändern.

Im Gegensatz dazu sind Emotionen nicht wahr oder falsch, und sie können auch nicht erfüllt werden oder unerfüllt bleiben. Emotionen weisen keinerlei Beziehung zur Umwelt auf. Wenn ich mich darüber ärgere, daß die Pizzeria meine Bestellung falsch verstanden hat, dann liegt meinem Ärger die Annahme zugrunde, daß man meine Bestellung falsch verstanden hat. Aber der Ärger ist nicht in dem Sinne *wahr*, wie es für die Überzeugung zutrifft. Oder wenn ich mich darüber freue, daß die Pizza mit Peperoni garniert ist (ich weiß noch nicht, daß dies nicht der Fall ist), dann liegt meiner glücklichen Stimmung die Annahme zugrunde, daß die Pizza tatsächlich mit Peperoni garniert ist; doch die glückliche Stimmung ist nicht in dem Sinne falsch, wie dies auf die Überzeugung zutrifft.

Es handelte sich hier um eine ziemlich vereinfachte Darstellung; vielleicht ist sie zu einfach. Überzeugungen sind nicht lediglich wahr oder falsch, sondern man nimmt sie mit unterschiedlichen Graden der Gewißheit ein *(feste Überzeugungen, Meinungen, skeptische Einstellungen)*. Eine Überzeugung kann sich auf die Vergangenheit oder die Zukunft beziehen *(Erinnerungen* oder *Erwartungen)*. Bedürfnisse können im Hinblick auf ihre Intensität variieren *(Wunsch, Bedürfnis, Sehnsucht)*. Und dies kann auch bei Intentionen und Emotionen der Fall sein *(Vorsatz* oder *Plan, Glückseligkeit* oder *Befriedigung)*. Überzeugungen werden nicht einfach durch Dinge in der Umwelt hervorgerufen; das, wovon wir bereits überzeugt sind (oder wonach wir ein Bedürfnis haben), mag uns vielmehr bei der Interpretation von Ereignissen in der Umwelt durch eine rosarote Brille schauen lassen und zum Teil auch unsere neuen Überzeugungen beeinflussen. In ähnlicher Weise kommen wir vielleicht manchmal zu der Überzeugung, daß wir das brauchen, was wir in der Umwelt vorfinden, weil sich bisher noch niemand dafür entschieden hat. Überzeugung und Bedürfnis können zusammen auftreten, wie im Falle der *Hoffnung*. Und so weiter und so fort – es gibt Tausende von Begriffen, die sich auf mentale Zustände beziehen und zahlreiche Begriffsklassifikationen.[83] Bei all der Vielfalt und Spitzfindigkeit, die dem zugrunde liegt, handelt es sich dennoch um mentale Zustände, die „nur in unseren Köpfen" existieren.

Sprechakte

Wie wir sahen, wissen selbst Dreijährige, daß der Keks (oder die Pizza), die ihnen gerade durch den Kopf geht, nicht wirklich mit einem Freund geteilt werden kann. Doch selbst wenn die gedachte Pizza nicht geteilt werden kann, so kann man doch gemeinsam an eine Pizza denken. Wir teilen unsere Gedanken mit Hilfe der Sprache. Wir setzen nicht nur Sprache ein, um gemeinsam an etwas zu denken oder um anderen unsere Überzeugungen mitzuteilen; wir setzen Sprache auch ein, damit bestimmte Dinge eintreten und unsere Bedürfnisse verwirklicht werden. Ich rufe die Pizzeria an und gebe meine Bestellung auf. Die Bestellung ist Ausdruck meines Bedürfnisses. Wie ich in Kapitel 3 schrieb, ist Interaktion im wesentlichen eine Interaktion zwischen Denkweisen, zwischen mentalen Zuständen: Die Menschen haben Überzeugungen bezüglich der Wünsche anderer Menschen, Bedürfnisse, andere Menschen zu bestimmten Überzeugungen zu bringen, Überzeugungen, daß andere beabsichtigen, etwas Bestimmtes zu machen, das Bedürfnis, andere zu der Überzeugung zu bringen, daß sie beabsichtigen, etwas zu tun usw. Wie ich jedoch auch schrieb, wird diese soziale Interaktion nicht direkt über die Interaktion zwischen mentalen Zuständen vermittelt; sie geht indirekt über die Sprache vor sich. Mentale Zustände werden in *Sprechakten* ausgedrückt; sie sind die elementaren Kommunikationseinheiten.[84]

Um J. L. Austins treffende Formulierung zu gebrauchen[85]: Sprechakte sind Dinge, die wir mit Worten machen, wie zum Beispiel etwas aussagen, Fragen stellen, Bestellungen aufgeben, etwas versprechen, unseren Dank zum Ausdruck bringen usw. Wie mentale Zustände bestehen Sprechakte aus Einstellungen gegenüber Aussagen. Mit Einstellung meint man jedoch gewöhnlich die dem Sprechakt zugrundeliegende *Bedeutung*. Die Bedeutung besteht darin, wie wir die Aussage vom Hörer verstanden wissen wollen, das heißt als Aussage, Aufforderung oder Versprechen. Wir können auch explizit dadurch auf die Bedeutung verweisen, daß wir ein Sprechakt-Verb gebrauchen wie in „Ich *kann dir sagen*, die Kekse sind alt", „Ich *bitte* dich, mir ein paar Kekse zu kaufen" oder „Ich *verspreche* dir, sie mit dir zu teilen". Doch die Bedeutung kann auch schlicht durch Gesten und Intonation mitgeteilt werden. So kann bei einem Einjährigen der Ausruf „Keks!" von der Situation abhängen und „Das ist ein Keks" oder „Gib mir einen Keks" bedeuten. Andererseits kann die Bedeutung durch den verwendeten Satztyp gekennzeichnet sein. So werden Feststellungen häufig in Aussagesätzen ausgedrückt: „Diese Kekse sehen lecker aus." Fragen werden in Frageform ausgedrückt: „Haben wir noch Kekse?" Und Bestellungen oder Aufforderungen stehen in der Befehlsform: „Gib mir einen Keks (bitte)!" Es gibt jedoch keinen zwingenden Zusammenhang zwischen dem Typ des Sprechakts und dem Satztyp. „Diese Kekse sehen lecker aus" und „Haben wir noch Kekse?" können unter bestimmten Bedingungen auch die Funktion von Aufforderungen annehmen, wie dies ja auch auf den folgenden Satz zutrifft: „Ich bin hungrig." So, wie wir zur selben Aussage unterschiedliche Einstellungen entwickeln können und sich dies in unterschiedlichen mentalen Zuständen auswirkt, können wir auch dieselbe Aussage mit unterschiedlichen Bedeutungen belegen; dies wirkt sich in unterschiedlichen Sprechakten aus. Wir können etwa folgendes feststellen: „Es sind Peperoni auf der Pizza." Wir können eine Frage formulieren: „Kann ich Peperoni auf meiner Pizza haben?" Wir können uns entschuldigen: „Es tut mir leid, daß Peperoni auf der Pizza sind." Wichtiger noch, ein mentaler Zustand und ein Sprechakt können *denselben* propositionalen Inhalt haben. So sind Sie etwa der Überzeugung, daß Kekse im Küchenschrank sind, und Sie sagen: „Es sind Kekse im Küchenschrank." Diese Feststellung ist Ausdruck der Überzeugung, daß Kekse im Küchenschrank sind. Und wie die Überzeugung der Wahrheit entspricht, wenn wirklich Kekse im Küchenschrank sind oder auch nicht, wenn sich keine darin befinden, so ist ebenfalls die Feststellung, daß dort Kekse sind, wahr oder falsch, wenn sich dort keine finden lassen. Entsprechend drückt der Sprechakt der Bitte den mentalen Zustand des Bedürfnisses aus, und der Sprechakt des Versprechens bringt den mentalen Zustand der Intention zum Ausdruck. „Ich bitte Sie, mir ein paar Kekse zu kaufen" drückt meinen Wunsch aus, daß Sie mir ein paar Kekse kaufen. „Ich verspreche Ihnen, sie mit Ihnen zu teilen" ist Ausdruck meiner Intention, Ihnen einige davon zu geben.

Somit bringt die Ausführung eines Sprechaktes notwendigerweise den entsprechenden mentalen Zustand zum Ausdruck. Es wäre paradox, eine Aussage zu formulieren und dann abzustreiten, daß man an diese Aussage glaubt: „Es regnet, und ich glaube nicht, daß es regnet." Hier handelt es sich um das Paradox von Moore. Man muß jedoch nicht unbedingt der Überzeugung sein, die man zum Ausdruck gebracht hat. Vielleicht sagen Sie: „Es sind Kekse im Küchenschrank", obwohl Sie ganz genau wissen, daß dort keine Kekse sind; denn Sie wollen nicht zum

Laden gehen. Trotzdem haben Sie in der Feststellung eine Überzeugung zum Ausdruck gebracht, die Sie gar nicht haben. In ähnlicher Weise kann ich sagen: „Ich verspreche Ihnen, sie mit Ihnen zu teilen", obwohl ich ganz genau weiß, daß ich vorhabe, alle Kekse selbst zu essen; in meinem Versprechen kam jedoch automatisch die Intention, sie mit Ihnen zu teilen, zum Ausdruck. Lügen und falsche Versprechungen sind zwar weit verbreitet, aber doch Abweichungen von der Norm. Sie gestatten uns, unsere mentalen Zustände abzuschirmen, wenn wir nicht verraten wollen, was sich wirklich in unserem Denken abspielt. Sprache ist jedoch als Methode wirksam, anderen etwas über unsere mentalen Zustände mitzuteilen, weil unsere Aussagen meistens mit unseren Überzeugungen übereinstimmen, weil unsere Fragen unsere Bedürfnisse zum Ausdruck bringen und unsere Versprechungen unsere Intentionen widerspiegeln. Menschliche Interaktion ist gleichbedeutend mit dieser Interaktion zwischen Denkweisen, und dieser Vorgang wird über die Sprache vermittelt. Dadurch, daß wir durch Sprache verstehen, was in den Köpfen der Menschen vor sich geht, sind wir imstande, ihre Handlungen vorherzusagen und zu erklären.

Gedanken, Worte und Taten

Erinnern Sie sich an Carl aus dem ersten Kapitel, der an mir vorbeihastete, ohne für ein kurzes Gespräch mit mir stehenzubleiben? Der Grund war, daß er dachte, er sei spät dran, und daß er rechtzeitig zu einem Termin kommen wollte. Eine derartige alltagspsychologische Erklärung, schrieb ich, geht auf eine Theorie des Denkens zurück, die sich auf unbeobachtete mentale Zustände beruft, um das Verhalten von Menschen vorherzusagen und zu erklären. Wenn wir wissen, daß Carl meint, er sei spät dran, und daß er pünktlich sein möchte, können wir vorhersagen, daß er an uns vorbeihasten wird. Doch woher wissen wir, daß er meint, er sei spät dran? Wenn wir ihn vorbeilaufen sehen und wir wissen, daß er pünktlich zu einem Termin kommen möchte, erklären wir sein Handeln dadurch, daß wir sagen, er müsse der Auffassung sein, er sei spät dran – wir erschließen seinen mentalen Zustand aus seiner Handlung. Wenn er vorbeihastet und ruft „Ich darf nicht zu spät kommen!", wissen wir, daß er pünktlich sein möchte; wir erschließen den mentalen Zustand aus Worten, aus seinen Sprechakten. Wir müssen zwischen drei Dingen unterscheiden: Gedanken, Worten und Taten. Bei den *Gedanken* handelt es sich um mentale Zustände, um Überzeugungen, Bedürfnisse, Intentionen und Emotionen, die das Verhalten steuern und motivieren. In den Worten kommen diese mentalen Zustände durch Sprechakte zum Ausdruck – Überzeugungen in Behauptungen, Bedürfnisse in Bitten, Intentionen in Versprechungen, Zustände des Bedauerns in Entschuldigungen, der Dankbarkeit in Danksagungen usw. *Taten* sind das Verhalten selbst, die Handlungen der Menschen und die Interaktionen, die unsere Alltagspsychologie vorherzusagen und zu erklären versucht. Mentale Zustände sind nicht beobachtbar, man sieht nur die Handlungen und hört die Sprechakte. Man erschließt sie aus der Art, wie sie sich in Sprache und Verhalten ausdrücken.

Man kann aus einer Handlung auf die Intention schließen. Margaret Donaldson sagte, daß wir es hier mit einer wichtigen Methode zu tun haben, mit deren Hilfe sich Kinder die Welt zusammenreimen.[86] Wenn das, was jemand gesagt hat, nicht mit der Interpretation übereinstimmt, die ein kleines Kind einer Handlung gegeben hat, schenkt es dem, was gesagt wurde, einfach keine Beachtung. Ein Kind interpretiert Worte nicht isoliert voneinander, sondern es interpretiert Situationen, manchmal sogar, ohne die Worte zu verstehen (erinnern Sie sich an den arabischen Jungen gegen Ende des dritten Kapitels). Deshalb haben Handlungen für Kinder eine größere Bedeutung als Wörter. Ihr Bewußtsein für die mentalen Zustände anderer Menschen ist ein Bewußtsein dafür, wie sich die Zustände in Handlung, nicht wie sie sich in Sprache ausdrücken. Tatsächlich haben Handlungen für uns alle manchmal eine größere Bedeutung als Wörter. Wir sind uns jedoch der unabhängigen Rolle bewußt, die der Sprechakt spielt; man muß ihn von mentalen Zuständen und Handlungen unterscheiden. Und wenn Kinder älter werden, werden sie sich dessen in immer stärkerem Maße bewußt.[87]

Erklärung und Vorhersage menschlichen Handelns

Wie ich erwähnte, sind wir Alltagspsychologen. Wir wollen wissen, warum die Menschen das taten, was sie machten; und wir fragen uns, was sie machen werden. Wir sagen ihre Handlungen voraus und erklären sie aus ihren mentalen Zuständen, wir schließen von ihren Sprechakten und von ihren Handlungen auf mentale Zustände. Dabei spielen immer drei grundlegende Konzepte eine Rolle: Überzeugung, Bedürfnis und Handlung. Wenn zwei davon gegeben sind, kann man das dritte erschließen. Man kann diese drei Konzepte als Kernkonzepte innerhalb der Theorie des Denkens betrachten (siehe Abbildung 1).

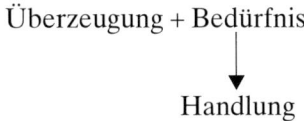

Abbildung 1: Kernkonzepte innerhalb der Theorie des Denkens

In den nächsten drei Kapiteln werde ich mich näher mit dem Verständnis dieser Konzepte bei Kindern beschäftigen. Sind Kinder in der Lage, das Wissen über die Überzeugungen und Bedürfnisse einer anderen Person umzusetzen und deren Handlungen vorauszusagen? Können sie dies in Beschreibungen darüber ausdrücken, was diese Person denkt und will, und damit erklären, was sie macht. Wann erwerben Kinder diese Kernkonzepte? Bevor wir beginnen können, diese Frage zu beantworten, müssen wir verstehen, wie sich diese Triade in eine größere Theorie einfügt.

Überzeugungen spiegeln wider, wie die Welt beschaffen ist, oder zumindest, wofür wir sie halten. Wenn wir entdecken, daß wir nicht recht haben, ändern wir daher unsere Überzeugungen auf eine Weise, daß sie mit den Dingen, so wie sie sind, zusammenpassen. Wie entdecken wir das? Im allgemeinen geschieht dies über die Wahrnehmung: Aufgrund der Dinge in der Umwelt, aufgrund der Gegenstände und der Ereignisse, die wir sehen oder über die man uns etwas sagt, werden falsche Überzeugungen korrigiert, und neue Überzeugungen bilden sich aus.

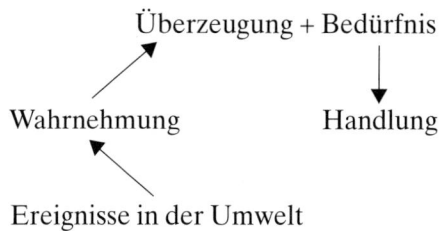

Abbildung 2: *Informationsaufnahme aus der Umwelt*

Manchmal geschieht dies direkt, ein andermal indirekt z. B. über Schlußfolgerungen. Meine Nachbarin fährt mit dem Wagen oder mit dem Bus zur Arbeit. Gestern sah ich, wie sie mit dem Auto vorbeifuhr, und wußte deshalb, daß sie mit dem Wagen dorthin gefahren war. Heute morgen sehe ich ihren Wagen auf dem Parkplatz stehen und daraus schließe ich, daß sie mit dem Bus unterwegs ist. Im allgemeinen geht es bei überzeugungsartigen Zuständen um Informationen, die aus der Umwelt aufgenommen werden; es handelt sich um das, was Josef Perner als „Hineinbekommen" (engl.: getting it in) bezeichnet (siehe Abbildung 2).[88]

Bei Bedürfnissen geht es andererseits um das „Herausbekommen". Sie bringen zum Ausdruck, wie wir möchten, daß die Welt ist; das heißt, es geht um Ergebnisse, die wir gerne sehen würden. Bedürfnisse können Veränderungen in der Umwelt hervorrufen, weil sie uns zum Handeln verleiten, damit es zu diesen Ergebnissen kommt. Es ist nicht unser Denken, das sich ändern muß, es ist die Umwelt, die sich ändern muß, damit sie zu unseren Bedürfnissen paßt. Wir können vielleicht nicht all unseren Bedürfnissen entsprechend handeln; wir haben nämlich vielleicht sogar einander widerstreitende Bedürfnisse, und es wäre deshalb gar nicht möglich, sie alle zu befriedigen. Um jedoch ein bestimmtes Bedürfnis zu befriedigen, bildet sich bei uns möglicherweise eine Intention zu handeln, was vielleicht zu einer Handlung selbst führt; „vielleicht", weil ebenso, wie nicht all unsere Bedürfnisse befriedigt werden, auch nicht alle unsere Intentionen realisiert werden. Wir könnten sagen: Im wesentlichen wird eine Intention durch ein Bedürfnis und eine Überzeugung derart hervorgebracht, daß sich eine Überzeugung bildet, wie das Bedürfnis befriedigt werden kann. Ich möchte eine neue Bluse für die Fete am Samstag, und ich bin überzeugt, daß ich eine Bluse in einem Laden in der Innenstadt bekommen kann. Deshalb habe ich vor, in die Stadt zu gehen. Außerdem werden neue Bedürfnisse aus bereits existierenden Bedürfnissen und Intentionen gebildet, ebenso wie neue Überzeugungen aus existierenden Überzeugungen und Wahrnehmungen durch Schlußfolgerungen entstehen, so etwa meine Überzeugung, daß meine Nachbarin heute mit dem Bus zur Arbeit gefahren ist: Jetzt möchte ich im Büro früh Schluß machen, damit ich in die Stadt gehen kann.

Es ist wichtig, sich zu verdeutlichen, in welcher Weise sich Intentionen und Bedürfnisse unterscheiden. Intentionen entstehen aus Bedürfnissen, und wie Bedürfnisse sind sie nicht wahr oder falsch, ihnen entsprechen Ergebnisse in der Umwelt. Ebenso wie Bedürfnisse führen Intentionen zu Veränderungen der Umwelt. Bedürfnisse werden befriedigt, solange das gewünschte Ergebnis auf welche Weise auch immer eingetritt. Wenn ich eine neue Bluse für die Fete am Samstag abend haben möchte, kann ich mich aufmachen und sie kaufen; oder aber meine Schwester kommt zufällig zu Besuch und bringt mir eine Bluse mit, die sie gekauft hat, die ihr jedoch nicht paßt. Wie auch immer, mein Bedürfnis ist befriedigt (vorausgesetzt natürlich, ich habe denselben Geschmack wie meine Schwester). Wenn ich jedoch vorhabe, eine neue Bluse zu kaufen, dann wird meine Intention nicht ausgeführt, bevor ich in die Stadt gehe und sie kaufe. Das soll heißen, das Ergebnis einer Intention muß als Folge der Intention und der Handlungen, die durch sie veranlaßt sind, zustande kommen, und nicht auf andere Weise. Hier handelt es sich um die wesentliche Eigenschaft, durch die sich Intentionen und Bedürfnisse unterscheiden; die Intention muß die Ursache für die Handlung sein, durch die das Ergebnis erzielt wird.[89] Auf jeden Fall werden diese Ergebnisse, manchmal als Resultat unserer eigenen Handlungen, als Ereignisse aus der Umwelt wahrgenommen und führen auf diese Weise zu neuen Überzeugungen (siehe Abbildung 3). Überzeugungen und Bedürfnisse beziehen sich dann vermittelt durch Wahrnehmung und Intention auf die Umwelt. Carl sah auf die Uhr und wußte, daß es spät war. Er wollte pünktlich sein, deshalb hatte er die Intention, sich zu beeilen. Ist das alles? Überzeugungen haben ihren Ursprung in der Umwelt und werden über die Wahrnehmung vermittelt. Doch woher kommen die Bedürfnisse? Sie entwickeln sich aus grundlegenden Emotionen und Grundbedürfnissen und schließlich aus elementaren physiologischen Überlebens- und Fortpflanzungstrieben. Wenn Carl noch einmal zu spät kommt, wird er seine Arbeitsstelle verlieren; und wenn er seine Arbeitsstelle verliert, hat er kein Einkommen und ist nicht in der Lage, seine Familie zu ernähren und zu versorgen.

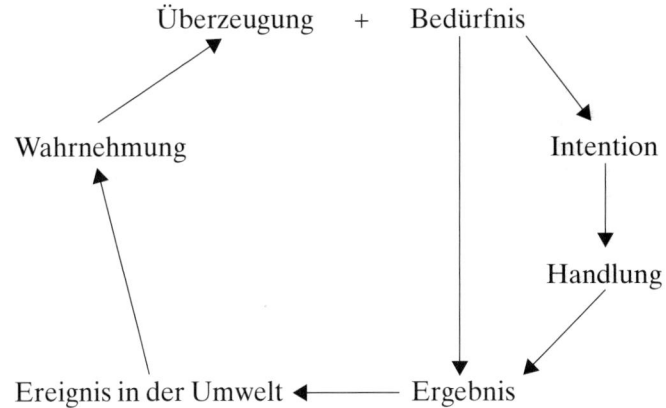

Abbildung 3: Bedürfnisse und Intentionen werden durch Ergebnisse in der Umwelt realisiert

Bedürfnisse entstehen auch aus eher kognitiven Emotionen; sie werden so genannt, weil es zu diesen Emotionen aufgrund einer Kognition kommt. Carl möchte beispielsweise ein guter Mitarbeiter sein, er meint, er müsse pünktlich sein, er weiß, daß er in der letzten Woche schon einmal zu spät gekommen ist, und er schämt sich deswegen. Seine Scham entwickelte sich auf der Grundlage früherer Überzeugungen und Bedürfnisse; dies bestärkt ihn in seinem momentanen Bedürfnis, rechtzeitig zu kommen. Dieser Doppelcharakter ist für viele Emotionen typisch; sie entstehen aus Überzeugungen und Bedürfnissen und führen zu weiteren Bedürfnissen. So war ich gerade eben hungrig, ich wollte (Bedürfnis) ein Stück Kuchen haben und dazu einen Kaffee. Ich meinte (Überzeugung), es sei noch etwas Kuchen im Kühlschrank, ich ging hin, um ihn herauszunehmen, und mußte feststellen, daß schon jemand das letzte Stück Kuchen gegessen hatte. Ich war überrascht (Emotion), daß meine Überzeugung falsch war, ich war traurig (Emotion), daß mein Bedürfnis unbefriedigt blieb, und ich will jetzt (Bedürfnis) aus dem Haus gehen und noch etwas Kuchen kaufen.

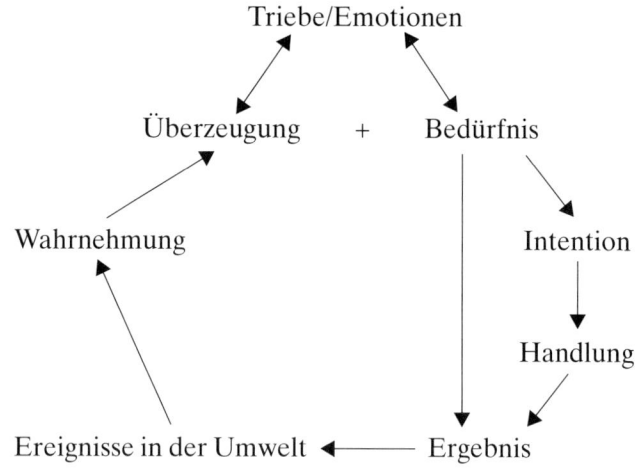

Abbildung 4: Die Theorie des Denkens

So also läßt sich in groben Zügen die Theorie des Denkens skizzieren (siehe Abbildung 4). Bedürfnisse gehen auf grundlegende Triebe und Emotionen zurück, die Bestandteil unserer biologischen Natur sind, sowie auf weitere Emotionen, die das Ergebnis von Überzeugung und Bedürfnis sind. Bedürfnisse führen möglicherweise zu Intentionen und Handlungen die wiederum in Ergebnisse münden, bei denen es sich um Ereignisse in der Umwelt handelt. Bedürfnisse können auch durch Ereignisse befriedigt werden, die zufällig eintreten und die kein Ergebnis unserer eigenen Handlungen sind. Überzeugungen gehen auf unsere Wahrnehmung dieser Ereignisse und anderer Geschehnisse in der Umwelt zurück, einige beeinflussen unsere Überzeugungen direkt und andere indirekt über Schlußfolgerungen. Es muß wohl nicht extra erwähnt werden, daß die Theorie des Denkens bei Erwachsenen beträchtlich detaillierter und komplizierter ist, als diese kurze Skizze vermuten läßt.[90] Aber für unsere Zwecke, also um auf das Verständnis bei Kindern näher eingehen zu können, soll dies reichen.

Kapitel 6:
Wie Kinder über das Wünschen denken

Unsere Handlungen kommen durch das Zusammenwirken von Bedürfnissen und Überzeugungen zustande. Wenn wir an einem bestimmten Fleck nach etwas suchen, müssen wir es haben wollen (Bedürfnis) und meinen, daß wir es dort finden können (Überzeugung). Paul Harris gebrauchte einen Vergleich, der das recht deutlich macht: „Bedürfnisse... geben unserem Handeln eine Richtung, während Überzeugungen als Landkarte dienen, mit deren Hilfe wir Fortschritte in der gewünschten Richtung feststellen können."[91] Um die Handlungen der Menschen zu verstehen, müssen wir daher wissen, wie ihre Landkarte aussieht und in welcher Richtung sie gehen; das heißt, wir müssen beides, ihre Überzeugungen und Bedürfnisse, in unsere Überlegungen einbeziehen. Insoweit es möglich ist, eine Überzeugung ohne Bedürfnis und ein Bedürfnis ohne Überzeugung zu verstehen, werde ich mich in diesem Kapitel auf das Verständnis von Bedürfnissen, Intentionen und Emotionen bei Kindern konzentrieren. (Mit ihrem Verständnis der Wahrnehmung, des Wissens und der Überzeugung werde ich mich in Kapitel 7 und 8 befassen.)

Über Bedürfnisse und Emotionen sprechen

Wir reden häufiger über unsere Bedürfnisse und Emotionen als über Überzeugungen und Wahrnehmungen, zumindest nehmen wir ausdrücklicher *auf* Bedürfnisse und Emotionen Bezug. Wir sagen, daß wir etwas *wollen* und ein bestimmtes *Gefühl haben*. Es ist richtig, daß wir auch von Überzeugungen und Wahrnehmungen sprechen. Wir sagen, daß wir etwas *meinen* und etwas sehen. Meistens bezeichnen wir jedoch unsere Überzeugungen und Wahrnehmungen nicht *als* Überzeugungen und Wahrnehmungen, wir meinen einfach, die Welt sei so. Und weil wir alle auf derselben Weltkugel leben, nehmen wir an, wir alle hätten dieselben Überzeugungen und Wahrnehmungen. Ich könnte sagen: „Ich sehe den Wagen meiner Nachbarin auf dem Parkplatz; ich glaube, sie muß mit dem Bus zur Arbeit gefahren sein." Ich werde jedoch eher sagen: „Ihr Wagen ist auf dem Parkplatz; sie muß mit dem Bus zur Arbeit gefahren sein." Ich berichte über diese Dinge, als wären sie wirklich in der Welt vorhanden, nicht als existierten sie lediglich in meinem Kopf; und ich unterstelle, daß sie auch für Sie in der Welt vorhanden sind. Sie nehmen das gleiche wahr und Sie können die gleichen Schlußfolgerungen ziehen. Natürlich kann ich auch von meinen Überzeugungen sprechen, wenn es erforderlich ist. Wenn ich etwa einen Fehler mache, kann ich auf das verweisen, was ich früher einmal meinte: „Ich dachte, es wäre ihr Wagen; aber es stimmt gar nicht." Wenn wir uns nicht einigen können, dann kann ich einräumen, daß Sie der einen Meinung sind und ich der anderen. Trotzdem nehmen wir an, wir würden, weil wir in derselben Welt leben, eine Reihe grundlegender Überzeugungen teilen. Wenn wir dies nicht täten, wäre es uns wirklich nicht möglich, miteinander zu kommunizieren oder das Verhalten des anderen zu verstehen.[92]

Es kommt uns möglicherweise auch so vor, als hätten wir die gleichen Grundbedürfnisse. Gemeinsam ist uns jedoch vielleicht nur, daß wir die gleichen Überzeugungen darüber haben, was wünschenswert ist – etwa zu überleben; doch ich möchte, daß ich überlebe, und Sie möchten, daß *Sie* überleben. Unsere Bedürfnisse und Emotionen sind etwas Persönliches, sind in einzigartiger Weise etwas von uns. Sie sind nicht da draußen in der Welt. Obwohl wir auf derselben Erde leben, kann ich nicht unterstellen, daß wir dasselbe empfinden und wollen. Wir schauen aus dem Fenster und sehen beide, daß es regnet. Ich kann mir ziemlich sicher sein, daß Sie der Überzeugung sind, es regne, wie dies ja auch meine Überzeugung ist. Tatsächlich stelle ich mir das auch gar nicht als Überzeugung vor – es regnet draußen lediglich, und wir beide müssen in den Regen hinausgehen. Ich kann jedoch nicht voraussetzen, daß wir beide dabei die gleichen Empfindungen und Bedürfnisse haben. Ich bin froh, daß es regnet – jetzt muß ich die Blumen nicht mehr gießen. Ich möchte, daß es weiter regnet – der Garten ist ganz trocken nach der langen Sonnenperiode. Sie sind überhaupt nicht froh darüber, daß es regnet – Sie sind auf dem Weg zu einem Fußballspiel und wollen, daß es aufhört zu regnen. Wir haben diese Empfindungen und Bedürfnisse im Kopf; sie sind einzigartig für uns. Auch unsere Wahrnehmungen und Überzeugungen zum Thema Regen sind in unserem Kopf, doch weil wir sie beide teilen, sind sie gewissermaßen draußen in der Welt. Das führt zu der folgenden Frage: Wenn wir wirklich dieselben Bedürfnisse hätten, würden wir dann annehmen, sie seien draußen in der Welt und der Bedarf sei ein Merkmal der Situation? Manchmal machen wir das vielleicht, doch sind wir uns, wenn es notwendig ist, sehr wohl der Subjektivität eines Bedürfnisses bewußt; schließlich ist Schönheit Ansichtssache.

Aus diesen Gründen überrascht es dann nicht, daß wir offener von Bedürfnissen und Emotionen sprechen als von Überzeugungen. Ebensowenig überrascht es, daß Kinder eher damit beginnen, darüber zu sprechen, was Menschen wollen und empfinden, als sie darüber sprechen, was die Menschen meinen. Karen Bartsch und Henry Wellman analysierten Stichproben der Alltagssprache bei zehn Kindern; die Studie setzte ein, als die Kinder zwei Jahre alt waren, und sie wurde abgeschlossen, als sie fünf Jahre alt waren.[93] Etwas mehr als 200.000 Äußerungen wurden daraufhin durchgesehen, ob sie Begriffe enthielten, die ein Bedürfnis oder eine Überzeugung zum Ausdruck brachten, wie etwa *wollen, wünschen, hoffen, Angst haben, meinen, wissen, erwarten* oder *verstehen*. Ungefähr 6 Prozent der Stichproben enthielten solche Begriffe; deshalb basiert ihre Auswertung auf mehr als 12.000 Wörtern, die Bedürfnisse oder Überzeugungen zum Ausdruck brachten. Das erste Wort für ein Bedürfnis, das Kinder verwenden, ist *wollen*: Es war in 97 Prozent aller Sätze enthalten, in denen ein Bedürfnis ausgedrückt wurde. Das ist keine große Überraschung für die Eltern kleiner Kinder, die den ganzen Tag über hören: „Ich will dies hier", „Ich will das da", „Ich will das machen" usw.

Karen Bartsch und Henry Wellman interessierten sich weniger dafür, *welche* speziellen Wörter die Kinder gebrauchen; denn das sagt nicht viel darüber aus, welches Verständnis des Denkens sie haben. Sie interessierten sich vielmehr dafür, *wie* sie diese Wörter verwendeten. Sie unterschieden zwischen Fällen, in denen sie sich wirklich auf das Denken bezogen – das nannten sie den psychologischen Wortgebrauch – und anderen Verwendungen. In Kapitel 3 sahen wir, wie Babys zunächst mit Gesten, dann mit Worten zu kommunizieren anfangen. Ich schrieb, daß sie vielleicht die Greifgeste als Bitte um etwas einsetzen, daß sie es später benennen und mit zwei Jahren sagen, sie „wollen" es. Viele Kleinkinder sagen „Saft haben" oder „Keks haben". Doch handelt es sich hier um nichts anderes als um eine Aufforderung wie etwa „Gib mir Saft". Das Kleinkind mag sich des psychischen Zustands bei einem Bedürfnis nicht bewußt sein. Bartsch und Wellman fanden jedoch heraus, daß Kinder im Alter von zwei Jahren wirklich auf den subjektiven mentalen Zustand bei einem Bedürfnis Bezug nehmen; das ist viel früher als bei Hinweisen auf Überzeugungen. Die Kinder bezogen sich auf die Bedürfnisse anderer Menschen ebenso wie auf ihre eigenen. Zum Beispiel: „Hier (bietet einen Gegenstand an). Das gut? Willst du?" und „Fraser (jemand anders) möchte noch Kaffee."[94] Bartsch und Wellman stießen auch auf Augenblicke, in denen das Kind ausdrücklich zwischen seinem eigenen psychischen Zustand und dem einer anderen Person unterschied. Zum Beispiel: „Möchtest du, daß ich das von zwei Seiten sehe? Ich möchte das aber nicht von zwei Seiten sehen."[95] Selbst Zweijährige können ausdrücklich zwischen ihren eigenen Bedürfnissen und denen anderer unterscheiden. Ich nehme an, den Eltern jener schrecklichen Zweijährigen brauche ich dies nicht extra zu erzählen.

Zweijährige sprechen über Gefühle, sowohl über ihre eigenen wie auch über die anderer Menschen. Wie wir in Kapitel 3 sahen, erkennen sogar Babys Mimiken als Ausdruck unterschiedlicher Emotionen. Wenn Kinder zwei Jahre alt sind, haben sie schon damit begonnen, diese Emotionen zu beschreiben; und der entsprechende Wortschatz wird während des dritten Lebensjahrs in bemerkenswerter Weise größer.[96] Die meisten Zweijährigen kennen Wörter für die sechs weltweit verbreiteten, grundlegenden Emotionen, wie sie in Kapitel 2 beschrieben wurden:

- Freude: Der Nikolaus wird *sich freuen*, wenn ich ins Töpfchen mache.
- Traurigkeit: Bist du *traurig*, Papi?
- Angst: Überall Bienen. Machen mir *Angst!*
- Ärger: *Ärger* dich nicht, Mami!
- Überraschung: Papi hat mich *überrascht.*
- Ekel: Schmeckt *eklig*, Mami!

Diese Beispiele stammen aus einer Studie mit 13 Kindern, die zu dem Zeitpunkt, als diese Sätze aufgenommen wurden, zwei Jahre und vier Monate alt waren.[97] Die Kinder kannten nicht nur diese Worte, sie hatten auch eine ungefähre Vorstellung von den Zusammenhängen zwischen Ereignissen, Emotionen und Handlung, wie sie im vorigen Kapitel beschrieben wurden. Sie sprachen darüber, wie die Ereignisse eine bestimmte Emotion hervorriefen; zum Beispiel:

- Ich umarme das Baby. Baby freut sich.
- Es ist dunkel. Ich habe Angst.
- Oma böse. Ich habe auf die Wand gemalt.

Sie erkennen, daß es einen Grund dafür geben muß, wenn jemand ein bestimmtes Gefühl hat; und sie könnten Fragen dazu stellen:

- Du traurig, Mami? Was Papi machen?

Und sie haben erkannt, daß man daraus, wie jemand aussieht oder wie er sich verhält, ablesen kann, wie er sich fühlt.

- Katie kein glückliches Gesicht. Katie traurig.
- Ich jetzt nicht weinen, ich glücklich.

Wie kommt es, daß Kinder es lernen, diese Zusammenhänge zu verstehen? Woher wissen sie, welche Ursachen und Folgen unterschiedliche Emotionen haben? Eine Erklärungsmöglichkeit mag darin liegen, daß sie am Gespräch in der Familie teilnehmen. Judy Dunn und ihre Kollegen beschrieben, wie Kinder, die im Alter von 18 Monaten häufiger Gespräche über Gefühle mit anhörten, später als Zweijährige mehr über Gefühle sprachen.[98] Die Teilnahme an solchen Gesprächen in der Familie fördert wahrscheinlich das Verständnis der Kinder für unterschiedliche

Emotionen und für das Erlebnis der Emotion bei anderen und bei sich selbst. Es wurde darauf hingewiesen, daß Kinder zunächst einmal Worte für Emotionen gebrauchen, um sich auf sich selbst, danach um sich auf die sichtbaren Eigenschaften für die Emotionen anderer Personen und erst dann um sich auf Emotionen zu beziehen, auf die sie bei anderen indirekt schließen.[99] Im Gegensatz dazu fanden Wellman und seine Kollegen heraus, daß Kinder von einem frühen Alter an sowohl auf ihre eigenen als auch auf die Emotionen anderer Bezug nehmen.[100] Vielleicht sind kleine Kinder in der Lage, über die Gefühle anderer Menschen zu sprechen, doch wie viele von uns können sie besser über ihre eigenen Gefühle sprechen. Und sie sind sich anscheinend bewußt, daß das Gesicht dabei die Bedeutung hat, anzuzeigen, wie wir uns fühlen. So sagte Katie im Alter von drei Jahren zu ihrer Mutter: „Schau, was du meinem Gesicht angetan hast; du hast es traurig gemacht!"

Kleine Kinder üben beim Als-ob-Spiel ständig, ihre Schlußfolgerungen über Emotionen zu ziehen. Bei vielen Beobachtungsstudien, die sich mit Rollenspielen bei kleinen Kindern beschäftigten, wurde näher untersucht, wie Kinder aus einem vorgetäuschten Grund eine vorgetäuschte Emotion annehmen und ihre vorgetäuschten Konsequenzen im Spiel ausmalen können. Katie etwa und ihre zweijährige Freundin Sarah taten so, als ob sie ein Picknick im Wohnzimmer veranstalteten:

Katie: Da kommt ein Monster!
Sarah: Oh...
Katie: Wir haben Angst!
Sarah: Wir haben Angst!
Katie: Wir wollen uns verstecken.
  (Beide Kinder rennen in den Flur.)

Kleine Kinder tun auch so, als hätten Puppen und andere Spielzeugfiguren Emotionen. Ein Kind beispielsweise ließ eine weibliche Puppe einen Spielzeugbären einer männlichen Puppe wegnehmen und sagte dabei: „Sie hat dem Jungen den Bären weggenommen, und er ist traurig."[101] Dieses Beispiel stammt aus einer Untersuchung, in der neun Kinder vom ersten bis zum siebten Lebensjahr beobachtet wurden. Alle Kinder attestierten den Puppen zunächst Sprache und Handlung, dann Wahrnehmungen und Empfindungen, danach Emotionen sowie Sinn für Pflichten und zuletzt Kognitionen. Obwohl alle Kinder diese Reihenfolge einhielten, unterschieden sie sich im Alter, in dem es erstmals zu diesen verschiedenen Arten von Zuordnungen kam. So ordneten die Kinder während des dritten Lebensjahres Puppen Emotionen zu, das erste Kind kurz nach seinem zweiten Geburtstag und das letzte unmittelbar vor seinem dritten Geburtstag. Und obwohl alle Kinder jede dieser unterschiedlichen Zuordnungen im Alter von vier Jahren ausführen konnten, gab es große Unterschiede dabei, welche am häufigsten auftraten. Manche Kinder beschäftigten sich stärker mit den Gesprächen und Handlungen bei den Beteiligten, während andere eher dazu neigten, den Beteiligten innere Gefühle zuzuschreiben. Im allgemeinen konzentrierten sich die Jungen auf Handlungen und die Mädchen auf Gefühle, obwohl die Ergebnisse nicht überinterpretiert werden sollten, weil nur drei Jungen und sechs Mädchen in die Untersuchung einbezogen waren. Weiterhin waren alle Kinder in der Lage, jede einzelne Zuschreibung auszuführen; deshalb lassen sich die beobachteten Unterschiede eher auf Vorlieben als auf Fähigkeiten zurückführen.

Ganz gewiß unterscheiden sich Menschen jedoch darin, wie häufig sie über Emotionen sprechen; und diese Unterschiede können etwas mit der Geschlechtszugehörigkeit zu tun haben. In der eben erwähnten Untersuchung von Judy Dunn kam heraus, daß Kinder, die im Alter von 18 Monaten häufiger etwas über Gefühle hörten, mit zwei Jahren selbst auch mehr über Gefühle sprachen. Die Wissenschaftlerin fand außerdem bei Kindern im Alter von 18 Monaten heraus, daß Mütter und ältere Geschwister eher zu Mädchen als zu Jungen über Gefühle sprachen und daß die Mädchen im Alter von zwei Jahren häufiger als die Jungen über Gefühle sprachen. Welche Konsequenzen können sich aus solchen individuellen Unterschieden ergeben? Judy Dunn und ihre Kollegen fragten sich, ob Kinder, die in Familien aufwachsen, in denen viel über Gefühle gesprochen wird, später besser in der Lage sein werden, die Emotionen anderer Menschen zu verstehen.[102] In der Zeit um ihren dritten Geburtstag herum hatten sie die Kinder zu Hause beobachtet und registriert, wieviel die Kinder, die Mütter und die Geschwister über Gefühle sprachen und in welchen Situationen dies geschah. Als die Kinder sechseinhalb Jahre alt waren, ließ man sie einen Test absolvieren, bei dem es um die Fähigkeit ging, die Gefühle anderer Menschen zu erkennen. Sie hörten auf Tonband aufgenommene Gespräche zwischen einem Mann und einer Frau, die sie nicht kannten. In den Gesprächen machten die Gefühle der Person eine Wandlung durch, beispielsweise wechselten sie von fröhlich zu traurig; und die Kinder wurden gebeten, zu sagen, wie sich diese Person zu Beginn fühlte und wie gegen Ende des Gesprächs. Judy Dunn und ihre Kollegen fanden heraus, daß es sich bei den Kindern, die bei dieser Aufgabe die besten Ergebnisse hatten, um diejenigen handelte, die in Familien aufgewachsen waren, bei denen viel über Gefühle gesprochen wurde. Es hing nicht davon ab, wie wortgewandt die Kinder waren oder wieviel in der Familie überhaupt gesprochen wurde; und interessanterweise ergab sich in dieser Untersuchung kein Unterschied zwischen den Geschlechtern. Die Untersuchung von Judy Dunn ist insofern bemerkenswert, als sie auf einen besonderen Zusammenhang hinweist; sie fand einen Zusammenhang zwischen dem, was man bei Kindern eines bestimmten Alters während einer Beobachtungsstudie in der häuslichen Umgebung herausfand, und ihrer Leistung in einer experimentellen Situation einige Zeit später. In Kapitel 1 erwähnte ich, daß im Moment darüber diskutiert wird, welches das beste Verfahren ist, um etwas über das Verständnis des Denkens bei Kindern herauszufinden. Sollten wir Kinder lediglich in Alltagssituationen beobachten und zuhören, was sie sagen, oder sollten wir versuchen, die Situation in einer experimentellen Untersuchung zu kontrollieren? Führen diese unterschiedlichen Methoden zu ähnlichen oder zu einander widersprechenden Ergebnissen?

Experimente zur Untersuchung von Bedürfnissen und Emotionen

Manchmal ist es schwer zu sagen, ob wir nicht etwas in die Worte kleiner Kindern hineininterpretieren. Versteht ein Kind wirklich, was es bedeutet, oder wiederholt es einfach, was es bei einer anderen Person gehört hat, die das in einer ähnlichen Situation sagte? Dies ist einer der Gründe, warum Psychologen das Experimentieren als Lösung des Problems ansehen. In einem Experiment haben wir mehr Kontrolle darüber, was geschieht: Wir können einem Kind ein Szenario beschreiben und ihm dazu Fragen stellen. Wir können dies vielen Kinder unterschiedlichen Alters auf dieselbe Weise beschreiben und festhalten, was sie antworten. Der Nachteil besteht natürlich darin, daß die Geschichte, die wir erzählen, für das Kind nicht Bestandteil seines täglichen Lebens ist. Mit seinen Gedanken und Gefühlen ist es nicht genauso dabei wie in einer Situation, bei der es mit der Familie und den Freunden interagiert. Und wenn die experimentelle Situation selbst für das Kind etwas Fremdes ist, dann mag uns dies Einblicke in ein Verständnis verwehren, das das Kind eigentlich hat. Selbst ganz kleine Kinder sind es jedoch gewohnt, daß ihnen Geschichten erzählt werden und man über sie spricht; bereitwillig beantworten sie Fragen, die der Experimentator dazu stellt, insbesondere wenn er sich die Zeit genommen hat, die Kinder kennenzulernen und dazu beizutragen, daß die Kinder sich in der Situation wohl fühlen. So findet sich im Hinblick auf das kindliche Verständnis von Bedürfnissen und Emotionen eine bemerkenswerte Übereinstimmung zwischen Ergebnissen von Experimenten und Beobachtungsstudien.

Wir haben soeben einen Eindruck davon bekommen, wie Zweijährige über Bedürfnisse sprechen, darüber, was sie wollen und was andere Menschen wollen. Die Ergebnisse von Experimenten weisen auf folgendes hin: Zweijährige verstehen, daß Menschen so handeln, damit sie ihre Bedürfnisse befriedigen; dies heißt, ein Mensch, der etwas möchte, wird etwas tun, um den Versuch zu unternehmen, es zu bekommen. So erzählten Henry Wellman und seine Kollegen Kindern Geschichten, in denen ein

Junge etwas, zum Beispiel sein Kaninchen, finden wollte, um es zur Schule mitzunehmen.[103] Man erzählte den Kindern, daß sich das Kaninchen vielleicht in der Garage oder unter der Veranda versteckt hält. Man legte ihnen ausgeschnittene Umrißzeichnungen eines Jungen und der Verstecke vor, so daß die Geschichte für das Kind zum besseren Verständnis in Handlungen umgesetzt werden konnte. Der Junge schaute dann an einem dieser Orte nach, etwa in der Garage, und dort fand er das Kaninchen (in anderen Versionen der Geschichte fand er seinen Hund oder gar nichts). Anschließend wurden die Kinder gefragt, was der Junge als nächstes machen würde: Würde er unter der Veranda nachschauen oder in die Schule gehen? Diese kleinen Kinder wußten bereits, daß er im ersten Fall, bei dem er das Kaninchen gefunden hatte, in die Schule gehen und daß er in den beiden anderen Fällen versuchen würde, unter der Veranda nachzuschauen. Selbstverständlich hörte ein und dasselbe Kind nicht alle drei Versionen dieser einen Geschichte; das wäre zu verwirrend gewesen, aber es hörte weitere Geschichten mit einer ähnlichen Struktur und einem anderen Inhalt. Aus diesen Ergebnissen können wir ersehen, daß selbst zweijährige Kinder den Zusammenhang zwischen Bedürfnissen und Handlungsergebnissen verstehen; sie erkennen auch, daß ein nicht befriedigtes Bedürfnis zu einer weiteren Handlung führt.

Ebenso erzählte man den Kindern dieselbe Geschichte, ohne daß ihnen gesagt wurde, warum die Hauptperson das gewünschte Objekt finden wollte; es wurde lediglich darauf hingewiesen, daß er oder sie es haben wollte. So wollte Linda ihre Kätzchen finden, die möglicherweise in ihrem Schrank oder in ihrem Rucksack waren. Sie sieht in ihrem Rucksack nach und findet sie dort (in anderen Versionen der Geschichte findet sie nichts oder statt dessen ihre Buntstifte). Diesmal wurden die Kinder nach der emotionalen Reaktion der Hauptperson gefragt: Freut sie sich, oder ist sie traurig? Erneut gelang es den Zweijährigen recht gut, zu angemessenen Urteilen zu kommen. Sie sagten, daß die Beteiligten, die fanden, was sie suchten, sich freuen würden, und jene, die etwas anderes oder gar nichts fanden, traurig sein würden. Es gab einen Zusammenhang zwischen diesem Urteil und ihrem Wissen darüber, was die Hauptperson der Geschichte wollte; und so kamen sie zu dem Urteil, daß ein Junge, der nach seinem Kaninchen suchte, traurig sein würde, wenn er einen Hund fände, wohingegen eine Person, die nach einem Hund suchte, sich freuen würde, wenn sie einen Hund fände. Dies bedeutet, daß sie nicht annahmen, soziale Erwünschtheit sei ein Merkmal der Situation, daß also jeder sich darüber freuen würde, einen Hund zu finden.

In all diesen Geschichten wollte die Hauptperson etwas finden; das heißt, die Ergebnisse, die sich aus ihren Bedürfnissen entwikkelten, mußten durch die eigene Handlung erreicht werden, und deshalb könnten wir hier genausogut von Bedürfnissen wie von Intentionen sprechen. In Wirklichkeit könnten wir uns eine Art undifferenzierten Zustand aus Bedürfnis und Intention vorstellen, der möglicherweise tatsächlich für die Sicht eines Dreijährigen typisch ist. Ein Verständnis von Intentionen als etwas, das von Bedürfnissen getrennt ist, entwickelt sich vielleicht erst später.

Das Verständnis der Intention bei Kindern

Wir gebrauchen den Begriff Intention auf zwei unterschiedliche, aber miteinander zusammenhängende Arten. Wir gebrauchen ihn zum einen, um uns auf *eine für die Zukunft geplante Handlung* zu beziehen, und wir gebrauchen ihn zum andern, um eine *intentionale Handlung* im Gegensatz zu zufälligem Verhalten zu beschreiben. Ebenso wie Zweijährige auf dieselbe Weise wie wir von Bedürfnissen und Emotionen sprechen, reden sie auch von Intentionen. Ab einem Alter von zwei Jahren verwenden sie einige derselben Begriffe, die wir gebrauchen. Wir sagen, daß wir *beabsichtigen, planen* oder *im Begriff sind, etwas zu tun*; und wir beziehen uns dabei auf künftige Handlungen. Auch Zweijährige sprechen darüber, was sie *machen werden* oder *wollen*. Der zweieinhalbjährige Alan etwa sitzt gerade auf einem Sessel und wirft einen Staubwedel in die Luft.

Alan: Ich werde einen Fisch fangen. (Er läßt das Ende des Staubwedels den Boden berühren, hebt ihn wieder an und richtet ihn auf die Betreuerin.)

Alan: Er hat einen Fisch, er hat einen Fisch, ganz alleine ...
Alan: Ahoi! Ich bin in meinem Boot ...
Alan: Ich werde zwei Fische fangen, zwei Fische. (Schiebt den Staubwedel und den Besen über den Tischrand hinaus.) Einen Fisch![104]

Wir sagen, daß wir *vorhatten*, etwas zu machen, oder wir haben es *absichtlich* gemacht, um zu betonen, daß wir eine Handlung in der Vergangenheit bewußt ausgeführt haben; und wir negieren diese Begriffe, um anzudeuten, daß es zufällig zu einer Handlung kam. Auch Zweijährige machen diese Unterscheidung im Hinblick auf ihre eigenen Handlungen und die anderer Personen. So klettert ein Zweijähriger auf seine Mutter, um einen Lichtschalter näher in Augenschein zu nehmen:

Mutter: Du tust mir weh!
Kind: Entschuldigung, Entschuldigung. Das wollte ich gar nicht.[106]

Oder eine Zweijährige kommt zur Mutter, weint und sagt, daß der Bruder sie geschlagen hat:

Mutter: Hat er dich mit der Faust geschlagen?
Kind: Ja.
Mutter zum Bruder: Philipp, stimmt das?
Bruder: Nein.
Kind zur Mutter: Ja. Mit Absicht![106]

Diese Beispiele stammen aus den Untersuchungen von Judy Dunn. Die Wissenschaftlerin schreibt, daß die kleinen Kinder, die sie beobachtete, nicht häufig derartige Verweise auf Intentionen machten, doch wenn sie vorkamen, seien sie völlig angemessen verwendet worden. Es war Piaget, der als erster feststellte, daß ein Kind mit drei oder vier Jahren lernt, zwischen seinen eigenen absichtlichen und seinen zufälligen Handlungen zu unterscheiden, „und kurz danach lernt es, sich mit der Ausrede zu rechtfertigen, es sei ‚nicht mit Absicht' geschehen".[107] Es könnte jedoch auch sein, daß Kinder in diesem Alter die Unterscheidung zwischen intentionalen und nichtintentionalen Handlungen noch nicht wirklich verstehen und die Redeweise ‚nicht mit Absicht' gebrauchen, um sich aus den Schwierigkeiten herauszuwinden. Judy Dunn fand in ihren Untersuchungen keine derartigen auswendig gelernten, unangemessenen Verwendungen dieses Begriffs, obwohl Eltern manchmal darüber berichten und es Beispiele dafür gibt:

„Eine Dreijährige half dabei, ihren kleinen Bruder zu füttern. Nachdem sie ihm einige Löffel Brei in den Mund gesteckt hatte, nahm sie noch einen weiteren Löffel Brei und träufelte ihn dem Baby über den Kopf. Dann drehte sie sich zur ziemlich wütenden Mutter herum und rief aus: „Das habe ich aber nicht mit Absicht gemacht."[108]

Was kann das kleine Mädchen gemeint haben? Es ist nicht recht einzusehen, wie jemand dazu kommt, einen Löffel Brei zu nehmen und ihn *zufällig* jemanden über den Kopf zu träufeln. Vielleicht handelt es sich nur um eine auswendig gelernte Strategie, um eine „ziemlich wütende" Mutter zu besänftigen. Oder vielleicht ist das auch nicht der Fall. Wie ich andeutete, unterscheiden Dreijährige eventuell nicht zwischen Bedürfnissen und Intentionen, sondern beziehen sich nur auf undifferenzierte Bedürfnis-Intentions-Zustände. Möglicherweise meinte das kleine Mädchen auch nur, daß sie das so nicht wollte, das heißt, sie wollte nicht, daß sich diese Folgen ergaben. Selbst wenn kleine Kinder dieselben Wörter wie wir gebrauchen, können wir nicht sicher sein, daß sie mit diesen Wörtern dasselbe wie wir meinen. Es kann sein, daß Zwei- oder Dreijährige, wenn sie unsere Begriffe verwenden, um sich auf Intentionen zu beziehen, über undifferenzierte Bedürfnis-Intentionen sprechen. Was sie sagen, ergibt meistens einen Sinn, weil unsere Bedürfnisse und unsere Intentionen in der Regel miteinander übereinstimmen; deswegen finden sich nur gelegentlich eigenartige Beispiele wie die oben erwähnten. Roger Brown sagte, daß Kinder, wenn sie im Alter von zwei Jahren anfangen, die Worte *werden*, *wollen* und auch *haben* zu verwenden, die Begriffe in der Tat zunächst nicht semantisch unterscheiden; sie haben jedoch individuelle Vorlieben, sie verwenden lieber das eine Wort als das andere. Die Begriffe „wurden gebraucht, um Handlungen zu bezeichnen, die demnächst auftreten werden; es handelte sich um eine Art unmittelbares Futur, was auch eine Aussage über den Wunsch oder die Intention des Kindes beinhaltete."[109] (Obwohl es sich nicht unbedingt darum handeln muß wie in „Hilfe, ich werde fallen".) Ein kleines Kind macht somit möglicherweise keinen Unterschied zwischen „Wollen" (Bedürfnis) und „Werden" (Intention). Beides wird vielleicht verwendet, um etwas als Bedürfnis-Intention hervorzuheben.

Trotzdem ist es manchmal von Bedeutung, sich Intentionen als etwas von Bedürfnissen Verschiedenes vorzustellen. Wie ich in Kapitel 5 schrieb, sind Intentionen in vielerlei Hinsicht so etwas wie Bedürfnisse. Wir passen unsere Bedürfnisse und Intentionen nicht in gleicher Weise wie unsere Überzeugungen an die Umwelt an; es ist vielmehr die Umwelt, die sich an unsere Bedürfnisse und Intentionen anpassen muß. Das heißt, es handelt sich nicht um mentale Zustände, die richtig oder falsch sein können, sondern um Zustände, die durch Handlungen und Ereignisse in der Umwelt befriedigt werden oder nicht. Obwohl sich jedoch Bedürfnisse und Intentionen in dieser Hinsicht ähneln, gibt es einen wichtigen Unterschied zwischen ihnen. Bedürfnisse werden dann befriedigt, wenn das Ergebnis auf irgendeine Weise erreicht wurde; Intentionen werden jedoch nur realisiert, wenn die Intention selbst die Handlung verursacht, die zum Ergebnis führt. Erinnern Sie sich an meine neue Bluse: Mein *Bedürfnis*, eine neue Bluse zu bekommen, wurde befriedigt, ganz gleich, ob ich in die Stadt ging, um mir eine Bluse zu kaufen oder ob ich die Bluse nahm, die meine Schwester mitbrachte; meine *Intention* jedoch, eine neue Bluse zu kaufen, wurde nur dadurch realisiert, daß ich in die Stadt ging und eine Bluse kaufte. Damit ist gemeint, daß ich im Falle der Intention selbst das Ergebnis herbeiführte, daß ich es also verursachte. Genau das können wir auch *intentionale Verursachung* nennen. Wann beginnen Kinder, dies zu verstehen? Was sagen die publizierten Experimente zu dieser Frage?

Vor einiger Zeit entwickelten Tom Shultz und seine Kollegen eine Reihe raffinierter Aufgaben, um herauszufinden, wieviel kleine Kinder über Intentionen wissen.[110] In einem Experiment ließen sie die Kinder bestimmte Aufgaben ausführen; das eine oder andere Mal kamen sie nicht umhin, einen Fehler zu machen. So legte Shultz eine matte und eine blinkende Münze auf den Tisch; er forderte das Kind auf, auf die blinkende Münze zu zeigen – eine leichte Aufgabe –, nur nicht in einer Situation, in der das Kind eine Prismenbrille tragen mußte, durch die links und rechts vertauscht wurde. Und so machte das Kind einen Fehler und zeigte auf die matte Münze. Es wurde dann gefragt: „Hattest du vor, das zu machen?" Oder ein Kind, das zugesehen hatte, wurde gefragt: „Hatte sie vor, das zu machen?" Kinder konnten auf diese Weise schon im Alter von drei Jahren (das waren die Jüngsten, mit denen der Test durchgeführt wurde) bei sich selbst und bei anderen Kindern, die sie beobachteten, zwischen intentionalen und zufälligen Handlungen unterscheiden.

Bei diesen Aufgaben wären die Experimentatoren wahrscheinlich zu denselben Ergebnissen gekommen, wenn sie gefragt hätten: „Wolltest du das machen?" Und tatsächlich konnten meine Kollegen und ich nachweisen, daß dies der Fall ist. Wir spielten mit den Kindern ein Spiel, um herauszufinden, ob sie sich an ihr Bedürfnis erinnern konnten, nachdem es befriedigt worden war.[111] Eltern fragen sich vielleicht, warum man ein Experiment braucht, um das nachzuweisen – es ist doch ganz offensichtlich, daß Kleinkinder wissen, was sie wollen. Manchmal allerdings kann man sie mit einer anderen attraktiven Alternativmöglichkeit ablenken; das lernen alle Eltern schnell. Erinnern sie sich an das ursprüngliche Bedürfnis? Als Erwachsene sagen wir uns hin und wieder, daß wir gar nicht wollten, was wir nicht bekamen (hier handelt es sich um das Phänomen der „sauren Trauben"); wir erinnern uns jedoch, was wir ursprünglich wollten. Wir fanden heraus, daß dies Dreijährige ebenso machen. Wenn sie gesagt hatten, daß sie sich ein bestimmtes Spielzeug auswählen *wollten*, das in einer Tüte versteckt war, und wenn sie dann doch ein anderes ebenso schönes Spielzeug auswählten, konnten sie bei unserer Aufgabe sagen, daß sie nicht dasjenige bekommen hatten, das sie wollten. Wenn sie gesagt hatten, für welches Spielzeug sie *im Begriff waren*, sich zu entscheiden, und sie ein anderes bekamen, konnten sie genausogut sagen, sie hätten nicht bekommen, was sie zu bekommen *versucht hatten*.[112] Die Sprache der Intention und die Sprache des Bedürfnisses sind in diesen Fällen anscheinend nicht voneinander unterscheidbar.

Bei all diesen Aufgabenarten sehen so kleine Kinder keinen Unterschied zwischen Bedürfnissen und Intentionen; sie betrachten sie als Zielzustände und können durchaus erfolgreich dabei sein, diese zu den angestrebten Ergebnissen in Beziehung zu setzen.[113] Wenn das Ziel und das Ergebnis miteinander übereinstimmen, können sie sagen, sie oder eine andere Person *wollte* es oder *hatte vor*, dies zu tun. Wenn andererseits das Ziel nicht mit dem Ergebnis übereinstimmt, können sie sagen, sie wollten es nicht oder hatten es nicht vor. Ähnlich erfolgreich waren die Kinder bei den oben beschriebenen Geschichten von Wellman, wenn sie Ziele und Ergebnisse zueinander in Beziehung setzten. Die Kinder konnten vorhersagen, was die Hauptpersonen der Geschichte machen würden oder wie sie sich fühlen würden, wenn sie wußten, was die Hauptperson wollte, und wenn ihnen erzählt wurde, was geschehen war. Wenn das Ziel mit dem Ergebnis übereinstimmte, konnten sie sagen, daß die Hauptperson sich freuen würde und aufhören würde zu suchen; und wenn beides nicht übereinstimmte, sagten sie, sie sei traurig und weiterhin auf der Suche.

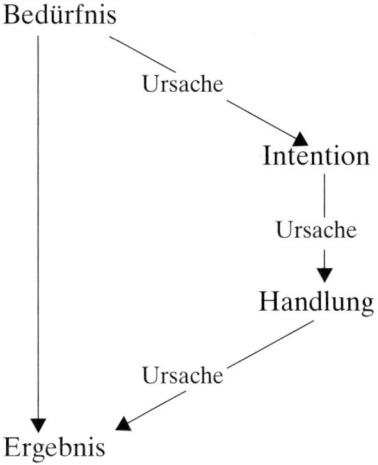

Abbildung 5: Intentionale Verursachung

Wenn es um Bedürfnisse und Intentionen geht, kann man bei der Frage, ob Ziel und Ergebnis miteinander übereinstimmen oder nicht, auf dieselbe Weise zu all diesen Urteilen kommen. Kinder müssen die hypothetischerweise erwünschte (oder intendierte) Situation mit der tatsächlichen Situation in der Umwelt vergleichen und zu dem Urteil kommen, daß das Bedürfnis befriedigt (oder die Intention realisiert) wurde, falls beides übereinstimmt und sich die Person deshalb freut. Oder sie kommen zu dem Urteil, daß die Bedürfnis-Intention nicht in Erfüllung ging, wenn beides nicht miteinander übereinstimmt und die Person daher traurig ist. Es ist jedoch überhaupt nicht selbstverständlich, daß Kinder, weil sie die Fähigkeit besitzen, solche Urteile abzugeben, die intentionale Verursachung begreifen, das heißt verstehen, daß das Denken die *Ursache* der Handlung ist.

Bedürfnisse sind die Ursache für Intentionen, die Handlungen verursachen, die wiederum die Ursache der Handlungsergebnisse sind. Erinnern Sie sich noch einmal an den Stellenwert von Bedürfnis und Intention in der Abbildung zur Theorie des Denkens, wie sie in Kapitel 5 dargestellt wurde (siehe Abbildung 5).

Nach Lou Moses haben wahrscheinlich schon ganz kleine Kinder eine gewisse introspektive Vorstellung davon, in welchem Maße das Denken kausal daran mitwirkt, Handlungen hervorzubringen.[114] Zumindest machen sie die Erfahrung, etwas zu wollen und etwas zu machen, um es zu bekommen. Gleichzeitig machen sie Erfahrungen mit Zielen als treibender Kraft für ihre Bemühungen, ohne wirklich die verursachende Eigenschaft der Intention und deren Abgrenzung zum Bedürfnis zu verstehen. Möglicherweise haben sie eine einfachere Vorstellung davon, bei der nicht zwischen Bedürfnis und Intention unterschieden wird.

Wenn Kinder wirklich zwischen Bedürfnis und Intention differenzieren, sind sie imstande, zwischen zwei Menschen zu unterscheiden, die verschiedene Bedürfnisse haben, die ähnliche Handlungen ausführen und zum selben Handlungsergebnis kommen, von denen aber nur einer dies absichtlich tut. Der andere ist in etwas verwickelt, was die Philosophen eine *deviante*

Das Verständnis der Intention bei Kindern 109

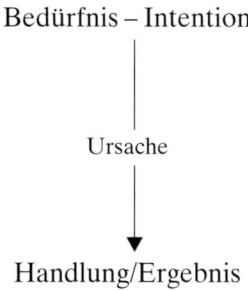

Abbildung 6: Bedürfnis, das nicht von der Intention unterschieden wird.

Kausalkette nennen. Um diesen Begriff zu veranschaulichen, soll hier ein Beispiel angeführt werden: Ein Mann wollte seinen Onkel umbringen, um dessen Vermögen zu erben; eines Tages war er nun mit dem Auto unterwegs und dabei so damit beschäftigt, zu überlegen, wie er den Mord begehen könnte, daß er zufällig einen Fußgänger überfuhr – und es handelte sich ausgerechnet um seinen Onkel.[115] Dennoch betrachten wir dies nicht als vorsätzlichen Mord. Wir haben es mit einer „devianten" Kausalkette zu tun; denn der Mann handelte nicht vorsätzlich, obwohl seine Handlung Ursache für das Ergebnis war und das Ergebnis mit seinem Ziel übereinstimmte – obwohl alles so kam, wie er es wollte. Die Frage lautet: Wann werden Kinder eine solche Unterscheidung verstehen?

Es ist schwierig, Kindern derart komplizierte Handlungssequenzen auch nur zu beschreiben; wir können ihnen allerdings ganz einfache Geschichten erzählen, in denen keine Informationen über die Ziele der Menschen enthalten sind und bei denen es keine Grundlage dafür gibt, etwas im Hinblick darauf zu vergleichen, ob hier Intentionen und Ziele übereinstimmen oder nicht. Elizabeth Lee und ich erzählten Kindern eine einfache Geschichte in zwei Versionen, die mit Hilfe von Bildern illustriert waren.[116] In der einen Geschichte kam das Handlungsergebnis intentional zustande, und in der anderen wurde das Ergebnis zufällig herbeigeführt. Wir fragten die Kinder danach, welche Person vorgehabt hatte, das beschriebene Ergebnis zu erreichen. In einer Geschichte etwa gab die Mutter einem Mädchen ein Stück Brot, dieses nahm es mit nach draußen und verstreute die Krümel auf dem Boden; die Vögel kamen und pickten die Krümel auf. In der anderen Geschichte gab die Mutter einem anderen Mädchen ein Stück Brot, das Mädchen nahm es mit nach draußen, um es zu essen; dabei fielen einige Krümel zu Boden, die Vögel kamen und pickten sie auf. Die Kinder wurden gefragt: „Welches Mädchen wollte, daß die Vögel die Krümel fraßen?" Dreijährige konnten die Frage nicht beantworten, Fünfjährige jedoch waren dazu in der Lage. Dies bedeutet, daß die größeren Kinder zwischen intentionalen und nichtintentionalen Handlungen unterscheiden konnten, auch wenn sie keine Übereinstimmung zwischen den Zielen des Handelnden und dem Handlungsergebnis erwarten konnten. Warum gelang das den Fünfjährigen, aber nicht den Dreijährigen?

In diesen Geschichten wird das Ziel nicht ausdrücklich erwähnt; deshalb konnten die Kinder nicht allein dadurch korrekt antworten, daß sie die Übereinstimmung (bzw. Nichtübereinstimmung) zwischen dem, was die Hauptperson wollte, und dem, was sich dann wirklich ereignete, bewerteten. Um zu entscheiden, welches Mädchen wollte, daß die Vögel die Krümel fraßen, müssen die Kinder erkennen, daß nur in einem Fall das Bedürfnis des Mädchens nach dem Ergebnis (die Vögel die Krümel fressen zu lassen) ihre Intention bewirkte, die Vögel zu füttern. Mit anderen Worten, sie müssen verstehen, daß das Denken etwas Aktives ist, daß mentale Aktivität Ereignisse in der Umwelt hervorbringen kann. Ich wies schon in Kapitel 2 darauf hin, daß Kinder zunächst nur ein partielles Verständnis der mentalen Repräsentation besitzen. Sie mögen zwar ein gewisses Verständnis für mentale Gebilde haben, doch nicht für die Aktivität des Denkens. Möglicherweise erwerben sie dieses vollständigere Verständnis mentaler Repräsentation erst im Alter von vier oder fünf Jahren. Weitere Belege dafür gehen auf Untersuchungen zurück, die sich mit dem Verständnis des Wissens und der Überzeugungen beschäftigen; dies ist das Thema der nächsten beiden Kapitel, in denen ich diesem Gedanken im einzelnen nachgehen werde. Ich möchte jedoch noch einen letzten Satz zum Thema Bedürfnisse und Intentionen schreiben, bevor wir im weiteren die Begriffe Wissen und Überzeugungen in unsere Überlegungen mit einbeziehen: Es wird gesagt, daß Kinder mit vier oder fünf Jahren ein Alter erreichen, in dem sie vernünftig werden. Josef Perner etwa betont, daß Kinder in diesem Alter die Fähigkeit entwickeln, eine gewisse Selbstkontrolle über sich auszuüben.[117] Vielleicht hängt Selbstkontrolle auch davon ab, ob man in der Lage ist, zwischen Bedürfnis und Intention zu unterscheiden: Obwohl man etwas will, was man nicht bekommen kann, hat man nicht vor, etwas zu unternehmen, damit man es bekommt.

Kapitel 7: Wie Kinder über das Wissen denken

Nadine (drei Jahre): Opa! Opa!
Großvater: Ja?
Nadine: Zu deinem Geburtstag machen wir eine Überraschungsparty. Und das ist ein Geheimnis!
Philipp (drei Jahre): Mami, geh aus der Küche heraus!
Mutter: Warum, Philipp?
Philipp: Weil ich mir einen Keks nehmen möchte.[118]

Eltern (und Entwicklungspsychologen) erzählen sich gerne solche Anekdoten wie die gerade beschriebenen. Die Geschichte geht von einem zum anderen, und wir lächeln. Aber was ergibt sich für uns aus diesen Geschichten? Wie wir gerade gesehen haben, verstehen sogar Kleinkinder sehr viel von den Bedürfnissen und den Emotionen anderer Menschen, davon, was andere wollen und empfinden. Es gibt jedoch auch noch sehr viel, was sie an den Gedanken anderer Menschen nicht verstehen, insbesondere dann, wenn es darum geht, was andere Menschen meinen und wissen. Überraschungen, Geheimnisse, Tricks und Lügen beruhen darauf, daß wir verstehen, was andere denken und wissen, und daß wir ihre Gedanken und ihr Wissen manipulativ beeinflussen.

Wie ich am Anfang von Kapitel 6 schrieb, müssen wir sowohl Bedürfnisse als auch Überzeugungen in unsere Überlegungen einbeziehen, wenn wir die Handlungen von Menschen erklären und vorhersagen bzw. jemanden überraschen, necken, trösten oder manipulieren wollen. Gewöhnlich konzentrieren wir uns jedoch darauf, welcher Meinung die Menschen unserer Auffassung nach sind. Wir denken nicht ausdrücklich an ihre Überzeugungen. Denn wir leben, wie ich schrieb, in derselben Umwelt und teilen bestimmte Überzeugungen. Das stimmt, aber wir teilen nicht jede einzelne Erfahrung in dieser Umwelt, und selbst jene Erfahrungen, die wir gemeinsam machen, erleben wir jeder für uns aus einem einzigartigen persönlichen Blickwinkel heraus. Deshalb müssen wir anderen Menschen Informationen über unsere Erlebnisse mitteilen, und wir müssen von ihnen Informationen erhalten.

Informationsaustausch

Auf einfache Weise scheinen selbst Babys zu verstehen, daß man Informationen austauschen muß, oder zumindest sind sie in der Lage, an einem solchen Austausch teilzunehmen. In Kapitel 3 beschrieb ich, wie ein Einjähriger seiner Mutter etwas zeigen kann und wie er dem Zeigefinger der Mutter oder sogar ihrem Blick folgen wird, um dorthin zu schauen, wo sie hinsieht. Kann er sich erst einmal im Raum hin und her bewegen, wird er Gegenstände anschleppen, um sie ihr und anderen Personen zu zeigen; und wenn er erst einmal sprechen kann, wird er ihnen etwas erzählen. Patricia Greenfield führt ein schönes Beispiel dafür an.[119] Sie beobachtete einen Einjährigen, dessen Mutter damit beschäftigt war, Kinder in einem Gymnastikkurs zu unterrichten. Er wimmerte „Schuhe, Schuhe", weil er wollte, daß ihm seine Mutter die Schuhe anzog. Doch sie war beschäftigt, deswegen sprang Patricia Greenfield für sie ein und übernahm diese Aufgabe. Er lief zur Mutter und sagte erneut „Schuhe, Schuhe", doch diesmal mit einer aufgeregten Stimme. Er streckte einen Fuß hoch, um ihn ihr zu zeigen; und als sie dorthin sah, zeigte er auf Patricia Greenfield. Die Mutter verstand und sagte: „Die Dame hat dir die Schuhe angezogen." Sie bestätigte damit die Information, die er ihr mitzuteilen versuchte. All diese natürlichen Verhaltensweisen deuten darauf hin, daß Kinder von frühem Alter an darüber Bescheid wissen, wie die Menschen etwas über die Dinge in Erfahrung bringen – sie erkennen, welche Rolle die Wahrnehmung und die Kommunikation bei der Entstehung von Überzeugungen spielt.

Vielleicht ja, vielleicht aber auch wieder nicht. Wieviel weiß ein Einjähriger, wenn er zu seiner Mutter schaut, auf die Frau zeigt, die den Gymnastikkurs beobachtet, und wenn er „Schuhe" sagt. Weiß er, daß eine Wahrnehmung eine Überzeugung zur Folge hat? Weiß er, daß seine Mutter zu den gleichen Überzeugungen wie er kommen wird, wenn sie dieselben Dinge wahrnimmt? Weiß er, daß seine Mutter, wenn sie in die Richtung schaut, in die er zeigt, die Person sehen wird, die ihm die Schuhe angezogen hat? Wie können wir auch nur anfangen, diese Fragen zu beantworten? Laboruntersuchungen zeigen uns genauer, was Kinder machen können; aber selbst diese Studien sagen nicht immer etwas darüber aus, in welchem Ausmaß Kinder das, was sie machen, auch verstehen. Aus den Arbeiten von Jerome Bruner, George Butterworth und deren Kollegen[121] wissen wir, daß sechs Monate alte Babys sich umdrehen werden, um in die gleiche Richtung wie die Mutter zu schauen, auch wenn beide nicht unbedingt denselben Gegenstand fixieren müssen. Wir wissen aus diesen Untersuchungen, daß Kinder im Alter von einem Jahr ausmachen können, welchen Gegenstand die Mutter anschaut. Und mit 18 Monaten können sie sich umdrehen und auf etwas schauen, wenn sie etwas hinter ihrem Kopf anguckt. Wenn die Mutter auf einen Gegenstand zeigt und ihn anschaut, wird das Kind mit noch größerer Wahrscheinlichkeit reagieren. Das Baby selbst kann in eine Richtung zeigen, in welche die Mutter schauen soll. Und mit ungefähr 15 Monaten guckt es zunächst, um zu sehen, ob sie in seine Richtung schaut, dann zeigt es auf etwas, das seine Aufmerksamkeit in Anspruch nimmt, vielleicht ein buntes neues Spielzeug, und sieht dann nach, ob sie auch hinschaut.

Es handelt sich hier um ein ausgeklügeltes Verhalten, und es tritt selbst bei ganz kleinen Kindern auf; präzise Laboruntersuchungen haben zu einer ganzen Reihe neuer Informationen in diesem Bereich geführt. Das sagt allerdings nichts darüber aus, wie weitgehend unsere Schlußfolgerungen sein können, die wir im Hinblick darauf ziehen, ob das Kind das eigene Tun erkennt und versteht. Erkennt das Baby beispielsweise, daß andere Personen sehen, fühlen und denken, wie es dies selbst macht? Verfolgt es das Ziel, diese Erlebnisse mit einer anderen Person auszutauschen? Inge Bretherton und ihre Kollegen zeigten schon vor einiger Zeit, wie ein Baby zwischen neun und zwölf Monaten erkennt, daß andere Menschen in körperlicher und in psychischer Hinsicht so sind wie das Kleinkind selbst.[121] Das heißt, Babys erkennen, daß andere Menschen nicht nur Zehen und Finger, Nase und Mund haben wie sie selbst, sondern daß auch andere Personen Vorlieben und Antipathien haben, etwas hören und sehen sowie Informationen austauschen können. Und in der Tat waren es diese Forscherinnen, die in der Entwicklungspsychologie erstmals Premacks und Woodruffs Ausdruck „Theorie des Denkens" (siehe Kapitel 1) darauf anwandten, wie Kinder andere Personen verstehen. Sie achteten dabei auf die Wortwahl und sagten, daß die Theorie zunächst implizit vorhanden sei und in den späteren Jahren immer stärker explizit werde. Trotzdem setzt die Vorstellung von einer impliziten Theorie bei Babys voraus, daß sie andere Menschen als Wesen mit einer Seele verstehen.

Entsprechend vertrat Simon Baron-Cohen die These, das Verhalten der Säuglinge weise darauf hin, daß sie *Aufmerksamkeit* als einen mentalen Zustand begreifen; dies sei ein wichtiger Ausgangspunkt, um das Denken anderer Menschen zu verstehen.[122] Er ist folgender Auffassung: Die Tatsache, daß Babys auf das Zeigen und die Blicke der Mutter reagieren, deute darauf hin, daß sie ihre Aufmerksamkeit auf interessante Gegenstände richten. Und die Tatsache, daß Babys sich im Gesicht der Mutter rückversichern, wenn sie auf etwas zeigen, mache deutlich, daß sie versuchen, deren Aufmerksamkeit für sich in Anspruch zu nehmen.

Andererseits führt Josef Perner das Argument an, wir brauchten in dieser Entwicklungsstufe nicht vorauszusetzen, daß Säuglinge wirklich versuchen, die Aufmerksamkeit der Mutter manipulativ zu beeinflussen, damit sie ihre Erlebnisse mitteilen können. Möglicherweise haben sie einfach nur Freude an der sich neu entwickelnden Fähigkeit, die Augenbewegungen der Mutter zu steuern.[123] Vielleicht mag es abwegig erscheinen, ihr Verhalten auf diese Weise zu beschreiben; wenn wir nämlich selbst oder ältere Kinder anderen etwas zeigen, ist es offensichtlich, daß wir dies machen, um Erlebnisse mitzuteilen, um die andere Person dazu zu bringen, etwas anzuschauen oder über etwas zu sprechen, was wir gesehen haben. Warum sollten wir nicht das Verhalten der Babys entsprechend interpretieren? Perner argumentiert, daß Babys sich deutlich von größeren Kindern *unterscheiden.* Wenn wir bei Säuglingen allzuviel Verständnis unterstellen, bleibe nicht viel Spielraum, um interessanten Erklärungen zu den Unterschieden zwischen Säuglingen und größeren Kindern nachzugehen. Hier handelt es sich um ein wichtiges theoretisches Argument. Der entscheidende Punkt besteht darin, daß sich das zur Diskussion stehende Problem nicht lösen läßt, wenn man das Verhalten der Säuglinge beobachtet. Vielleicht sollten wir uns damit beschäftigen, wozu größere Kinder imstande sind, und darüber nachdenken, ob wir eher bereit sind, ihnen ein Verständnis des mentalen Zustands anderer Personen zuzubilligen.

John Flavell und seine Kollegen konnten zeigen, daß 18 Monate alte Kinder der Aufforderung nachkommen, einem Erwachsenen ein Spielzeug oder ein Bild zu zeigen; im Alter von ungefähr zwei Jahren achten sie darauf, daß das Bild richtig herum liegt.[124] Zweijährigen gelingt sogar die Lösung noch schwierigerer Aufgaben, die sie wahrscheinlich nicht spontan gelernt haben; dabei geht es beispielsweise darum, daß sie einem Erwachsenen ein Bild zeigen, das am Boden eines kleinen ausgehöhlten Würfels angebracht ist. Wenn Kinder zum erstenmal die Bilder vorführen, dann versuchen sie, diese so zu zeigen, daß sie die Bilder zur selben Zeit wie der Erwachsene sehen können; das ist jedoch ziemlich schwierig, wenn das Bild innen in einem Würfel befestigt ist. In diesem Fall drücken einige von ihnen den Würfel ganz nach unten und drehen ihn leicht zwischen den Erwachsenen und sich selbst hin und her. Perner weist darauf hin, daß 18 Monate alte Kinder, Dinge so zeigen, weil sie gerade zu verstehen beginnen, daß Anschauen zum Sehen führt: daß der Blick auf ein Bild dazu führt, daß man das Bild visuell erlebt. Um sich selbst zu vergewissern, daß der Erwachsene das Bild sieht, stellen sie sicher, daß sie selbst dasselbe visuelle Erlebnis haben. Deshalb attestiert Perner Kindern im Alter zwischen eineinhalb und zwei Jahren ein Bewußtsein für die mentalen Zustände anderer Menschen; das stellt er bei Einjährigen in Abrede.[125]

Es wurden nur wenige Experimente mit Kindern im Trotzalter durchgeführt; und alle Untersuchungen, die es gibt, fordern wie im Zeigeproblem die Kinder auf, etwas zu machen. Das meiste, was wir über das Verständnis für andere Personen bei Kindern diesen Alters wissen, geht auf Beobachtungsstudien zurück, die sich mit den Gesprächen dieser Kinder in Alltagssituationen beschäftigten. Wie wir jedoch gesehen haben, gibt es naturgemäß einige Schwierigkeiten, aus Beobachtungen des spontanen Verhaltens und der natürlichen Sprache Schlußfolgerungen auf das Verständnis bei Kindern zu ziehen. Obwohl Kinder dieselben Worte wie wir verwenden mögen, sind wir nicht immer sicher, ob sie dasselbe wie wir meinen. Die Wortbedeutungen werden bei Kindern nach und nach aufgebaut. In einem Experiment können wir die Situation so gestalten, daß wir genauer wissen, was Kinder mit dem, was sie sagen, meinen. Außerdem werden vielleicht einige Handlungen in der realen Welt routinemäßig ohne viel Verständnis erlernt. In einem Experiment können wir die Kinder neuartigen Situationen aussetzen, die sie erst *verstehen* müssen, um angemessen reagieren zu können. So haben ganz kleine Kinder möglicherweise gelernt, wie man einer anderen Person ein Bild zeigt. Denn sie haben Erfahrungen damit, wie man gemeinsam ein Buch anschaut; sie haben jedoch wahrscheinlich weit weniger Erfahrung damit, jemandem ein Bild zu zeigen, das am Boden eines ausgehöhlten Würfel befestigt ist, wie es bei Flavell gefordert war. Wenn Kleinkinder diese Aufgabe erfolgreich bearbeiteten, so wurde dadurch belegt, daß sie verstanden, welche Voraussetzungen gegeben sein müssen, um einem anderen Menschen etwas zeigen zu können. Viel mehr experimentelle Untersuchungen wurden mit größeren Vorschulkindern durchgeführt – mit drei bis fünf Jahre alten Kindern. Kindern dieses Alters können wir nach der Aufforderung, bestimmte Dinge zu tun, Fragen stellen. Diese Fragen gestatten es uns, bei sorgfältiger Durchführung sicherzustellen, daß das, was wir meinen, auch deutlich geworden ist, um noch genauer herauszufinden, was sie verstehen und was sie nicht verstehen.

Die Ursprünge des Wissens verstehen

Wie derartige Experimente zeigten, verstehen Dreijährige die folgende Situation: Wenn ein Gegenstand in einem Kasten versteckt ist, weiß eine Person, die in den Kasten schaut, was im Kasten ist, und jemand, der nicht hineinschaut, weiß es nicht.[126] Entsprechend verstehen Dreijährige, daß eine andere Person, die an einem anderen Platz sitzt, vielleicht etwas anderes sieht, was sie von ihrem Platz aus nicht sehen kann.[127] Doch es bleiben immer noch eine ganze Reihe von Fragen offen: Wie gelangen wir beispielsweise an Informationen darüber, daß Dreijährige etwas nicht verstehen. Obwohl sie verstehen, daß derselbe Gegenstand von einigen Personen gesehen wird und von anderen nicht, so verstehen sie doch nicht, daß Menschen einen unterschiedlichen Blickwinkel auf denselben Gegenstand haben. Stellen Sie sich vor, auf dem Tisch befinde sich zwischen dem Kind und dem Experimentator ein Bild mit einer Schildkröte. Wenn man eine Trennwand senkrecht auf den Tisch stellt, so daß das Bild für die eine oder die andere Person verdeckt ist, verstehen Dreijährige durchaus, daß eine Person das Bild sieht und die andere nicht. Wenn beide jedoch ohne die Trennwand die Schildkröte betrachten können, verstehen Dreijährige nicht, daß eine Person die Schildkröte auf dem Bild richtig herum sieht, während die Person auf der anderen Seite des Tischs sie so sieht, als läge sie auf dem Rücken. Im Alter von vier Jahren verstehen Kinder dies dann.[128]

Das ist ein anschauliches Beispiel für den Unterschied zwischen dem ersten und dem zweiten Stadium des Verständnisses, wie John Flavell es nennt. Im ersten Stadium verstehen Kinder, daß sie oder eine andere Person mit etwas „kognitiv verbunden ist", wie zum Beispiel etwas zu sehen bzw. es nicht zu sehen oder darüber etwas zu wissen bzw. es nicht zu wissen.[129] Erst im zweiten Stadium wissen Kinder jedoch etwas über die mentalen Repräsentationen, die durch diese kognitiven Verbindungen hervorgerufen werden. Dieses Verständnis ist Voraussetzung für die Erkenntnis, daß Menschen dieselbe Angelegenheit vielleicht auf unterschiedliche Weise sehen. In der Begrifflichkeit, die ich in Kapitel 2 eingeführt habe, könnten wir sagen, daß Kinder im ersten Stadium nur ein partielles Repräsentationsverständnis besitzen. Sie benötigen ein vollständigeres Repräsentationsverständnis, das auch eine Vorstellung von der *repräsentationalen Aktivität* umfaßt, um zu erkennen, daß beim Denken Situationen interpretiert werden und daß unterschiedliche Personen unterschiedliche Interpretationen hervorbringen können. Genau dies wird im zweiten Stadium erreicht.

Entsprechend verstehen Dreijährige nicht, daß unterschiedliche Menschen je nach Wissensstand zu unterschiedlichen Informationen gelangen, wenn sie denselben Gegenstand betrachten; Vierjährige jedoch verstehen das allmählich. In einer Untersuchung wurden zwei Stofftiere aus demselben grauen Material, etwa ein Elefant und ein Kaninchen, in unterschiedlichen Kästen versteckt; an beiden Kästen befand sich oben im Deckel ein kleines Loch. Man konnte durch das Loch nur das graue Material und sonst nichts sehen, was dazu beigetragen hätte, das Tier zu erkennen. Der Experimentator zeigte auf einen Kasten und sagte: „Weißt du, daß da ein Elefant drin ist?" Und er fragte, ob das sonst noch jemand wüßte. Ein Großteil der Vierjährigen und die meisten Fünfjährigen erkannten, daß man es wissen mußte, wenn man zugesehen hatte, wie die Tiere eingepackt wurden, daß man jedoch, wenn man nicht dabei war und es auch nicht gesehen hatte, nicht wissen konnte, um welches Tier es sich handelte, wenn man nur den grauen Fleck durch das Loch im Deckel sah.[131] Wiederum beruht das tiefergehende Verständnis der größeren Kinder auf der Erkenntnis, daß beim Denken Situationen interpretiert werden und daß Menschen dasselbe Ereignis unterschiedlich repräsentieren können.

Dreijährige, ja sogar viel kleinere Kinder, wissen sicherlich, wie sie an Informationen gelangen, um bestimmte Dinge herauszufinden. Doch selbst wenn man die kommunikativen Fähigkeiten Einjähriger in Rechnung stellt, ist nicht recht klar, wieviel sie verstehen, obwohl sie wissen, wie sie etwas machen müssen. Sie sind in der Lage, auf unterschiedliche Weise – durch Gucken, durch Betasten oder dadurch, daß sie es sich sagen lassen – an Informationen zu kommen, zum Beispiel darüber, was sich in einer Schublade befindet. Doch erinnern sie sich nicht daran, wie sie das herausgefunden haben – sie erinnern sich nicht, ob sie es gesehen oder gefühlt haben bzw. ob ihnen jemand darüber etwas gesagt hat –, während sich Vierjährige durchaus daran erinnern.[131]

Gleichermaßen verstehen Dreijährige nicht, daß wir über unsere verschiedenen Sinne zu unterschiedlichen Informationen gelangen: Durch das Sehen erfahren wir etwas über manche Dinge, durch das Betasten etwas über andere. Nehmen wir an, es stünden zwei Tassen auf dem Tisch; abgesehen davon, daß die eine rot und die andere blau ist, sind sie gleich. Wenn wir jetzt eine Dreijährige bitten, uns die rote Tasse zu bringen, wäre sie in der Lage, diese Aufgabe auszuführen. Wenn in einer ähnlichen Situation zwei identische Schwämme auf dem Tisch lägen, nur daß der eine naß und der andere trocken ist, und wir sie bitten würden, uns den trockenen Schwamm zu bringen, wäre sie fähig, dies zu tun. Und zweifellos würde sie im ersten Fall die Tassen anschauen und im zweiten Fall die Schwämme anfassen. Daniela O'Neill und ich wurden jedoch neugierig, als wir herausfanden, daß Dreijährige, obwohl sie all diese Aufgaben ausführen können, nicht verstehen, daß sie etwas sehen müssen, um seine Farbe zu erkennen, und daß sie es anfassen müssen, um etwas über seine Oberflächenbeschaffenheit in Erfahrung zu bringen.[132] Hat man einer Dreijährigen zwei Bälle gezeigt, die abgesehen von der unterschiedlichen Farbe gleich sind, und wird einer der beiden Bälle in einem Kasten versteckt, in den das Kind entweder hineingucken oder hineinlangen kann, ist es nicht in der Lage, zu sagen, was es tun müßte (also hineinzugucken oder hineinzulangen), um sicher zu sein, welcher der Bälle im Kasten liegt. Später zeigten Daniella O'Neill und John Flavell, daß eine Dreijährige, wenn sie eine Puppe dabei beobachtet, wie sie sich den Ball anschaut, und eine weitere Puppe, die ihn anfaßt, nicht sagen kann, welche Puppe ganz sicher weiß, um welchen Ball es sich handelt. Im Alter von fünf Jahren können Kinder diese Aufgaben lösen.

All diese experimentellen Untersuchungen beschäftigen sich mit dem kindlichen Verständnis für das, was die Menschen wis-

Die Ursprünge des Wissens verstehen 121

sen bzw. was nicht und wie sie etwas, das sie nicht wissen, herausfinden können. Das Verständnis bei Vier- und bei Fünfjährigen unterscheidet sich ganz deutlich von dem Zwei- und Dreijähriger. Es ist nicht lediglich die Tatsache, daß Vierjährige mehr Erfahrung und mehr Wissen haben; sie haben auch eine andere Theorie über den Informationsaustausch und den Wissenserwerb. Sie verstehen, was sich beim Denken abspielt, daß dort etwas konstruiert wird und Informationen interpretiert werden, wie wir im nächsten Kapitel sehen werden.

Wenn Kinder wirklich im Alter von vier Jahren zu einem neuen Verständnis des Wissens kommen, dann würden wir erwarten, daß sich dies in ihrem Alltagsverhalten manifestiert. Lassen sich zwischen Zwei- bzw. Dreijährigen und älteren Kindern Unterschiede in Alltagsinteraktionen beobachten, die durch diesen Wandel erklärt werden könnten? Denken sie an das Versteckenspielen: Zwei- und Dreijährigen macht es ebensoviel Spaß wie ihren älteren Geschwistern; doch verstehen die kleineren Kinder wirklich, worum es in diesem Spiel geht? Sie haben Freude daran, nicht gesehen zu werden, obwohl sie anscheinend manchmal nicht so recht verstehen, daß sie ihren ganzen Körper verstecken müssen und daß, wenn sie den Suchenden nicht sehen können, keineswegs daraus folgen muß, daß der Suchende sie nicht sehen kann. Woran sie am meisten Spaß haben, sind die in diesem Spiel immer wiederkehrenden Routinen. Das gilt vor allem dann, wenn sie das Spiel gemeinsam mit einem Erwachsenen spielen, der zum Schein mitmacht, „Wo bist du?" ruft und dort nachschaut, wo man nicht ist; und dann kommt der spannende Augenblick, in dem man „gefunden" wird.[133] Dreijährige verstehen jedoch anscheinend nicht, was Verstecken wirklich bedeutet, daß es mehr heißt, als nicht vom Suchenden gesehen zu werden – es setzt voraus, daß der Suchende nicht weiß, wo man ist. Josef Perner drückt es so aus: „Diese Kinder entwickeln durchaus Fähigkeiten, *aus dem Blickfeld zu verschwinden*, sie messen jedoch anscheinend der Tatsache keine größere Bedeutung bei, daß der entscheidende Punkt darin besteht, sich *aus dem Wissen zu entfernen*."[134] Er erzählt die Geschichte von Heinz Wimmers Sohn Theo, der als

Dreijähriger mit seinem Vater Verstecken spielte. Theo findet seinen Vater in der Speisekammer und „versteckt" sich dann dort vor den Augen des Vaters selbst.

Über Denken und Wissen sprechen

Wir können Kinder beim Spielen beobachten, wie etwa beim Versteckenspielen, und können versuchen, unsere Schlußfolgerungen darüber zu ziehen, was sie verstehen. Meistens jedoch verlassen wir uns, wenn wir sie in natürlichen Situationen beobachten, auf das, was Kinder sagen, darauf, wie sie über Denken und Wissen sprechen. Wie ich im vorigen Kapitel erwähnte, sprechen Kinder über Bedürfnisse und über Emotionen, bevor sie über Überzeugungen sprechen. Sie sprechen auch schon früh darüber, was sie und andere sehen und hören können. Ein kleines Mädchen, das zwei Jahre und drei Monate alt war, hielt beim Spielen im Garten plötzlich inne, warf seinen Kopf zur Seite und sagte: „Fuzug (Flugzeug). Hören. Nicht sehen." War sie sich darüber im klaren, daß wir Informationen über unterschiedliche Sinnesmodalitäten bekommen, oder wiederholte sie lediglich etwas, was sie zu einem anderen Zeitpunkt von einer anderen Person gehört hatte? Es ist schwierig, diese Frage zu beantworten.

Die allgemeine Antwort bei Bretherton, Dunn, Wellman und all jenen, die untersucht haben, wie Kinder über interne Zustände sprechen, lautet, daß Kinder Begriffe für Wahrnehmung, Emotion und Bedürfnis haben, bevor sie Wörter verwenden, die sich auf kognitive Zustände beziehen. In Zusammenhang mit Überzeugungen sind die ersten Wörter, die ein Kind verwendet, *Meinen* und *Wissen**. Diese beiden Wörter – *Meinen* und *Wissen* – machen in der Untersuchung von Bartsch und Wellman 94 Prozent aller Nennungen aus, die als Ausdruck von Überzeu-

---

* Anm. d. Übersetzers: to think bedeutet im Englischen denken und meinen; das gebräuchlichere Wort bei kleinen Kindern im deutschsprachigen Bereich ist jedoch meinen. Der folgende Text ist aber nur verständlich, wenn man sich der Doppelbedeutung im Englischen bewußt bleibt.

gungen gewertet werden können (siehe Kapitel 6).[135] Ihr Kodierschema, mit dessen Hilfe die Äußerungen im Zusammenhang mit der Verwendung dieser Wörter untersucht wurden, gestattete es, zwischen Fällen einer echten Bezugnahme auf den denkpsychologischen Gebrauch der Begriffe und einer eher umgangssprachlichen oder uninterpretierbaren Verwendung zu unterscheiden. Ein Kind mag das Wort *Wissen* gebrauchen, wenn es sagt „Weißt du was?", um ein neues Thema einzuführen; hier handelt es sich um einen „umgangssprachlichen Gebrauch" im Gegensatz zum „psychologischen Sprachgebrauch", der sich eigentlich auf das Wissen einer Person bezieht, wie in „Ich wußte nicht, daß du das hast. Woher hast du es?"[136] Obwohl Zweijährige möglicherweise die Wörter *Meinen* und *Wissen* gebrauchen, verwenden sie diese Begriffe nicht oder nur selten in einem psychologischen Zusammenhang und wenn, dann erst kurze Zeit vor ihrem dritten Geburtstag. Die Verwendung der Wörter *Meinen* und *Wissen* mit psychologischem Bezug wird während des vierten Lebensjahres wesentlich häufiger. Im Alter von vier Jahren können Kinder explizit ihre eigenen Überzeugungen denen anderer Personen entgegensetzen, wie im folgenden Beispiel: „Die meinen, sie sind schleimig. Ich glaube, es sind gute Tiere."[137]

Josef Perner betont, daß kleine Kinder die Wörter *Wissen* und *Meinen* anders gebrauchen als Erwachsene.[138] Wir verwenden die Begriffe auf eine ganze Reihe unterschiedlicher Arten, von denen nur einige wenige ein metarepräsentationales Verständnis voraussetzen, das heißt ein Verständnis dafür, daß das, was gewußt oder gedacht wird, eine Repräsentation ist. Perner behauptet nun, daß Kinder diese Begriffe vor dem Alter von vier Jahren nicht auf diese metarepräsentationale Weise verwenden. Der Begriff *Wissen* bezieht sich auf drei ausgewählte Bereiche des Wissens. Erstens hängt Wissen mit Erfolg zusammen: Wir sagen, wir wissen, wie man etwas macht oder wo etwas ist; und wir meinen damit, daß wir in der Lage sind, es zu finden. Zweitens wird Wissen mit Wahrheit verbunden: Wir sagen, wir wissen etwas, wenn das, was wir wissen, in der realen Welt den Tatsachen entspricht. Drittens bildet sich Wissen dadurch, daß wir mit relevanten Informationen konfrontiert werden: Wir sagen, wir wissen etwas, wenn wir beobachtet haben, wie es geschah. Perner argumentiert nun, daß Kinder, wenn sie zum erstenmal das Wort *Wissen* verwenden, ihr Hauptaugenmerk auf die erfolgreiche Handlung richten: Sie sagen, sie wissen etwas, wenn sie jemandem etwas darüber sagen oder etwas richtig machen können. Sie verwenden das Wort *Wissen* auch im Sinne der Übereinstimmung mit den Tatsachen. Vor dem Alter von vier Jahren jedoch gebrauchen sie das Wort *Wissen* nicht, um über ihre Informationsquelle zu sprechen. Sie sprechen nicht darüber, warum sie etwas wissen, bzw. sie fragen auch nicht, warum eine andere Person etwas weiß.

Als Elliott vier wurde, fing er an, die Leute zu fragen, woher sie all das wüßten, was sie ihm erzählten; das war etwas, was er früher nicht gemacht hatte. So sagte ihm seine Großmutter, er solle nicht mit Sand auf Tauben werfen. Sie bekämen den Sand in die Augen, und das täte ihnen weh. „Woher weißt du das?" fragte er.[139] Hatte Elliott etwa gerade angefangen, die experimentellen Aufgaben zu verstehen, mit deren Hilfe das Verständnis für den Ursprung des Wissens bei Kindern erfaßt wird? Es sind noch weitere systematische Untersuchungen erforderlich, um diese Frage zu beantworten und um Perners Behauptungen zur Verwendung des Wortes *Wissen* bei Kindern zu überprüfen. Vor allem würde es sich lohnen, die Sprachentwicklung bei Kindern über einen längeren Zeitraum zu untersuchen und zu sehen, ob sie zur selben Zeit, in der sie damit beginnen, die experimentellen Aufgaben korrekt auszuführen, anfangen, über ihr eigenes Wissen zu sprechen und Fragen über den Ursprung des Wissens bei anderen Menschen zu stellen. Alles, woran wir uns momentan halten können, ist eine vielversprechende Übereinstimmung zwischen Ergebnissen aus Experimenten und denen aus Beobachtungsstudien. Dies besagt, daß Kinder etwa im Alter von vier Jahren damit beginnen, über den Ursprung des Wissens zu sprechen, und erstmals die Aufgaben bei Experimenten zum Ursprung des Wissens korrekt lösen.

In Sprachen, in denen sich die Verbformen grammatisch danach unterscheiden, welchen Ursprung das eigene Wissen hat, fangen Kinder erstaunlicherweise auch im Alter von etwa vier Jahren damit an, die Verbformen korrekt zu verwenden. Im Türkischen wird das Verb in der Vergangenheitsform anders gebeugt, um anzugeben, ob man das berichtete Ereignis tatsächlich erlebt hat oder ob einem nur darüber erzählt wurde bzw. ob man es aus anderen Geschehnissen erschließt. „Der Ballon zerplatzte (ich sah, wie er zerplatzte)" würde anders ausgedrückt als „Der Ballon zerplatzte (so erzählte man mir)" oder „Der Ballon zerplatzte (ich sah die Fetzen durch die Luft fliegen)". Mit ungefähr vier Jahren fangen Kinder an, diese Beugungen korrekt zu gebrauchen und ihre Bedeutung zu verstehen, wenn sie die Verbformen hören.[141]

Kinder verwenden dieselben Wörter wie wir, und sie bemerken – so erwähnte ich zuvor – vielleicht gar nicht, daß sie die Wörter nicht immer so gebrauchen wie wir. Als die dreijährige Katie sich im Badezimmer die Zähne putzte, nahm sie die Zahnpastatube und versteckte sie hinter der Heizung. Sie sagte: „Ich verstecke die Zahnpasta hier, dann findet sie Papi nicht." Wir könnten der Auffassung sein, sie hätte dasselbe Verständnis wie wir, wenn es um Wörter wie Verstecken, Finden, Sehen und Wissen geht. Aber stimmt das wirklich? Ihre Mutter stellte die Frage: „Wenn Papi ins Bad kommt, wo, glaubst du, wird er meinen, daß die Zahnpasta ist?" Katie zeigte ganz ruhig auf die versteckte Zahnpastatube, ganz unten hinter der Heizung. Anscheinend hat sie nicht dasselbe Verständnis wie wir. Wir müssen dazu noch mehr über das Thema Überzeugungen und falsche Überzeugungen in Erfahrung bringen. Dies ist Gegenstand des nächsten Kapitels.

Kapitel 8:
Wie Kinder über Überzeugungen denken

Dem vorigen Kapitel konnten wir entnehmen, daß Kinder sich von frühem Alter an darum bemühen, Menschen etwas zu zeigen und ihnen etwas zu erzählen. Wir sahen, daß ihr Verständnis dessen, was es heißt, etwas zu wissen, und wie man dazu kommt, etwas zu wissen, sich während der Vorschuljahre allmählich entwickelt. Als Katie gerade drei Jahre geworden war, lernte sie, selbst die Haustür zu öffnen, um nachzusehen, wer draußen vor der Tür war. Ihre Mutter sagte zu ihr: „Du mußt mir sagen, wenn du die Tür aufmachst. Ich muß wissen, wenn du rausgehst." Als Katie das nächste Mal zur Tür ging, um sie zu öffnen, rief sie gehorsam der Mutter zu: „Weißt du es?" Es ist durchaus einsehbar, daß man Menschen etwas, das ihnen nicht bewußt ist, sagen oder zeigen muß, ohne daß man versteht, daß sie Überzeugungen haben, die sich von den eigenen unterscheiden. Das heißt, es ist möglicherweise einfacher zu verstehen, daß eine Person etwas nicht weiß und daß es ihr gesagt bzw. gezeigt werden muß, als zu verstehen, daß sie von unserem Standpunkt aus gesehen eine fehlerhafte Überzeugung hat. Man selbst meint das eine, daß etwa die Tür geöffnet ist, während die andere Person etwas anderes meint, daß die Tür also geschlossen sei.

Wie wir im vorigen Kapitel sahen, verwenden Dreijährige, ja selbst Zweijährige, das Wort *Denken*. Wie ich jedoch anmerkte, müssen wir uns genau überlegen, was Kinder damit meinen, wenn sie ein Wort wie *Denken* und *Wissen* gebrauchen, und ob sie sich dabei wirklich auf einen mentalen Zustand beziehen. Anfangs verwenden Kinder das Wort *Denken* oder *Meinen* vorwiegend, um Unsicherheit auszudrücken wie in „Ich meine, das ist ein Lamm"; so drückte sich Abi aus, als er sich nicht ganz sicher war.[141] Er hätte genausogut sagen können: „Vielleicht ist es ein Lamm." Eine weitere verbreitete Verwendung des Wortes *Denken* bei Kindern besteht darin, eine Aktivität so einzuleiten wie in „Ich dachte, wir würden Kuchen essen." Das könnte man auch so ausdrücken: „Laßt uns Kuchen essen."[142] Keine dieser Sätze läßt auf ein Wortverständnis beim Kind schließen, bei dem sich die eigenen Überzeugungen von denen anderer Menschen unterscheiden oder bei dem sich das *Denken* gar auf einen mentalen Zustand bezieht. Wie jedoch Bartsch und Wellman zeigten, verwenden Kinder im Alter von vier Jahren das Wort *Denken*, um auf mentale Zustände Bezug zu nehmen, ja sogar manchmal auch, um den Gedanken zum Ausdruck zu bringen, daß sich das, was sie denken, von dem unterscheidet, was eine andere Person denkt oder was sie selbst früher dachten.[143]

Verständnis für falsche Überzeugungen

Aus experimentellen Untersuchungen stammt ein weit größerer Teil unseres Wissens über das, was Kinder von dem verstehen, was andere Menschen wissen und denken, als aus naturalistischen Beobachtungsstudien. Hier liegt eigentlich der Ausgangspunkt für die Arbeiten zur Theorie des Denkens; er geht auf eine Debatte zurück, die nach der Veröffentlichung eines Artikels von Premack und Woodruff aufkam. In diesem Artikel wurde die Behauptung aufgestellt, daß die Fähigkeit eines Schimpansen, vorherzusagen, was ein menschlicher Akteur machen wird, um bestimmte Ziele zu erreichen, voraussetzt, daß das Tier eine Theorie des Denkens besitzt (sie Kapitel 1).[144] Während dieser Debatte schlugen mehrere Philosophen einen elementaren Test dafür vor, um unwiderleglich zu demonstrieren, daß jemand eine Theorie des Denkens besitzt. Im wesentlichen handelte es sich um das folgende: Ein Individuum, das eine Theorie des Denkens hat, sollte imstande sein, zu erkennen, welche Konsequenzen es für eine Person hat, wenn sie eine fehlerhafte Überzeugung hat.[145]

Was die Menschen sehen und was man ihnen sagt, bringt sie dazu, Überzeugungen zu bilden, die ihnen Informationen über die Umwelt vermitteln. Doch manchmal machen Menschen bei dem, was sie sehen, Fehler, oder die Situation ändert sich, nachdem sie diese beobachtet haben, oder jemand sagt ihnen etwas, was nicht zutreffend ist. Dann stimmen ihre Überzeugungen nicht mit der Realität überein, obwohl sie sich dessen nicht bewußt sind. Menschen nehmen an, daß ihre Überzeugungen wahr sind; eigentlich stellen sie sich diese auch nicht als Überzeugungen vor, sie meinen einfach, daß die Welt so beschaffen ist (wenn nicht oder bis etwas eintritt, das die Überzeugung korrigiert). Wenn also jemand falsch liegt, wenn er einer fehlerhaften Überzeugung ist, wird er so handeln, als ob seine Überzeugung stimmte; er wird auf der Grundlage einer fehlerhaften Überzeugung handeln. Dies ist das grundlegende Verständnis, das die Kinder benötigen, um Aufgaben zu fehlerhaften Überzeugungen korrekt zu bearbeiten. Es handelt sich um das grundlegende Verständnis, das ich in Kapitel 2 erwähnte, als ich mich mit der mentalen Repräsentation beschäftigte. Die fehlerhaften Handlungen der Menschen und ihre Überraschungsreaktionen ergeben für uns einen Sinn, weil wir verstehen, daß Menschen mit der Umwelt indirekt über ihre mentale Repräsentation dieser Umwelt verbunden sind. Und wir verstehen, daß sie auf der Grundlage dieser Repräsentationen selbst dann handeln, wenn die Repräsentation die Realität nicht genau wiedergibt.

Ab wann verstehen Kinder diesen Vorgang? Daniel Dennett, einer der Philosophen, die an dieser Debatte beteiligt waren, drückte es folgendermaßen aus:

> Ganz kleine Kinder quietschen vor Vorfreude, wenn der Kasper die Vorbereitungen trifft, um die Kiste die Klippe herunterzustoßen. Warum? Weil *sie wissen, daß der Kasper meint, Gretel sei immer noch in der Kiste.* Sie wissen mehr; sie haben gesehen, wie Gretel entkam, als sich der Kasper einmal umdrehte. Die Aufregung der Kinder können wir als eindeutigen Beleg dafür begreifen, daß sie die Situation verstehen – sie verstehen, daß der Kasper auf der Grundlage einer falschen Überzeugung handelt (obwohl sie nicht so weit sind, es so hochgestochen zu formulieren). Würden Schimpansen eine vergleichbare Aufregung an den Tag legen, wenn man ihnen eine ähnliche Szene aus einem entsprechenden Puppenspiel vorführte (aus einem Stück, das ihren „Interessen" unmittelbar entspräche)? ... Wenn sie nicht reagierten, wäre die Hypothese, daß sie anderen Überzeugungen und

Bedürfnisse zuschreiben, schwer angeschlagen, selbst wenn alle Tests nach Premack und Woodruff positiv ausfielen, nur weil es ganz offenkundig so ist – zumindest bei vierjährigen Kindern –, daß der Kasper (fälschlicherweise) glaubt, Gretel sei in der Kiste.[146]

Dennett schrieb dies (einschließlich seines vorausschauenden Kommentars über Vierjährige) als Verteidigung für direkte, natürliche und plausible Tests, und er hat recht damit – es ist das natürliche Verhalten, auf das es ankommt. Wie ich jedoch zuvor schrieb, brauchen wir experimentelle Arbeiten, weil sie uns dabei helfen, herauszufinden, welche Schlußfolgerungen man aus der Beobachtung natürlichen Verhaltens ziehen kann. Ein ebensolcher Test wurde von Dennett und anderen Philosophen beschrieben.

Ihre Empfehlungen wurden von den Entwicklungspsychologen Heinz Wimmer und Josef Perner sowie von deren Kollegen aufgegriffen; in ihren Experimenten baten sie Kinder, im Zusammenhang mit einer Geschichte, die ihnen mit Hilfe von Puppen und von Spielzeug vorgeführt wurde, einer anderen Person eine fehlerhafte Überzeugung zuzuordnen.[147] Beispielsweise legt ein Junge etwas Schokolade in eine Schublade im Wohnzimmer und geht zum Spielen nach draußen. Während er draußen ist, holt seine Mutter die Schokolade aus der Schublade und legt sie in den Küchenschrank. Dann kommt der Junge hungrig zurück und möchte die Schokolade haben. Er erinnert sich noch daran, wohin er sie gelegt hat. Die Frage lautet nun, wo er danach suchen wird. Kinder, die korrekterweise vorhersagen, daß der Junge in der Schublade im Wohnzimmer nachschauen wird, erkennen die Konsequenzen, die eine fehlerhafte Überzeugung für einen Menschen hat.

Weil Kinder jemandem, um die Frage zu beantworten, eine *fehlerhafte* Überzeugung zuschreiben müssen, wissen wir, sie verstehen, daß Menschen Überzeugungen haben. Wenn die Überzeugung, die sie der Person zuordnen, fehlerhaft ist, ist die Überzeugung notwendigerweise eine andere als ihre eigene. Wenn die Überzeugung, die sie zuschreiben, jedoch richtig wäre, wüßten wir nicht, ob sie wirklich der anderen Person

Überzeugungen zuordnen oder ob sie einfach annehmen, daß er oder sie dieselben Überzeugungen hätte wie sie selbst. Oder, um es anders und vielleicht besser auszudrücken, sie denken vielleicht gar nicht an Überzeugungen, sondern nehmen schlicht an, daß die Welt so beschaffen ist, wie sie ist, und daß alle, sie und die anderen Menschen, die Welt auf dieselbe Weise sehen.

In ihrer ursprünglichen Form war die Aufgabe von Wimmer und Perner selbst für Vierjährige ziemlich schwer. Als sie die Geschichte jedoch vereinfachten und die charakteristischen Bestandteile ganz klar erkennbar waren, zeigten die Vierjährigen recht gute Leistungen; bei den Dreijährigen war dies jedoch nicht der Fall. Lou Moses und John Flavell bemühten sich noch mehr darum, den Dreijährigen zu helfen. Sie machten aus ihren Geschichten Videofilme, und sie zeigten, wie der Hauptakteur am alten Ort suchte, wo er das Objekt vermutete – nicht dort, wohin es in Wirklichkeit gebracht worden war –, und sie zeigten, wie überrascht die Hauptperson war, als sie ein anderes Objekt am alten Platz vorfand. Obwohl das Leistungsniveau der Kinder etwas anstieg, war es nicht überzufällig besser.[148]

Dreijährige empfinden es vielleicht manchmal als etwas schwierig, der Handlung in einer Geschichte oder einem Videofilm zu folgen. Ihr Problem mit fehlerhaften Überzeugungen zeigt sich jedoch auch in realen Situationen, bei denen es nicht um die Handlung einer Geschichte geht. Perner und seine Kollegen zeigten Dreijährigen eine Schachtel mit Smarties, eine Süßigkeit, deren Verpackung allen Kinder sehr vertraut vorkommt. Die Kinder werden gefragt, was ihrer Meinung nach in der Schachtel sei, und sie alle sagten: „Smarties." Doch dann zeigte man ihnen, daß sie nicht recht hatten – in der Schachtel war ein Stift. Sie hatten gerade die Erfahrung gemacht, auf den Holzweg geführt worden zu sein, zu einer falschen Überzeugung gekommen zu sein. Würde ihnen dies dabei helfen, einer anderen Person eine fehlerhafte Überzeugung zuzuschreiben? Die Kinder wurden gefragt, was ein Freund, der noch nicht in die Schachtel geschaut hätte, meinen würde, was sich in ihr befände. Obwohl sie selbst gerade die Erfahrung gemacht hatten, sagte die Mehrheit der Dreijährigen, der Freund würde glauben, in der Schachtel sei ein Stift.[149] Warum half man den Kindern nicht dadurch, daß sie selbst Erfahrungen mit einer fehlerhaften Überzeugung machten? Alison Gopnik und ich standen vor derselben Frage; unserer Auffassung nach geschah dies vielleicht deshalb, weil es nicht einfach nur um eine fehlerhafte Überzeugung bei anderen geht, was Dreijährige nur schwer verstehen. Vielleicht erkennen sie auch fehlerhafte Überzeugungen bei sich selbst nicht. Und das ist in der Tat der Fall. Dreijährige verstehen nicht, daß sich ihre Überzeugungen verändern: Wenn sie herausfinden, daß sie nicht recht haben, dann sind sie eigentlich nicht in der Lage, sich an ihre eigenen früheren, fehlerhaften Überzeugungen zu erinnern.[151] Stellen Sie sich etwa einen Dreijährigen vor, der wie in Perners Experiment dachte, es seien Smarties in der Schachtel, und dann herausfand, daß sie Stifte enthielt; wenn man die Stifte wieder in die Schachtel legt und das Kind fragt, was seiner Auffassung nach in der Schachtel war, als es diese zum erstenmal sah, wird es „Stifte" und nicht „Smarties" sagen. Auch wenn es eventuell „Smarties" sagte, als es zum erstenmal die Schachtel sah, kann es sich nicht daran erinnern. Dies veranschaulicht auch mein Gespräch mit einer Dreijährigen:

JWA: Guck, hier ist eine Schachtel.
Kind: Smarties!
JWA: Laß uns hineingucken.
Kind: OK.
JWA: Laß sie uns aufmachen und hineinschauen.
Kind: Ach ... du meine Güte ... Stifte!
JWA: Jetzt lege ich sie wieder zurück und mache die Schachtel wieder zu (*macht es*). Nun ... als du zum erstenmal die Schachtel sahst, bevor sie geöffnet wurde, was, dachtest du, was drin war?
Kind: Stifte.
JWA: Nicky (*Freund des Kinds*) hat nicht gesehen, was in der Schachtel ist. Jetzt kommt Nicky herein und sieht sie ... Wenn Nicky die Schachtel sieht, was meinst du, denkt er, was drin ist?
Kind: Stifte.[151]

Heinz Wimmer und Michael Hartl zeigten, daß dies einige Kinder abstreiten, auch wenn der Experimentator ihnen dadurch hilft, daß er sie daran erinnert, was sie anfangs gesagt haben.[152] Man mag zunächst meinen, sie schämten sich, zuzugeben, daß sie unrecht hatten, und dem Experimentator etwas vorlogen, um ihr Schamgefühl zu verbergen. In genau derselben Situation jedoch befinden sich Dreijährige, die mitanhören, wie eine Puppe sagt, sie glaube, es seien Smarties in der Schachtel. Sie können dann dabei beobachten, wie die Puppe herausfindet, daß es sich um Stifte handelt. Sie sagen dann, die Puppe hätte auch zu Anfang gedacht, es seien Stifte in der Schachtel.[153] Warum? Es besteht kein Anlaß, sich für den Fehler eines anderen zu schämen und für ihn zu lügen.

Zudem würde diese Erklärung, es handele sich um eine Lüge, voraussetzen, daß Dreijährige sich mehr schämen und eher dazu neigen zu lügen als Fünfjährige, die tatsächlich durchaus bereit waren, frühere fehlerhafte Überzeugungen während dieser Experimente zuzugeben. In unserem Experiment sahen die Kinder fünf unterschiedliche Gruppen von Materialien, wie die Smarties-Schachtel mit Stiften, die zwar wie das eine aussah, sich aber als etwas anderes herausstellte. Ein Fünfjähriger löste die ersten vier Aufgaben richtig – er machte einen Fehler und erinnerte sich dann korrekt an seine eigenen früheren, fehlerhaften Überzeugungen. Als er dann zur fünften Aufgabe kam und wir ihm eine Puppe zeigten (die eigentlich aus zwei Puppen besteht), sagt er mißtrauisch: „Ich wette, hinterher ist es dann ein Kaninchen!"[154] Eine solche skeptische Einstellung zum eigenen Schutz hatten kleinere Kinder nicht zur Verfügung. Eine fehlerhafte Überzeugung zu verstehen und sich an die eigenen fehlerhaften Überzeugungen zu erinnern, kann Kindern tatsächlich dabei helfen, daß die Dinge nicht immer so sind, wie sie einem scheinen. Hier handelt es sich um eine wichtige Erkenntnis, die sie dazu befähigt, in Fällen, in denen dies nicht dasselbe ist, zwischen dem zu unterscheiden, wie ein Gegenstand aussieht, und dem, wie er wirklich beschaffen ist.

Die Unterscheidung zwischen Erscheinungsform und Realität

John Flavell und seine Kollegen haben ausführlich untersucht, welches Verständnis Kinder für die Unterscheidung zwischen Erscheinungsform und Realität aufbringen.[155] Ihre Studien begannen mit einem Besuch in einem Geschäft für Spaßartikel. Sie fanden Gegenstände, die so aussahen, als wären sie das eine, aber in Wirklichkeit etwas anderes waren, wie etwa ein „Schwammstein", ein Stück Schwamm, das so angemalt war, daß es aussah wie ein Granitbrocken. Die Kinder konnten ihn zuerst nur aus einiger Entfernung sehen und dachten vermutlich, es sei ein Stein. Dann faßten sie ihn an und fanden heraus, daß es ein Schwamm war. Der „Stein" wurde auf den Tisch zurückgelegt, und man stellte den Kindern zwei Fragen: „Wie sieht das aus?" und „Was ist es wirklich?" Die Vierjährigen konnten beide Frage beantworten, die Dreijährigen jedoch nicht. Hatten sie erst einmal herausgefunden, daß es in Wirklichkeit ein Schwamm war, sagten sie, es sähe wie ein Schwamm aus. Das heißt, sie sagten, es hätte ein Aussehen wie das, was es wirklich ist. Bei anderen Materialien machten die Dreijährigen den umgekehrten Fehler und sagten, die Dinge seien in Wirklichkeit so, wie sie aussähen. Dreijährige sagten etwa, ein orangefarbener Stift (der durch einen blauen Filter betrachtet schwarz aussieht) sähe schwarz aus und sei auch wirklich schwarz, Vierjährige jedoch gaben an, er sähe schwarz aus, sei aber in Wirklichkeit orange. In beiden Fällen – beim Schwammstein und beim orangefarbenen Stift – unterschieden die kleineren Kinder nicht zwischen phänomenalem Aussehen und der tatsächlichen Realität.

Flavell und seine Kollegen unternahmen zahlreiche Versuche, das Geheimnis der Fähigkeiten bei Dreijährigen zu entschlüsseln, doch es wollte ihnen nicht gelingen. In einem besonders überzeugenden Ablenkungsmanöver legten sie eine weiße Karte unter einen blauen Filter und ließen den weißen Rand herausschauen. Die Dreijährigen sagten immer noch, sie schaue blau aus und sei wirklich blau. Außerdem hing für sie die Schwierigkeit dieser Aufgaben nicht einfach mit dem Problem zusammen, die Begriffe *sieht aus wie* und *ist wirklich* zu verstehen. Wenn der Experimentator ein Stückchen von der Karte abriß, während sie weiterhin unter dem Filter lag, und dem Kind dann ein weißes und ein blaues Stück zeigte, wählten die Dreijährigen das blaue Stück als das Stück aus, das der Experimentator gerade abgerissen hatte.

Aus all diesen Experimenten können wir entnehmen, daß Dreijährige Schwierigkeiten mit weitreichenden Konsequenzen haben. Sie verstehen nicht, wie man von etwas anderem überzeugt sein kann als von dem, worüber man weiß, daß es tatsächlich so ist (die Aufgabe zur fehlerhaften Überzeugung). Sie erinnern sich nicht daran, daß sie selbst etwas anderes glaubten als das, von dem sie jetzt wissen, daß es stimmt. Und sie verstehen nicht, wie etwas anders aussehen kann, als es wirklich ist. In all diesen Arbeiten wurde sehr darauf geachtet, zu gewährleisten, daß die eingesetzten, spezifischen experimentellen Verfahren geeignet sind, Einblick in das kindliche Verständnis zu bekommen.[156] Und den Kindern wurden Kontrollaufgaben vorgelegt, um zu zeigen, daß Dreijährige auf diese Fragen antworten können. Auch dann noch verstehen sie fehlerhafte Überzeugungen nicht wirklich.

Anscheinend ist es trotzdem nicht nur möglich, sondern auch wahrscheinlich, daß ein Verständnis fehlerhafter Überzeugungen nicht von heute auf morgen entsteht und daß sich bei Dreijährigen Vorläufer dieses Verständnisses finden lassen.[157] Sorgfältige und überlegt ausgearbeitete, experimentelle Arbeiten zeigen, daß dies wirklich der Fall ist. Wenn Kinder zum Beispiel nicht wissen, wo die Schokolade wirklich ist, oder wenn sie an beiden Orten liegt, dann können Dreijährige voraussagen, daß die Hauptperson der Geschichte auf der Grundlage dieser Überzeugung handeln wird.[158] Aber hier geht es nicht um einen Konflikt. Wenn man, was noch eindrucksvoller ist, Dreijährigen sagt, wo die Schokolade wirklich ist, sie diese allerdings nicht mit ihren eigenen Augen sehen, sind sie in der Lage, vorherzusagen, daß die Hauptperson dort nachsehen wird, wo das Kind meint, daß sie sei, nämlich im anderen Schrank.[159] Man kann Dreijährigen auch helfen, wenn man sie fragt, wo die Hauptperson als *erstes* nach der Schokolade suchen wird.[161] Im Falle, daß

Die Unterscheidung zwischen Erscheinungsform und Realität 135

die Dreijährigen selbst eine fehlerhafte Überzeugung haben, kann man ihnen helfen, sich daran zu erinnern. So könnten sie fälschlicherweise der Auffassung gewesen sein, in der Smarties-Schachtel seien Süßigkeiten und nicht Stifte, wenn sie ein Bild mit Süßigkeiten in einen Briefkasten stecken, bevor sie die Stifte sehen.[161] Sie werden dann daran erinnert, wenn man sie fragt, was sie meinten, was anfangs in der Schachtel war. All diese Arbeiten sind wichtig, und sie sind von einiger Bedeutung, um die Frage zu beantworten, wie Kinder zu einem Verständnis des Denkens gelangen – eine Frage, die ich im letzten Kapitel wieder aufgreifen werde.

Es ist jedoch ebenso wichtig, sich daran zu erinnern, daß Vierjährige ein Verständnis für die fehlerhaften Überzeugungen anderer Menschen entwickeln, sich an die eigenen falschen Überzeugungen erinnern und zwischen Erscheinungsform und Realität unterscheiden, ohne daß ihnen durch die Situation geholfen wird; dies sind Ergebnisse, die durch wiederholte Experimente immer wieder bestätigt wurden. Es ist jedoch sogar noch wichtiger, daß sich bei einem Kind das Verständnis für all diese Dinge ungefähr zur selben Zeit entwickelt. Alison Gopnik und ich fanden signifikante Zusammenhänge zwischen den Leistungen der Kinder in all diesen Aufgaben[162], und andere Forscher kamen zum selben Ergebnis.[163] Auch Chris Moore und seine Kollegen gelangten zu dem Resultat, daß die Leistung bei diesen Aufgaben mit der Leistung in einem Test korreliert, bei dem das Verständnis für die Wörter *Denken* und *Wissen* erfaßt wird.[164] Schon vorher hatten John Flavell und seinen Kollegen gezeigt, daß das Verständnis für den Unterschied zwischen Erscheinungsform und Realität mit dem Verständnis dafür zusammenhängt, daß zwei Menschen unterschiedliche Auffassungen über denselben Gegenstand haben; hier handelt es sich um das, was ich im vorigen Kapitel als die Stufe 2 der Fähigkeit bezeichnet habe, einen bestimmten Blickwinkel zu übernehmen.[165]

Eine repräsentationale Theorie des Denkens

Wie lassen sich diese Ergebnisse erklären? Offensichtlich können ältere Kinder vieles besser. Wenn wir nach Zusammenhängen zwischen den unterschiedlichen Aufgaben suchten, haben wir in unseren Untersuchungen streng darauf geachtet, das Alter als Einflußgröße zu kontrollieren; deshalb lassen sich gleichzeitig ablaufende Entwicklungen nicht einfach durch die Tatsache erklären, daß Kinder mehr verstehen, je älter sie werden; trotzdem muß Reifung natürlich eine gewisse Rolle spielen. Eine Erklärung für die Ergebnisse läßt sich vielleicht hypothetischerweise darin finden, daß die Leistung in all diesen Aufgaben auf einer Art elementarer Entwicklung beruht. Worin mag sie bestehen? Mit leicht unterschiedlicher Akzentsetzung vertraten eine ganze Reihe von Autoren die Auffassung, daß Kinder etwa im Alter von vier Jahren eine repräsentationale Theorie des Denkens entwickeln.[166]

In Kapitel 2 schrieb ich, daß Kinder zwei Aspekte des Denkens entdecken müssen und daß sie anfänglich vielleicht nur ein partielles Verständnis der Repräsentation haben. Mit zwei oder drei Jahren verstehen sie, daß das Denken unbeobachtete mentale Gebilde enthält – Gedanken, die sich von den Dingen in wichtigen Aspekten unterscheiden. In diesem Stadium haben sie jedoch kein Verständnis für mentale Aktivität. Dieses vollständigere Verständnis erwerben sie erst ungefähr mit vier Jahren, wenn sie auch eine repräsentationale Theorie des Denkens entwickeln. Sie verstehen dann auch, daß das Denken etwas Aktives ist, daß es Situationen konstruiert und interpretiert. Mentale Gebilde sind nicht lediglich Dinge, die im Denken existieren, sie sind Repräsentationen, die vom Denken hervorgebracht werden. Verstehen Kinder dies erst einmal, verstehen sie, daß die Menschen die Welt repräsentieren und daß sie diese Repräsentationen für eine getreue Wiedergabe der Welt halten. Sie können dann einsehen, daß die Menschen keinen direkten Zugang zur Realität haben, sondern daß sie die Welt in ihrem Kopf konstruieren und daß es diese konstruierte Welt ist, innerhalb derer die Menschen handeln, auch wenn ihre Repräsentation eine *Fehl*repräsentation der wirklichen Verhältnisse ist.

Um somit fehlerhafte Überzeugungen zu verstehen, müssen Kinder die mentale Aktivität verstehen; sie müssen den repräsentationalen Prozeß verstehen. Es ist leicht zu verstehen, welche Folgen das nach sich zieht, wenn wir an die Geschichte von Wimmer und Perner erinnern, in der ein Junge seine Schokolade in eine Schublade im Wohnzimmer legte und nicht sah, wie seine Mutter sie in den Küchenschrank räumte. Kinder müssen verstehen lernen, daß der Junge in seinem Kopf eine Welt repräsentiert, in der sich die Schokolade, die, wie sie sahen, in den Küchenschrank gelegt wurde, immer noch in der Schublade befindet. Sie müssen auch erkennen, daß, obwohl die Überzeugung des Jungen sich auf die Schokolade im Küchenschrank bezieht, sie repräsentiert wird, als wäre sie in der Schublade. Und obwohl er in Wirklichkeit die Schokolade finden möchte, müssen sie verstehen, daß die Welt, in der er handelt, die Welt ist, *wie er sie repräsentiert*. Sie müssen imstande sein, bei dem Jungen das Situationswissen (die Art und Weise, wie er die Welt konstruiert hat) und ihr eigenes Wissen (die Art und Weise, wie die Welt wirklich ist) zusammenzubringen. Sie müssen lernen, daß das, was für den Jungen *wahr* ist (die Schokolade ist in der Schublade) für sie *falsch* ist. Sie können dies auf eine Weise, daß sie zwischen der Repräsentation von etwas und dem Vorgang unterscheiden, es als etwas zu repräsentieren.[167] Der Junge hat eine *Repräsentation der Welt* mit der Schokolade am neuen Ort, dem Küchenschrank, aber er *repräsentiert sie so, als wäre* die Schokolade in der Schublade.

Dieselbe Unterscheidung, zwischen einer *Repräsentation von etwas* und dem *Vorgang, es als etwas zu repräsentieren*, trifft auch auf die Erinnerung an unsere eigenen fehlerhaften Überzeugungen zu. Das Kind, dem man die Smarties-Schachtel zeigte, muß selbst beobachten, wie es eine Situation repräsentiert, wenn sich Süßigkeiten in der Schachtel befinden. Es muß verstehen, daß diese alte Überzeugung zu diesem Zeitpunkt tatsächlich seine Repräsentation der Realität war, obwohl sie sich später als fehlerhaft herausstellte. Um sich an die eigene fehlerhafte Überzeugung zu erinnern, muß es dann sein momentanes Wissen über die Welt (es sind Stifte in der Schachtel) mit der alten Überzeugung (es sind Süßigkeiten in der Schachtel) zusammenbringen, und es muß lernen, daß heute das, was damals für das Kind wahr war, falsch ist. Das heißt, seine *Repräsentation einer* Schachtel mit Stiften *repräsentierte sie als* eine Schachtel mit Süßigkeiten. Um in ähnlicher Weise die Unterscheidung zwischen Erscheinungsform und Realität zu verstehen, muß das Kind nun verstehen, was repräsentationale Realität ist. Es muß zwei einander widersprechende Repräsentationen geistig zusammenbringen. Beim Schwammstein führt die Information aus einer Sinnesmodalität (Sehen) zu einer Fehlinformation über die wahre Identität des Gegenstandes. Das Kind hat eine *Repräsentation* eines Gegenstandes, der ein Schwamm ist, doch, wenn es hinschaut, *repräsentiert* es ihn *als* einen Stein. Die wahre Information über seine Identität ergibt sich aus einer anderen Sinnesmodalität (Tastsinn). All diese Aufgaben – die fehlerhafte Überzeugung einer anderen Person zu verstehen, sich an die eigene fehlerhafte Überzeugung zu erinnern und zwischen Erscheinungsform und Realität zu unterscheiden – erfordern somit ein Verständnis von Repräsentationen als Repräsentationen, ein Verständnis der repräsentationalen Aktivität. Ebendies bewerkstelligen die Kinder, wenn sie eine repräsentationale Theorie des Denkens entwickeln.

Entwickeln Kinder im Alter von vier Jahren überall auf der Welt eine repräsentationale Theorie des Denkens? Da die beschriebenen Experimente allesamt in Kindertagesstätten und Kindergärten Europas und Nordamerikas durchgeführt wurden, bleibt als wichtige Frage, ob diese Befunde universal gültig sind. Wie ich in Kapitel 2 schrieb, gibt es nicht viele interkulturelle Untersuchungen zur Entwicklung der Alltagspsychologie – zum Verständnis des Denkens. Wir haben einfach nicht genügend Informationen, um zu wissen, ob diese Befunde weltweit anwendbar sind; und die Befunde, die wir bisher haben, sind nicht eindeutig. Es scheint so, als verstünden chinesische Kinder, die Mandarin sprechen, die Unterscheidung zwischen Erscheinungsform und Realität ungefähr im selben Alter wie westliche Kinder.[168] Um eine andere Art von Unterscheidung zwischen Erscheinungsform und Realität geht es bei dem Unterschied zwischen realer und scheinbarer Emotion; damit ist der Unterschied zwischen den wirklichen Gefühlen einer Person und ihrem Gesichtsausdruck gemeint. Mit vier Jahren verstehen Kinder diese Unterscheidung nicht, doch im Alter von sechs Jahren sind sie dazu in der Lage.[169] Auch japanische Kinder lernen diese Unterscheidung entsprechend zwischen vier und sechs Jahren, und dies trotz der tiefgehenden Unterschiede zwischen den Kulturen im Hinblick darauf, wie stark Emotionen zum Ausdruck gebracht werden.[171]

Die chinesischen und die japanischen Kinder in diesen Untersuchungen leben in nichtwestlichen Gesellschaften, aber die Analphabetenrate in diesen Gesellschaften ist niedrig, und die Kinder besuchen eine Schule oder Vorschule. Auch in einer Untersuchung jedoch, in die Kinder ohne Schulausbildung aus einer Gesellschaft mit einer hohen Analphabetenrate einbezogen waren, fand man Belege dafür, daß sie im selben Alter wie die Kinder in den westlichen Untersuchungen verstehen, was andere denken. Jeremy Avis und Paul Harris zeigten, daß Baka-Kinder aus Kamerun im Alter von vier Jahren die Fähigkeit entwickeln, eine Handlung vorauszusagen, die auf der fehlerhaften Überzeugung eines Menschen beruht.[171] Avis und Harris schlagen vor, daß es einen universellen Kern für unser Verständnis des Denkens gibt, im wesentlichen die Triade aus Überzeugung, Bedürfnis und Handlung, wie sie in Kapitel 5 beschrieben wurde. Nach Auffassung der Autoren erklären die Menschen überall auf der Welt die Handlungen anderer Personen und sagen sie voraus, indem sie sich überlegen, was diese Personen denken und wollen. Bei komplizierteren Konzepten, darauf weisen die Autoren hin, gibt es möglicherweise Unterschiede zwischen den Kulturen. Dies scheint eine plausible Erklärung zu sein, obwohl noch Forschungsergebnisse fehlen, um dies zu belegen oder zu widerlegen. Es ist jedoch wichtig, in diesem Zusammenhang daran zu denken, daß es Gesellschaften gibt, deren Begrifflichkeit sich von unserer selbst für ganz konkrete Dinge deutlich unterscheiden.

So bedeuten für uns im Westen die Redeweise von einer fehlerhaften Überzeugung und der Unterschied zwischen Erscheinungsform und Realität das gleiche. Wenn etwas nicht ganz so aussieht, wie es in Wirklichkeit ist, dann ist das für uns gleichbedeutend mit dem, was man denken könnte, was es wäre, oder was wir selbst dachten, was es wäre, bevor wir herausfanden, was es wirklich ist. Es ist jedoch eine offene Frage, ob sich beides immer entsprechen muß. Penny McCormick hat eine Untersuchung unter den Quechua in Peru durchgeführt; das sind Bauern aus dem Andenhochland. Hier handelt es sich um eine Kultur von Analphabeten, die einem Wandel ausgesetzt ist, weil sie in zunehmendem Maße mit der dominierenden spanisch geprägten Kultur in Kontakt kommt. Bei den Sagen im Junin-Quechua-Dialekt gibt es keinen Hinweis auf mentales Leben.[172] Da gibt es etwa die Geschichte vom Fuchs, der beobachtete, wie sich der Mond im Wasser spiegelte – es sah aus wie Käse, und der gierige Fuchs sprang ins Wasser, um an den Käse zu kommen, und ertrank. Wenn man diese Geschichte bei uns Erwachsenen vorliest und sie bittet, sie nachzuerzählen, werden sie fast alle berichten, daß der Fuchs die Reflektion des Mondes sah und dachte, es handele sich um Käse. Wie Käse aussehen und meinen, es sei Käse – das sind Ausdrücke, die sich für uns nicht sehr unterscheiden. In der Sprache der Junin Quechua gibt es jedoch keinen einfachen Ausdruck, um zu sagen: „Der Fuchs meinte, es sei Käse."

In den Untersuchungen von McCormick wurden vier- bis achtjährige Quechua-Kinder von jemandem mit derselben Muttersprache getestet, der den Kindern vertraut war; dabei ging es um Gegenstände wie den „Schwammstein".[173] Man stellte ihnen Fragen zu Erscheinungsform und Realität (Wie sieht das aus? Was ist es wirklich?), darüber, was man meinte, was es sei, und darüber, was sie selbst dachten, was es sei, als sie es zum erstenmal sahen. Man formulierte die Denkfragen so, daß man das Verb „sagen" verwendete, ein Wort, das sie gut kannten („Was wird er sagen, was es ist?", „Was hast du gesagt, was es ist?"). Das erstaunliche Ergebnis bestand darin, daß die Kinder die Frage nach Erscheinungsform und Realität für viel leichter hielten als die Überzeugungsfragen. Anscheinend waren die Kinder daran gewöhnt, an Erscheinungsformen zu denken, und zwar an Erscheinungsformen, die von der Realität abwichen. Sie waren jedoch nicht daran gewöhnt, daran zu denken, was andere Menschen denken (oder sagen) würden; entsprechend gibt es in ihrer Sprachgruppe viele Worte für Erscheinungsform und Realität, aber kein Wort für Überzeugung. Und trotzdem berichtet McCormick darüber, daß „jemanden zum Narren halten" eine weit verbreitete und beliebte Praktik unter den Quechuas ist und daß es bei ihnen viele Worte gibt, wenn man über Lügen sprechen möchte. Dies deutet darauf hin, daß sie eine Vorstellung davon haben, was fehlerhafte Überzeugungen sind, auch wenn sie nicht auf dieselbe Weise darüber sprechen wie wir.

Lügen und Täuschung

Lügen beruhen darauf, daß man fehlerhafte Überzeugungen versteht. Verstehen Kinder erst einmal, daß Menschen möglicherweise fehlerhafte Überzeugungen haben, sind sie in der Lage, absichtlich eine fehlerhafte Überzeugung bei einer anderen Person entstehen zu lassen. Können Kinder andere Menschen täuschen, bevor sie verstehen, was eine fehlerhafte Überzeugung ist? Ja und nein. Menschen mögen sich genauso von dem täuschen lassen, was ein Kind sagt oder macht, wie sie sich möglicherweise von der steinähnlichen Erscheinungsform eines angemalten Schwamms täuschen lassen. Wir würden aber nur ungern sagen, daß jemand von einem Kind getäuscht wurde, wenn wir es mit dem vergleichen, was wir bei der Geschichte mit dem Schwamm sagen würden. Die Person wurde getäuscht, das ist richtig; aber der Schwamm versteht offensichtlich nicht, was eine Täuschung ist, und hat nicht die Absicht zu täuschen, genausowenig wie vielleicht das Kind. Dies heißt, daß das Kind sich eventuell gar nicht der Täuschung schuldig gemacht hat. Was ein Kind sagt oder macht, kann eine Person dazu verleiten, etwas Falsches zu glauben. Doch wenn das Kind in seinen Worten und Taten diese Wirkung nicht beabsichtigte, sagen wir nur ungern, daß es die andere Person getäuscht hat. Das wird deutlicher, wenn wir uns mit Lügen beschäftigen, weil es hier einen eindeutigeren Sprachgebrauch gibt. Die verbreitetste Methode, andere zu täuschen, besteht darin zu lügen. In der Absicht, daß die andere Person glaubt, es sei wahr, sagen wir, wir wüßten, daß etwas wahr ist. Mit anderen Worten, wir lassen vorsätzlich eine fehlerhafte Überzeugung in einer anderen Person aufkommen. Um etwas als echte Lüge zu begreifen, muß für uns das, was gesagt wurde, falsch sein, und die Person, die es sagt, muß wissen, daß es falsch ist, und wollen, daß die andere Person, die zuhört, glaubt, es sei wahr. Nur wenn all diese drei Elemente vorhanden sind, würden wir sagen, daß jemand wirklich lügt. Wenn das, was jemand sagt, falsch ist, aber der Sprecher nicht weiß, daß es falsch ist, dann bezeichnen wir das als Fehler. Wenn das, was gesagt wird, falsch ist, und der Sprecher weiß, daß es falsch ist, aber er nicht beabsichtigt, daß irgend jemand glaubt, es sei wahr, dann nennen wir es vielleicht einen Witz oder Ironie, eine sarkastische Bemerkung oder eine Metapher – es gibt zahlreiche Sprechakte dieser Art.

Diese Definition des Lügens schließt einige der leicht durchschaubaren Unwahrheiten bei ganz kleinen Kindern aus, wie etwa bei einem Kind, das mit Krümeln übersät ist und abstreitet, einen Keks herausgenommen zu haben. Oder noch durchschaubarer ist die bei Marie Vasek zitierte Geschichte der Dreijährigen, die zur Mutter ging und sagte: „Ich habe die Lampe nicht zerbrochen und will es auch nicht wieder tun."[174] Kinder machen dies eventuell, um Zurechtweisungen zu vermeiden, um Strafen zu entgehen oder um zu bekommen, was sie wollen. Es handelt sich um gewohnheitsmäßige Handlungen, die eingesetzt werden, weil sie funktionieren – zumindest manchmal.

Kinder mit geringen verbalen Fähigkeiten sind in der Lage, solche raffinierten „Täuschungen" auszuführen.[175] So wackelt ein kleines Mädchen, das gerade zwei Jahre alt geworden ist, durch das Zimmer. Es sieht ein Stück Schokoladenkuchen, das es gern hätte, auf dem Tisch liegen; doch ihre Mutter will ihr keinen Schokoladenkuchen geben. Deshalb sagt das Kind, es sei müde. Normalerweise würde es ihm auf diese Weise gelingen, ein Stück Kuchen zu bekommen; nur diesmal glaubt ihm die Mutter einfach nicht:

Kind: Schnuller, nein.
Mutter: Du willst keinen Schnuller haben. Aber du ißt doch nicht.
Kind: Schokoladenkuchen. Schokoladenkuchen.
Mutter: Du bekommst auch keinen Schokoladenkuchen.
Kind: Warum? (*wimmert*) Müde.
Mutter: Du und müde? Oh.
Kind: Schokoladenkuchen.
Mutter: Auf keinen Fall.[176]

Das Kind verfolgt das Ziel, seine Mutter dazu zu bringen, etwas zu machen, damit es ein Stück Kuchen bekommt. Es mag vielleicht gar nicht daran denken, wie es die Mutter dazu bringt, etwas zu glauben, beispielsweise daß es müde ist; es weiß einfach, daß es, wenn es müde ist, vielleicht ein Stückchen Kuchen bekommt. Dies ist ein anschauliches Beispiel für die Unterscheidung zwischen einem funktionalen System erster und zweiter Ordnung, wie es im Kapitel 2 besprochen wurde. Systeme erster Ordnung denken nicht daran, was die anderen meinen; sie denken nur daran, was die anderen machen werden, und sie handeln so, daß sie die Handlungen der anderen beeinflussen. Auch Systeme zweiter Ordnung wollen das beeinflussen, was die anderen machen, doch sie gehen indirekt ans Werk, indem sie das beeinflussen, was die anderen meinen – erinnern Sie sich an den Vierjährigen, der Sie dadurch aus dem Bett holte, daß er Ihnen erzählte, das Badezimmer stehe voll Wasser. Sie machten ihm dann sein Frühstück. Systeme zweiter Ordnung manipulieren Menschen dadurch, daß sie deren Überzeugungen manipulieren – sie haben Freude an Tricks, Lügen und Geheimnissen.

Folgt man dieser Deutung, würden wir nach Josef Perner das, was Kinder sagen, weil sie wissen, daß es gewöhnlich bestimmte Handlungen zur Folge hat, nicht als Lügen werten.[177] Wenn wir diese Möglichkeit nicht ausschließen können, versucht das Kind möglicherweise nicht absichtlich, in einer anderen Person eine fehlerhafte Überzeugung aufkommen zu lassen, obwohl es vielleicht versuchen mag, das Verhalten einer anderen Person dadurch zu beeinflussen, daß es versucht, zu bekommen, was normalerweise darauf folgt. Perner schreibt über seinen Sohn Jakob, der mit dreieinhalb Jahren zur Entschuldigung griff, er sei müde, um etwas zu vermeiden, was er nicht machen wollte. Dies war häufig durchaus sinnvoll und führte zum gewünschten Resultat. Doch Jakobs mangelndes Verständnis seiner eigenen Strategie wurde deutlich, als er dieselbe Entschuldigung bei dem Versuch einsetzte, zu verhindern, daß er ins Bett geschickt wurde!

Ist dieser Streit, was als Lüge gewertet werden kann und was nicht, nur eine akademische Frage, etwas, worüber sich Psychologen streiten? Eltern und Erzieher in der Vorschule bezeichnen aber die Unwahrheiten kleiner Kinder ebenso ungern als Lügen oder zumindest als absichtliche Lügen. Erzieher in der Vorschule und Mütter kleiner Kinder wurden gefragt, ab welchem Alter Kinder ihrer Meinung nach in der Lage seien, absichtlich Lügen zu erzählen.[178] Nur ein Drittel von ihnen meinte, daß Dreijährige dazu in der Lage seien, drei Viertel von ihnen glaubten jedoch, dies träfe auf Vierjährige zu. Interessanterweise findet diese Entwicklung im Alter zwischen drei und vier Jahren ihre Parallele in der Entwicklung, die wir aus den Forschungsergebnissen zu Aufgaben mit fehlerhaften Überzeugungen ablesen konnten.

Experimente zur Untersuchung des Täuschungsverständnisses

Die gleiche Diskussion gibt es in einem Gebiet, mit dem wir uns schon zuvor beschäftigt haben. Was erfahren wir, wenn wir Kinder beobachten, und was erfahren wir, wenn wir ihre Mütter und Lehrer befragen? Welche Zusatzinformation erhalten wir, wenn wir experimentell arbeiten? Es handelt sich hier um ein Gebiet, in dem es besonders schwierig ist, Experimente durchzuführen. Wir können Kindern Geschichten erzählen, in denen die Hauptpersonen Fehler begehen, Witze machen, Lügen erzählen usw; wir können die Kinder bitten, das Verhalten der Beteiligten zu beurteilen. Aus diesen Äußerungen können wir erschließen, was sich Kinder unter *Lügen* vorstellen und was sie unter der Bezeichnung Lügen verstehen. Es ist allerdings viel schwieriger, Untersuchungen durchzuführen, in denen Kinder selbst aufgefordert werden, zu lügen und zu täuschen, obwohl dies grundsätzlich möglich ist.

Wiederum war es Piaget, der als erster untersuchte, was Kinder unter Lügen verstehen.[179] Er erzählte Kindern Paare von Geschichten; in beiden sagte ein Beteiligter etwas Unwahres. So ging ein Junge, der Angst vor einem Hund hatte, nach Hause und erzählte seiner Mutter, er hätte einen Hund gesehen, der so groß wie eine Kuh war. Ein zweiter Junge erzählte seiner Mutter, er hätte heute in der Schule gute Noten bekommen; und die Mutter belohnte ihn dafür, obwohl er an diesem Tag überhaupt keine Noten bekommen hatte. Piaget fragte dann, welcher Junge ungezogener war. Er fand heraus, daß die Kinder bis zum Alter von etwa sieben Jahren die Intention nicht in die Urteilsbildung mit einbezogen. Kleinere Kinder überlegten sich, wie weit die Aussage von der Wahrheit abwich; und deshalb gab es für eine Übertreibung, die im Beispiel aus Angst geschah, oder für einen ehrlichen Fehler wie in anderen Geschichten schlechtere Bewertungen als für eine absichtliche Verdrehung der Tatsachen. Es sollte jedoch beachtet werden, daß die Intentionen der Beteiligten in diesen Geschichten nicht ausdrücklich erwähnt wurden, sie mußten erschlossen werden. Weiterhin sagte Piaget, daß die kleinen Kinder alle in bezug auf die Tatsachen inkorrekten Aussagen als Lügen bezeichneten, auch wenn der Betreffende einfach einen Fehler machte.

In einer Serie gut kontrollierter Experimente zeigten Wimmer, Gruber und Perner, daß Piaget nur teilweise recht hatte.[181] Kleine Kinder gebrauchen das Wort *Lüge* so, wie Piaget es beschrieben hat. Bis zum Alter von sechs oder sieben Jahren bezeichnen sie alle unwahren Aussagen als Lügen, welche Intention der Sprecher auch immer verfolgt. Wimmer und seine Kollegen zeigten jedoch auch, daß Kinder offensichtliche Intentionen in die Entscheidung mit einbeziehen, ob man es denjenigen, die unwahre Dinge sagen, anlasten kann. Eine der Geschichten, die in der Untersuchung verwendet wurden, war die zuvor beschriebene Geschichte mit der verlegten Schokolade. Wie bei der ursprünglichen Aufgabe zur fehlerhaften Überzeugung wurden die Kinder gefragt, wo der Junge nach der Schokolade suchen würde. Doch dann, bevor er danach suchen konnte, kam seine Schwester und fragte ihn, wo die Schokolade sei. In einer Version der Geschichte wird den Kindern erzählt, der Junge wolle, daß seine Schwester die Schokolade findet, und in der anderen Version, daß er das nicht möchte. (Erinnern Sie sich daran, daß er meint, sie sei an einem Platz, wo sie gar nicht ist!) In der ersten Version findet sie deshalb die Schokolade nicht, weil er ihr den falschen Ort zum Suchen genannt hat, obwohl er nicht vorhatte, sie zu täuschen. In der zweiten Version, in der er wirklich versucht, sie zu täuschen, ist das, was er sagt, tatsächlich richtig, weil er ihr sagt, sie sei an einem Platz, wo sie hingelegt wurde, er aber meint, sie sei immer noch dort, wo er sie hingelegt hat. Das überraschende Ergebnis besteht darin, daß Vierjährige nicht den ersten Jungen verurteilen, sondern tatsächlich den zweiten, obwohl er tatsächlich *sagt*, wo die Schokolade ist. Die Kinder kamen eindeutig aufgrund der Intention zu ihrem Urteil. Trotzdem jedoch sagten sie, der erste Junge – derjenige, der etwas Unwahres gesagt hatte, obwohl er nicht wußte, daß es falsch war, und nicht vorhatte, seine Schwester zu täuschen – habe gelogen und nicht der zweite.

Derartige Experimente sind wichtig, weil sie uns zeigen, daß Kinder, obwohl sie dieselben Wörter wie wir verwenden, mit ihnen möglicherweise nicht dasselbe meinen. Interessanterweise wurden die Mütter in der gerade beschriebenen Interviewstudie gefragt, ob sie ihren Kindern erklärt hätten, was eine Lüge ist.[181] Die meisten von ihnen sagten, dies sei geschehen, und die Mehrheit von ihnen hatte den Kindern erklärt, es handele sich da um etwas, was nicht wahr sei! Lediglich eine Mutter hatte in ihrer Erklärung erwähnt, daß die Person, die dies sagte, wußte, daß es nicht wahr ist. Selbst Erwachsene stimmen oft nicht darin überein, was sie als Lüge bezeichnen würden. Sie halten jedoch die Tatsache, daß man das Gesagte für unwahr hält und vorhat, jemanden zu täuschen, für wichtiger als den tatsächlichen Wahrheitsgehalt der Aussage.[182]

Fehler und Lügen kann man voneinander unterscheiden, wenn man Überzeugungen mit einbezieht. Der Unterschied zwischen den beiden Sprechakten beruht auf den Überzeugungen des Sprechers im Hinblick auf die Dinge der Welt. Eine Person, die einen Fehler macht, glaubt an das, was sie sagt, während sie dies nicht macht, wenn sie lügt. Manchmal glaubt die Person natürlich nicht, daß das, was sie sagt, wahr ist, doch sie lügt trotzdem nicht. Ihrer Intention nach ist es ein Witz, eine sarkastische oder ironische Bemerkung. Sie glaubt nicht daran, daß das, was sie sagt, im wörtlichen Sinne wahr ist; in diesen Fällen will sie auch gar nicht, daß der Zuhörer meint, es sei wahr. Das heißt, der Unterschied zwischen einer Lüge und einem Witz hängt von den Intentionen des Sprechers im Hinblick auf die Überzeugungen des Zuhörers gegenüber den Dingen der Welt ab. In welchem Alter verstehen Kinder das?

Sue Leekam erzählte Kindern Paare von Geschichten, bei denen sie darauf achtete, daß der Gegensatz zwischen diesen beiden Fällen deutlich wurde.[183] In einer der beiden Geschichten zeigt beispielsweise ein Junge auf ein Gemälde an der Wand im Schulgebäude und sagt zu seiner Mutter, er hätte dieses Bild gemalt. In einer Version zeigt der Junge unmittelbar danach auf den Namen eines Mädchens am unteren Rand des Bildes. Er will nicht, daß seine Mutter glaubt, er hätte es gemalt, oder daß sie es weiterhin glaubt – es war nur ein Witz. In der anderen Version sagt der Junge nichts; am nächsten Tag jedoch, sieht die Mutter, als er gerade nicht da ist, in der unteren Ecke des Bildes den Namen des Mädchens. In beiden Fällen weiß die Mutter am Ende, daß der Junge das Bild nicht gemalt hat. Sue Leekam fragte die Kinder dann, welcher Junge *wollte*, daß seine Mutter Bescheid wußte. Sie konnte zeigen, daß selbst Vierjährige in der Lage sind, diese Unterscheidung zu machen und korrekt das eine als Lüge und das andere als Witz zu bezeichnen. Es dauert jedoch bis zur Einschulung, daß Kinder alle verschiedenen Arten unterscheiden, auf die Menschen nicht sagen, was sie meinen, oder nicht meinen, was sie sagen; das ist etwa dann der Fall, wenn sie Ironie einsetzen, um jemanden zu verspotten, zur Notlüge greifen, um die Gefühle eines anderen nicht zu verletzen, eine Metapher gebrauchen, um poetische Bilder hervorzuzaubern usw.[184] Im Alter von fünf Jahren gibt es für Kinder noch vieles, was sie lernen müssen.

Bisher habe ich mich nur mit Untersuchungen befaßt, die sich mit dem Täuschungsverständnis und der Auffassungsgabe für die relevanten linguistischen Begriffe bei Kindern beschäftigten. Es ist jedoch zusätzlich noch eine offene Frage, welche Fähigkeit Kinder haben, ein Täuschungsmanöver auszuführen; das ist eventuell schwieriger zu untersuchen, weil der Experimentator das Kind bittet, etwas zu machen, was normalerweise die Mißbilligung von Erwachsenen findet – nur nicht beim Spielen. Täuschungsmanöver können innerhalb eines Spiels erlaubt sein. Mit anderen Worten, Tricks und Witze sind in Ordnung, Lügen und Betrügen jedoch nicht. Hier handelt es sich um subtile Unterscheidungen, die wir den Kindern abverlangen.

Michael Chandler und seine Kollegen behaupteten, daß es Kinder möglicherweise leichter finden, ein Täuschungsmanöver auszuführen als in einer Aufgabe zu fehlerhaften Überzeugungen richtig zu antworten.[185] Spiele mit Täuschungsmanövern, sagen sie, motivieren mehr und sorgen eher dafür, daß die Kinder mitmachen; und es gibt keinen komplizierten Leitfaden einer Geschichte, dem man folgen muß. Im großen und ganzen ergibt sich folgendes Bild: Kinder sind so lange nicht imstande, in diesen spielähnlichen Aufgaben andere zu täuschen, bis sie mit ungefähr vier Jahren ein Alter erreichen, in dem sie Aufgaben mit fehlerhaften Überzeugungen an andere weitergeben können.

In Experimenten ist es wichtig, die Situation zu kontrollieren, so daß die aufgestellten Behauptungen zulässig sind. In Täuschungsexperimenten ist es von Bedeutung, zu zeigen, daß Kinder nicht nur etwas machen, was *zufällig* eine andere Person täuscht. Wir wollen wissen, ob sie absichtlich so handeln, um in anderen eine fehlerhafte Überzeugung entstehen zu lassen. Aus diesem Grund sind die Spiele so strukturiert, daß das Kind eine Person (oder eine Puppe) täuschen und einer anderen helfen oder ihr ehrlich antworten muß. Die Frage lautet: Kann das Kind flexibel vorgehen und genug von den Überzeugungen der anderen verstehen, um in der Lage zu sein, mit ihnen in Wettbewerb zu treten und zusammenzuarbeiten? Beate Sodian forderte Kinder auf, sie sollten versuchen, einen Räuber davon abzuhalten, eine Münze zu bekommen, und einer Königspuppe zu helfen, sie zu finden.[186] Die Motivation des Kindes bestand darin, daß der Räuber die Münze selbst mitnehmen würde, der König sie jedoch zu der anderen in seiner Schatzkiste legen und beide dem Kind geben würde. Eine Münze wurde in einer von zwei Truhen versteckt, bevor die Puppe die Szene betrat. Auf diese Weise wußte das Kind, wo sich die Münze befand, die Puppe jedoch nicht. Die Puppe fragte dann das Kind, wo die Münze sei. Gegenstand des Tests war es, zu sehen, ob das Kind den Räuber dadurch davon abhalten konnte, die Münze zu bekommen, daß es ihm etwas erzählte oder auf die leere Truhe deutete bzw. dem König helfen konnte, sie zu finden, indem es ihm sagte oder zeigte, wo sie sich befand. Vierjährige waren dazu in der Lage, Dreijährige jedoch nicht. Sowohl gegenüber dem Räuber als auch gegenüber dem König gaben sie stets an, wo die Münze war.

Aber wissen wir denn wirklich, daß Dreijährige die Aufgabe verstanden haben und daran interessiert waren, die Münze für sich zu behalten? Ja, das wissen wir; denn in einer zweiten Situation mußte das Kind etwas machen, um die äußere Situation so zu verändern, daß der Räuber davon abgehalten wurde, die Münze an sich zu nehmen, und dem König geholfen wurde, sie zu finden. Diesmal waren der Räuber und der König faul, und sie wollten beide nur eine Truhe aufmachen. Die Aufgabe des Kindes bestand darin, eine der Truhen abzuschließen, so daß der König, nicht jedoch der Räuber die Münze bekam. Das heißt, das Kind beeinflußte das Verhalten anderer dadurch, daß es die äußere Situation kontrollierte, nicht dadurch, daß es durch die Dosierung der Information ihre Überzeugungen beeinflußte. Dies war eine schwierige Aufgabe, und vielleicht widersprach sie auch der Intuition; denn, um dem König zu helfen, mußte man eine leere Truhe zuschließen. Dennoch hatten die Dreijährigen bei dieser Aufgabe mehr Erfolg als in der Situation, in der sie ein Täuschungsmanöver ausführen und etwas Unwahres sagen oder auf die leere Truhe zeigen mußten. Weil die Vierjährigen den Räuber, nicht aber den König in die Irre führten, wissen wir, sie hatten verstanden, daß sie die Überzeugungen anderer Menschen beeinflußten; die Dreijährigen konnten das allerdings nicht. Weil die Dreijährigen jedoch in der Lage waren, die volle Truhe zuzuschließen, um die Pläne des Räubers zu durchkreuzen, und die leere Truhe zu verschließen, um dem König zu helfen, wissen wir, daß sie die Aufgabe verstanden hatten und motiviert waren, sie erfolgreich zu Ende zu führen.

Würde dies Dreijährigen gelingen, wenn sie das Spiel mit einer realen Person und nicht mit einer Puppe spielten? James Russell und seine Kollegen arbeiteten ein solches Spiel aus.[187] Eine ganz kleine Tafel Schokolade war in einer von zwei Kästen versteckt; weder das Kind noch die andere Person wußten, in welchem Kasten sie sich befand. Das Kind mußte auf einen der Kästen zeigen. Wenn in ihm die Schokolade lag, wurde sie der anderen Person als Gewinn übergeben; wenn sie sich jedoch im anderen Kasten befand, bekam das Kind die Schokolade. Dies wurde 15 Mal wiederholt, um sicherzugehen, daß das Kind die Vorgehensweise verstanden hatte. Dann wurden die ursprünglichen Kästen durch zwei Kästen mit jeweils einem Fenster ersetzt, das zum Kind, nicht aber zum Konkurrenten zeigte. Es handelte sich um dasselbe Spiel. Eine Tafel Schokolade wurde in den einen Kasten gelegt, und das Kind mußte auf einen Kasten zeigen, den der Konkurrent dann öffnete – wenn die Schokolade sich dort befand, bekam er sie, wenn sie im anderen Kasten lag, bekam das Kind sie. Für das Kind war die Aufgabe jedoch nun leicht, weil es sehen konnte, wo sich die Schokolade befand, auf den leeren Kasten zeigen konnte und immer die Schokolade bekam. Erstaunlicherweise zeigten die Dreijährigen gewöhnlich auf den Kasten, der die Schokolade enthielt, während die Vierjährigen auf den leeren Kasten zeigten. Über 20 Versuchsdurchgänge hinweg zeigten die Dreijährigen immer wieder auf die Schokolade, obwohl sie diese deshalb jedesmal nicht bekamen. Diejenigen Vierjährigen, die zunächst nicht auf den leeren Kasten zeigten, lernten es bald. Russell und seine Kollegen zeigten, daß es einen Zusammenhang gibt zwischen der Leistung der Kinder in dieser „Fenster"-Aufgabe und ihrer Leistung in der Aufgabe zu fehlerhaften Überzeugungen. Diese Korrelation ist kein Beleg für Chandlers Behauptung, Täuschungsmanöver seien einfacher als eine fehlerhafte Überzeugung, weil es hier um eine realistischere und eher motivierende Situation gehe. Chandler kann jedoch durchaus behaupten, daß es sich bei Sodians und Russells „Spielen" um recht künstliche Situationen handelte.

Da ist es schon schwieriger, diesen Einwand gegen eine Aufgabe vorzubringen, wie sie Joan Peskin entwickelte.[188] Ihre Aufgabe stellt im wesentlichen eine Situation aus dem realen Leben nach: Eine andere Person will, was man selbst möchte. Joan Peskin merkt an, daß die älteren Geschwister sehr schnell eine Strategie erlernen, bei der sie so tun, als wollten sie ein anderes Spielzeug, wenn ihre kleine Schwester oder ihr kleiner Bruder das Spielzeug haben möchte, mit dem sie gerade spielen. Dann wird der kleine Bruder seine Prioritäten ändern, und die ältere Schwester kann zu dem Spielzeug zurückkehren, mit dem es gerade spielte. Bei Joan Peskins Aufgabe saß das Kind beim Spielen zwei Puppen gegenüber. Man sagte ihr, daß eine der beiden Puppen immer genau das will, was das Kind will; wenn sie wüßte, was das Kind wollte, würde sie eben das nehmen, während die andere Puppe dies nie machen würde. Es gab drei Aufkleber, einer attraktiver als der nächste. Das Kind konnte sich einen Aufkleber aussuchen, aber die Puppen durften sich zuerst entscheiden. Bevor die Puppen sich entschieden, fragten sie das Kind, welchen Aufkleber es haben wollte. Über vier Durchgänge hinweg lernten die Dreijährigen nicht, der egoistischen Puppe zu sagen, daß sie einen anderen Aufkleber haben wollten als den, den sie reizvoll fanden; die Vierjährigen hingegen lernten schnell, wenn sie es nicht schon im ersten Anlauf schafften. Doch in einem Durchgang, in dem es nur zwei Aufkleber gab und deshalb nur eine Puppe mitspielen konnte, hatten die Dreijährigen genügend Einblick in die Situation, um die egoistische Puppe vom Spiel auszuschließen.

Diese Untersuchung zeigt, daß vierjährige Kinder andere über ihre Wünsche oder Intentionen im unklaren lassen können.

Das erinnert mich an eine Familie, die ich einmal kennenlernte; dort gab es eine fünfjährige Schwester und einen dreijährigen Bruder. Immer wenn die Kinder Eis aßen, sagte die Schwester zum Bruder: „Laß uns ein Wettspiel machen; wir wollen sehen, wer das Eis zuerst aufgegessen hat." Stets schlang der Bruder sein Eis schnell herunter und mußte dann mit ansehen, wie seine Schwester genüßlich ihr Eis schleckte und sich diebisch freute, daß sie noch etwas hatte und er nicht! Überraschenderweise fiel er immer auf denselben Trick herein – bis er vier Jahre alt war.

Vierjährige können anscheinend lügen und betrügen, doch welche Fähigkeiten kleinere Kinder in diesem Bereich haben, ist immer noch eine offene Frage. Chandler und seine Kollegen zeigten, daß Kinder sogar schon mit zwei Jahren Täuschungsmanöver ausführen können.[189] In ihrem Spiel versteckte eine Puppe, die Fußspuren aus Tinte hinterließ, wo immer sie hinging, einen Schatz in einem Behälter; daher führte eine Spur zum Ort, an dem sich der Schatz befand. Die Aufgabe des Kindes bestand darin, es einer Person, die aus dem Zimmer gegangen war, als die Puppe den Schatz versteckte, schwerer zu machen, bei der Rückkehr den Schatz wiederzufinden. In allen Altersgruppen verwischte die Mehrheit der Kinder die Spuren, die zum Schatz führten, und benutzte die Puppe, um eine falsche Fährte zu den leeren Behältern zu legen, obwohl einige von ihnen Tips vom Experimentator brauchten, um so etwas zu machen. Es war unklar, ob die Kinder die Auswirkungen ihrer Handlungen verstanden; denn es gab keine Kontrollgruppe. In einem Folgeexperiment planten die Experimentatoren auch eine Kontrollgruppe mit ein. Hier mußten die Kinder jemandem dabei helfen, den Schatz zu finden.[191] Die Kinder – das kleinste von ihnen war jünger als drei Jahre – hatten Erfolg; doch die Versuche anderer Forscher, das Ergebnis in einem weiteren Experiment zu replizieren, schlugen bisher fehl, so daß momentan noch über dieses Problem diskutiert wird.[191]

Was immer bei dieser Diskussion herauskommt, es scheint klar zu sein, daß Kinder im Alter von vier Jahren verstehen, was fehlerhafte Überzeugungen sind, und absichtlich Menschen täuschen können.[192] Wenn man mit Kindern über Lügen spricht, ist es wichtiger, besonderen Wert auf Ehrlichkeit zu legen als auf Wahrheit. Wir sollten immer versuchen, die Wahrheit zu sagen, zu sagen, was wir meinen; doch manchmal wird das, was wir meinen, nicht wahr sein, und deshalb werden wir etwas sagen, was nicht wahr ist. Es handelt sich dann nicht um Lügen, sondern um einen Fehler. Man lügt, wenn man weiß, daß das, was man sagt, falsch ist, man also nicht ehrlich ist. Wenn man Ehrlichkeit hervorhebt und nicht Wahrheit, betont man damit, wie wichtig es ist, die mentalen Zustände einer anderen Person zu verstehen; denn das ist es doch im Endeffekt, was in den persönlichen Beziehungen am meisten zählt – nicht, was wir *sagen*, sondern, was wir *meinen*. Diese Unterscheidung zwischen Ehrlichkeit und Wahrheit zu verstehen, hängt in der Tat davon ab, ob man allgemein gesagt die Unterscheidung zwischen Pragmatik und Semantik versteht, also zwischen dem, was eine Person meint, und dem, was ihre Äußerung bedeutet. Man will, daß der Zuhörer glaubt, was man sagt, weil man daran glaubt und denkt, das, was man sagt, sei wahr – das soll heißen, man ist ehrlich und vertrauenswürdig. Ehrlichkeit und Vertrauen sind Schlüsselbegriffe, deren Verständnis sich während der Schulzeit weiterentwickelt.[193]

Die Ergebnisse, über die ich in diesem Kapitel berichtet habe, lassen sich kurz zusammenfassen: Kinder lernen im Alter von vier Jahren, fehlerhafte Überzeugungen bei sich selbst und bei anderen Menschen zu verstehen. Im selben Alter beginnen sie, absichtlich zu lügen, und entwickeln die Fähigkeit, andere Personen dadurch zu täuschen, daß sie in anderen fehlerhafte Überzeugungen aufkommen lassen. Die Ironie der Geschichte besteht darin, daß sich aus der Entdeckung des Denkens beim Kind die Fähigkeit entwickelt, zu lügen und zu betrügen. Doch hier handelt es sich lediglich um einen Aspekt, das Denken anderer Menschen zu verstehen. Es gestattet uns auch, vom Standpunkt anderer Menschen aus über etwas nachzudenken, einfühlsam zu sein, zu bedenken, was ihnen hilft oder worüber sie sich freuen. Manche Kinder erreichen nie diese Art des Verständnisses. Sie sind es, mit denen ich mich jetzt beschäftigen möchte.

Kapitel 9: Das unentdeckte Denken

Wie wäre das Leben von Kindern, und wie wären die Kinder selbst, wenn sie das Denken nie auf die in den vorigen Kapiteln beschriebene Weise entdeckten? Wir haben es hier nicht mit einer völlig hypothetischen Frage zu tun. Es ist ausgesprochen tragisch, daß es eine kleine Zahl von Kindern gibt, die anscheinend in ihren ersten Lebensjahren das Denken nicht auf normale Weise entdecken. Bei diesen Kindern handelt es sich um autistische Kinder.

Ein autistisches Kind

Es gibt eine Mutter, die in einem Buch das Leben ihres autistischen Kindes einfühlsam und bewegend beschrieben hat.[194] Elly war ein wunderschönes Baby mit blauen Augen und goldblonden Haaren, das vierte Kind in einer Akademikerfamilie aus den Neuenglandstaaten. Wie ihr Bruder und ihre Schwestern war sie in den ersten Monaten lebhaft und lächelte früh, obwohl natürlich jedes Kind anders ist und sich unterschiedlich entwickelt, wie Eltern von vier Kindern leicht zugestehen werden. Bei Elly dauerte es etwas länger als bei anderen, bis sie laufen und sprechen konnte, aber bei Eltern von vier Kindern kommt es schon vor, daß sie sich keine Sorgen über individuelle Unterschiede machen. Elly war ein friedliches Kind, das anscheinend mit sich selbst zufrieden war und dem das geschäftige Familienleben ringsum wenig ausmachte. Manchmal saß sie lange Zeit nur da und spielte mit einer Kette, sie wickelte sie auf und wieder ab. Vielleicht war sie für ein Baby zu selbständig und unabhängig, doch in den Augen der vielbeschäftigten Mutter war dies wohl kaum als Behinderung anzusehen – für sie handelte es sich vielleicht um einen frühen Hinweis auf große innere Talente und künftige Selbständigkeit. Und Elly machte Fortschritte. Mit neun Monaten konnte sie ohne fremde Hilfe sitzen, und mit zwölf Monaten krabbelte sie. Nach ihrem ersten Geburtstag schien es jedoch nur noch langsam voranzugehen; oder vielleicht erwartet man mit der Zeit auch einfach mehr.

Wenn das Unglück erst einmal eingetreten ist, ist es manchmal schwer, auf das eigene Leben zurückzuschauen und zu versuchen, herauszufinden, wann alles anfing. Gab es irgendwelche Hinweise, Warnungen oder Vorzeichen? Wie kann man das mit dem jetzigen Wissen im Rückblick auf die Zeit sagen, bevor man etwas wußte? Clara, ihre Mutter, schrieb: „Es ist schwer, sich an die ersten leisen Zweifel über den Gesundheitszustand eines Babys zu erinnern; doch ich erinnere mich an einen Tag, als ich mit Elly in den Supermarkt ging. Sie war 19 Monate alt. Sie saß lebhaft und aufmerksam im Einkaufswagen; als wir so durch das Geschäft zogen, waren ihre Augen auf die Gegenstände in den Regalen gerichtet."[195] Mutter und Kind trafen eine Freundin mit einem Baby in Ellys Alter, bei dem es während der Geburt Probleme gegeben hatte, dem es aber jetzt wieder gut ging. Als Clara das Baby beobachtete, schaute das Kind zu seiner Mutter und zeigte dann auf eine Schachtel mit Süßigkeiten. Clara erkannte in diesem Augenblick, daß sie nie gesehen hatte, wie Elly auf etwas zeigte. Elly war so selbständig, daß sie nie auf etwas wies, nie um etwas bat und nie auf etwas zeigte. Sie war mit dem zufrieden, was man ihr gab. Gelegentlich schrie sie lautstark; man mußte dann allerdings raten, was ihr fehlte, denn sie konnte es nicht sagen. Es konnte etwas offensichtlich Banales sein, beispielsweise daß ihre Milch nicht wie gewohnt in einem bestimmten Behälter stand. Man mußte raten und die Situation in Ordnung bringen, um sie zu beruhigen und zu trösten.

Worin bestanden also die „ersten leisen Zweifel", und wann kamen sie auf? In Ellys erstem Lebensjahr bemerkten die Eltern nichts, und auch der Arzt nicht, der sie regelmäßig bei den Vorsorgeuntersuchungen sah. Mit dreizehn Monaten wollte er sie nicht routinemäßig impfen, weil sie Ekzeme hatte; und Elly war 22 Monate alt, als Clara deswegen mit der Unerschütterlichkeit einer Mutter von vier Kindern erneut zum Arzt ging. Clara schreibt: „Ich hatte nichts Besonderes erwartet, als ich Elly in die Praxis trug und sie auf den Untersuchungstisch legte... Vom heutigen Standpunkt aus gesehen erscheint es einem unglaublich, daß wir wegen der Impfung zum Arzt gingen, nicht um zu fragen, warum sie sich so merkwürdig verhielt."[196] Der Doktor war jedoch besorgt und wollte, daß Elly im Krankenhaus untersucht wurde. Sie konnte weder sprechen noch gehen – vielleicht lag da eine Stoffwechselstörung vor, die als Erklärung für ihre allgemeine Langsamkeit dienen würde. Doch man fand nichts. Ellys Zustand befand sich, auch wenn sie zurückgeblieben war, im Rahmen der normalen Streubreite. Der Kinderarzt riet den Eltern, noch sechs Monate abzuwarten, bevor weitere Schritte unternommen werden sollten. Er kannte die Familie nicht und sagte, Elly käme ihm wie ein Kind vor, das häufig allein zu Hause ist. Clara drückte es so aus: „In diesem Satz war die Diagnose bereits unausgesprochen enthalten. Aber weder wir wußten es noch der Arzt."[197]

Clara wartete wie besprochen ab, doch nicht in einer passiven Haltung. Sie machte sich Sorgen über die geistige Retardierung. Vielleicht war dies eine Erklärung dafür, daß sie so spät lief. Aber wenn man beobachtete, wie Elly sich in der Wiege hin und her bewegte, wie sie krabbelte, wie sie ihre Kette aufrollte, dann war es kaum vorstellbar, daß sie geistig retardiert sein sollte. Ihre Bewegungen waren so fein aufeinander abgestimmt und so grazil. Und es gab Hinweise auf eine versteckte Intelligenz. Clara kritzelte etwas mit einem Stift, um Elly dazu zu bringen, auch zu kritzeln. Clara malte Kreise und Kreuze. Wenn sie gemeinsam so zusammensaßen, kopierte Elly nichts; doch drei Tage später zeichnete sie für sich allein ein Kreuz. Das war ganz sicher eine größere Intelligenzleistung, wenn man es damit vergleicht, daß sie sofort etwas nachgeahmt hätte.

Clara hatte Angst, Elly könnte taub sein, was ihre Schwerfälligkeit beim Sprechenlernen erklären würde. Elly war so mit sich selbst beschäftigt, daß sie tatsächlich nichts mehr zu hören schien, was um sie herum vor sich ging – Stimmen, Geräusche –, ja sie nahm noch nicht einmal von der Feuerwehr Notiz. Aber sie mußte imstande sein zu hören; denn manchmal drehte sie sich um, wenn jemand ruhig vor sich hinpfiff; sie mochte es auch nicht, wenn die Geschirrspülmaschine angestellt wurde, sie reagierte auf Musik, und sie kannte auch ein paar Wörter. Wäre sie taub gewesen, hätte sie überhaupt keine Wörter gekannt. Doch ging das Erlernen des Wortschatzes bei ihr auf merkwürdige Weise vor sich – Wörter tauchten auf und versanken dann wieder in Vergessenheit. Eine Zeitlang gebrauchte sie ein Wort, dann geriet es wieder in die Versenkung. Mit zwei Jahren konnte sie sechs Wörter sagen, doch sie verstand anscheinend nur zwei davon. Im Alter von vier Jahren hatte sie 31 verschiedene Wörter gebraucht, doch sie verwendete nur noch die Hälfte davon. Und „verwenden" ist hier vielleicht nicht der richtige Ausdruck – „Elly sprach Wörter aus, wenn auch nicht häufig. Sie setzte die Wörter jedoch nicht zur Kommunikation ein. Sie hatte keine Vorstellung von der Sprache als einem Hilfsmittel, durch das sie bestimmte Ereignisse herbeiführen konnte."[198] Wenn sie etwas wollte, fragte sie nicht. Sie streckte ihre Hand nicht aus und zeigte auch nicht dorthin; sie ergriff die Hand oder den Arm des anderen und warf ihn in Richtung auf den Gegenstand, den sie haben wollte, oder, wenn das, was sie wollte, weiter weg war, schob oder führte sie die entsprechende Person dorthin. Elly benutzte einen anderen Menschen weniger als Gehilfen, sondern als Hilfsmittel. Sie setzte die Sprache nicht zur Kommunikation ein, in Wahrheit kommunizierte sie nicht wirklich.

Als Clara abwartete, machte sie sich über all diese Dinge Sorgen. Sie machte sich auch darüber Gedanken, wie sie Elly helfen konnte, vor allem, wie sie Ellys Zurückhaltung durchbrechen und einen menschlichen Kontakt mit ihr herstellen konnte. Clara war jedoch mehr als besorgt, endlos beschäftigte sie sich geduldig mit ihr. Sie spielte mit Elly und versuchte, sie zum Spielen zu verleiten. Normale 3jährige spielen geschäftig die ganze Zeit über, und beim Spielen lernen sie etwas. Sie ahmen das nach, was sie beim Verhalten anderer beobachtet haben; wie wir in Kapitel 4 sahen, kommt es zu raffinierten Als-ob-

Spielen. *Nur einmal* sah Clara, wie Elly eine Puppe mit Corn Flakes fütterte. Für einen Großteil der Zeit war sie zufrieden damit, nicht zu spielen; und wenn sie spielte, dann bestanden ihre Spiele aus sich ständig wiederholenden, eingefahrenen Prozeduren. Sie hatte über hundert Bausteine; Clara verwendete sie dazu, ihr beizubringen, wie man einen Turm baut. Sie baute auch einen Turm, aber wenn man sie mit sich allein ließ, hatte sie am meisten Vergnügen daran, die Bausteine immer wieder neu in parallelen Reihen anzuordnen. Sie mochte vorgeformte Stücke, etwa ein paar farbige Parkettstücke. Kurz nachdem sie zweieinhalb Jahre alt geworden war, konnte sie zwischen Rauten, Quadraten und Dreiecken unterscheiden, und sie konnte auch die Unterschiede zwischen den verschiedenen Farben erkennen. Sie mochte diese abstrakten, bedeutungslosen Formstücke. Mit ungefähr drei Jahren begann sie, Puzzles zu legen. Wiederum konnte sie erstaunliche Unterschiede im Hinblick auf Gestalt und Farbe erkennen, doch das Bild selbst interessierte sie nur wenig, und es hatte auch keine Bedeutung für sie. Genauso leicht war es für sie, das Puzzle mit der unbedruckten Seite nach oben, also mit dem Bild nach unten, zu lösen.

Dann war für Clara die Zeit des Wartens vorüber. Als Elly ungefähre drei Jahre alt war, brachten ihre Eltern sie zu einem bekannten Kinderarzt in Boston. Clara sagte, daß sie wegen des Kindes die schlimmsten Befürchtungen hatte, das heißt, sie hatte Angst, daß man ihr sagen würde, Elly sei geistig retardiert. Doch das sagte der Arzt den Eltern nicht. Er sagte ihnen höflich und zögernd, daß die Diagnose nicht einfach sei, aber er sei der Auffassung, Elly sei ein autistisches Kind.

Autismus

Autismus ist eine recht seltene Störung, die erst vor 50 Jahren entdeckt und beschrieben wurde. Zwei Psychiater, Leo Kanner und Hans Asperger, stellten das Syndrom in den frühen vierziger Jahren unabhängig voneinander dar. Die auffallende Eigenschaft der Kinder, über die sie schrieben, bestand darin, daß sie kaum einen normalen Kontakt zu Menschen hatten, sie waren völlig mit sich selbst beschäftigt und emotional einsam; dies führte zur Bezeichnung „Autismus", vom griechischen Wort *autós* für selbst. Kanner schreibt: „Diese Kinder kommen mit einer angeborenen Unfähigkeit auf die Welt, den biologisch normalerweise vorgesehenen, affektiven Kontakt zu Menschen aufzunehmen."[199] Was immer Menschen mit Autismus auch sonst noch auszeichnet, am auffallendsten ist ihre Unfähigkeit, mit anderen in einer für Menschen normalen Weise in Beziehung zu treten, so wie es Clara bei Elly beschrieben hatte.

Vielleicht vier von 10.000 Kindern leiden unter Autismus. Die genaue Zahl hängt von den diagnostischen Kriterien ab. Es handelt sich jedoch um eine seltene Krankheit, wenn man es etwa mit der geistigen Retardierung vergleicht, von der vier von 1.000 Kindern betroffen sind.[201] Mehr Jungen als Mädchen werden als autistisch eingestuft, das zahlenmäßige Verhältnis beträgt vier zu eins. Dies deutet darauf hin, daß es sich um eine biologisch bedingte Störung handelt. Die Diagnose wird jedoch aufgrund von Abnormitäten im Verhalten gestellt. Die Symptome, auf denen die Diagnose beruht, sind denen, wie sie Kanner beschrieben hatte und wie sie Clara in den ersten Jahren bei Elly beobachtete, recht ähnlich.

Man findet vier Hauptsymptome: Erstens gibt es eine Abnormität in den Beziehungen autistischer Kinder zu anderen Menschen; dies führt zu Einsamkeit selbst in Situationen, in denen sie andere Personen um sich haben. Zweitens liegt eine Beeinträchtigung der Sprachentwicklung vor und vielleicht noch grundlegender eine Beeinträchtigung ihrer Fähigkeit, auch ohne Sprache zu kommunizieren – ihrer Fähigkcit also, mit anderen „in Kontakt zu kommen" oder „etwas 'rüberzubekommen"; damit habe ich mich in Kapitel 3 auseinandergesetzt. Mit anderen Worten, ihre pragmatischen Fertigkeiten, ihre Fähigkeit, auf normale Weise zu kommunizieren, sind ernsthaft beeinträchtigt. Drittens beschäftigen sich autistische Kinder nicht spontan mit Als-ob-Spielen wie in Kapitel 4 beschrieben. Autistische Kinder spielen vielleicht auf eine Weise mit Spielzeug, die sich durch Wiederholungen und durch Zwangshandlungen kennzeichnen läßt; so legen sie ein Spielzeug immer wieder von einer Hand in die andere, wie dies mit Ellys Kette geschah, oder sie ordnen Spielzeug systematisch an, vergleichbar etwa der Art und Weise, wie Elly mit ihren Bauklötzen spielte. Dies ist auch ein anschauliches Beispiel für das vierte Symptom – Zwangshandlungen autistischer Kinder mit stereotypen Bewegungen, eingefahrenen Praktiken oder den immer wieder selben Interessen.

Es handelt sich hier um Symptome, die sich zu Anfang eines Kinderlebens nicht manifestieren, sich von der Natur der Sache her nicht zeigen können. Deshalb besteht im ersten Lebensjahr wie bei Elly kein Verdacht auf Autismus. Gegenwärtig gibt es kein Verfahren zur Frühdiagnose von Autismus. Manche Babys reagieren nicht auf ihr soziales Umfeld, doch geschieht dies später; und einige Kinder, die hinterher als autistisch diagnostiziert werden, sind als Babys ganz normal.[201] Eine Mutter schrieb: „Es gibt für mich einen ausgesprochen grausamen Aspekt des Autismus in der frühen Kindheit: Den Eltern geht erst ganz allmählich auf, daß mit ihrem Kind etwas nicht stimmt."[202] Damit ist nicht gesagt, daß es sich beim Autismus nicht um einen genetischen Defekt handelt, nur zeigt er sich anfangs nicht. Und genau das würden wir erwarten, wenn der Autismus durch einen Defekt in einem System bedingt ist, das erst gegen Ende der Säuglingszeit heranreift. In der Säuglingszeit zeigt sich eher die allgemeine geistige Behinderung, die häufig mit dem Autismus verbunden ist. Autistische Kinder zeichnen sich durch eine gewisse geistige Retardierung aus. Es gibt jedoch auch Kinder mit einem normalen oder hohen Intelligenzniveau, bei denen die charakteristischen Symptome des Autismus zu finden sind, wie dies bei Elly der Fall war. Welchen Schädigungen diese Kinder auch immer ausgesetzt sind, bei ihnen zeigt sich der Autismus vielleicht insofern in seiner reinsten Form: Es ist nur das entscheidende System betroffen, auf dem der soziale Kontakt und die Kommunikation aufbaut, ohne daß die weitreichenden Folgen eintreten, die zu geistiger Retardierung führen.[203]

Es ist immer noch unklar, um welches wichtige System es sich dabei handelt und wodurch es deshalb zum Autismus kommt.

Kurz nachdem das Syndrom erstmals beschrieben worden war, wurde die These aufgestellt, daß es durch abnorme Interaktionen innerhalb der Familie hervorgerufen wird. Diese Vermutung beruhte auf der Tatsache, daß die Diagnose Autismus häufiger bei Kindern aus der Mittelschicht gestellt wurde; dies ist längst nicht mehr der Fall und mag dadurch zustande gekommen sein, daß Kinder aus der Mittelschicht eher zu einem Facharzt überwiesen werden. Es ließe sich aber auch durch die Tatsache erklären, daß Autismus anscheinend nicht weitervererbt wird. Auf jeden Fall wäre dies jedoch unwahrscheinlich, weil autistische Menschen nur selten eigene Kinder haben und weil die Störung selbst derartig selten auftritt. Ein auffallender Befund zugunsten einer genetischen Erklärung ist die Tatsache, daß 2 Prozent der Geschwister autistischer Kinder selbst autistisch sind. Obwohl es sich hier um eine recht geringe Zahl handelt, ist sie fünfzigfach höher, als man vom Zufall her erwarten würde. Ein noch deutlicherer Hinweis ist der Befund, daß bei vier von elf autistischen Kindern mit einem eineiigen Zwilling auch dieser Zwilling autistisch ist, während bei zehn autistischen Kindern mit einem zweieiigen Zwilling keiner der Zwillinge selbst autistisch ist.[204] Daher nahm man von der in den fünfziger Jahren verbreiteten Auffassung Abstand, daß die Störung durch die emotionale Kälte der Mutter und ihre Unfähigkeit hervorgerufen würde, eine Beziehung zu ihrem Kind aufzubauen.

Die Störung scheint eindeutig biologischen Ursprungs zu sein, obwohl nicht hundertprozentig geklärt ist, wo der Fehler auftritt. Man sucht weiterhin nach der zugrundeliegenden Ausfallerscheinung, die alle Symptome beim Autismus erklären würde – nämlich die Abnormalitäten in den sozialen Beziehungen, in der Sprachentwicklung und beim Spielen. Wie wir im gesamten Buch gesehen haben, ist das Erlernen eines alltagspsychologischen Verständnisses, die Entdeckung des Denkens also, die Grundlage für die zwischenmenschlichen Beziehungen und den normalen Gebrauch der Sprache. Vielleicht gelingt es autistischen Kindern nicht, das Denken zu entdecken.

Hat das autistische Kind eine Theorie des Denkens?

Simon Baron-Cohen war einer der vielen, die den Artikel „Hat der Schimpanse eine Theorie des Denkens?" von Premack und Woodruff gelesen haben (siehe Kapitel 1 und 8). Er war von Dennetts Kommentar beeindruckt, insbesondere von der Beschreibung, mit welcher Schadenfreude die Kinder Kasper und Gretel beobachteten. Baron-Cohen erkannte, daß autistische Kinder nicht auf diese Weise reagieren würden. Er dachte sich, daß diese Kinder vielleicht nicht wie normale Kinder eine Theorie des Denkens entwickeln. Zusammen mit Uta Frith und Alan Leslie entwarf er eine Aufgabe, die dazu beitragen sollte, diese Frage zu beantworten.[205] Die Kinder wurden gebeten, vier Bilder in eine Reihenfolge zu bringen und eine Geschichte dazu zu erzählen. Es gab drei Arten, eine Reihenfolge zu legen. Bei der ersten Art, den mechanischen Geschichten, wurde großer Wert auf äußere Interaktionen zwischen Gegenständen und Menschen gelegt – so trat ein Mann gegen einen Fels mit der Folge, daß der Fels den Berg hinunterrollte und platschend ins Wasser fiel. Die zweite Art von Geschichten betonte die Interaktionen im Verhalten von Menschen – da nimmt etwa ein Mädchen einem Jungen sein Eis weg und ißt es selbst. Die dritte Art von Geschichten läßt sich am besten als mentalistisches Niveau beschreiben – beispielsweise legt ein Mädchen hinter sich ein Spielzeug auf den Boden; während sie Blumen pflückt, nimmt es ihr jemand weg; das Mädchen dreht sich wieder um und ist überrascht, daß es nicht mehr da ist. Baron-Cohen und seine Mitarbeiterinnen verglichen die Fähigkeit autistischer Kinder zwischen sechs und 17 Jahren, die Aufgabe zu lösen, mit der Fähigkeit von Down-Syndrom-Kindern ähnlichen Alters sowie mit der Fähigkeit normaler Vierjähriger. Gemessen an den verbalen und nichtverbalen Fähigkeiten war das Intelligenzalter der autistischen Kinder höher als das der übrigen beiden Gruppen. Trotz dieses Vorteils zeigten die autistischen Kinder bei den mentalistischen Geschichten schlechtere Leistungen als die anderen beiden Gruppen; dennoch waren sie bei den mechanischen und bei den Verhaltensgeschichten ebensogut oder besser als die anderen beiden Gruppen. Bei den mentalistischen Geschichten konnten die autistischen Kinder der Hauptperson nicht den mentalen Zustand der Überraschung zuordnen und dies dazu nutzen, eine sinnvolle Reihenfolge für die Bilder zu finden.

Etwa zur selben Zeit wurde der Artikel von Wimmer und Perner veröffentlicht, in dem die Aufgaben zu fehlerhaften Überzeugungen beschrieben worden waren.[206] Baron-Cohen, Leslie und Frith entwickelten eine einfache Version dieser Aufgabe für autistische Kinder und verglichen erneut deren Leistungen mit denen einer Gruppe von Kindern mit Down-Syndrom und mit denen normaler Vierjähriger.[207] Sie fanden heraus, daß die meisten der Vierjährigen und der Down-Syndrom-Kinder, aber nur sehr wenige der autistischen Kinder in der Lage waren, korrekt vorherzusagen, daß eine Puppe, die nicht beobachtet hatte, wie ihre Murmel aus einem Korb in eine Schachtel gelegt wurde, am ursprünglichen Ort, nämlich im Korb, danach suchen würde. Das heißt, die autistischen Kinder konnten der Puppe keine fehlerhaften Überzeugungen zuschreiben.

Diese beiden Untersuchungen sind ein früher und überzeugender Hinweis darauf, daß autistische Kinder nicht wie normale Kinder eine Theorie des Denkens entwickeln; dies erklärt sowohl ihre sozialen wie auch ihre pragmatischen Schwierigkeiten. Wenn sich autistische Kinder nicht des Denkens bewußt sind, wenn sie sich als unfähig erweisen, anderen Menschen mentale Zustände zuzuschreiben, dann ist es nicht überraschend, daß sie zu anderen Personen eine Beziehung wie zu Gegenständen haben und daß sie sozial isoliert sind. Entsprechend wird, wenn sie die Überzeugungen und Intentionen der Menschen nicht in ihre Überlegungen mit einbeziehen können, die normale Kommunikation unmöglich.

Folgeuntersuchungen bestätigten und vertieften diese Befunde. Vielleicht ist Ihnen aufgefallen, daß autistische Kinder möglicherweise deshalb Schwierigkeiten mit der Puppensituation haben, weil sie sich nicht an Als-ob-Spielen beteiligen. Sie sind jedoch auch dann nicht in der Lage, anderen Menschen fehlerhafte Überzeugungen zuzuschreiben, wenn die Situation mit wirklichen Menschen durchgespielt wird und sie Teil der Interaktion sind.[208] Und hier sind die „unerwarteten Inhalte" bei Aufgaben mit fehlerhaften Überzeugungen für sie ebenso schwer. Haben sie erst einmal herausgefunden, daß sich in einer ganz gewöhnlichen Schachtel für Süßigkeiten Stifte befinden, können sie nicht mehr verstehen, wie jemand anders, der die Schachtel nur von außen sieht, meinen kann, es befänden sich Süßigkeiten darin.[209] Autistische Kinder können keine fehlerhaften Überzeugungen in anderen hervorrufen, indem sie andere Personen täuschen, etwa bei der Art von Experimenten, wie sie in Kapitel 8 beschrieben wurden – sie können nicht lügen, um einen Räuber davon abzuhalten, eine Münze zu bekommen[210] – und sie können auch nicht auf etwas zeigen, wovon sie wissen, daß es ein leerer Kasten ist, damit die andere Person die Schokolade nicht bekommt.[211] Ebensowenig sind autistische Kinder in der Lage, zwischen Erscheinungsform und Realität zu unterscheiden. Haben sie erst einmal entdeckt, daß das, was wie ein Ei aussieht, in Wirklichkeit ein Stein ist, sagen sie, daß beides gleich aussieht und in Wirklichkeit ein Ei ist (oder daß beides gleich aussieht und in Wirklichkeit ein Stein ist). Das heißt, sie sind sich ihrer eigenen mentalen Zustände nicht bewußt; sie können nicht zwischen ihrer Wahrnehmung der Gegenstände und ihrem Wissen darüber unterscheiden.[212] Sie sind sich ihrer eigenen fehlerhaften Überzeugungen in der Vergangenheit nicht bewußt. Sie erinnern sich nicht daran, daß sich ihre eigene Überzeugung gewandelt hat, als sie herausfanden, daß es sich um eine fehlerhafte Überzeugung handelte.[213] David Olson merkte freilich dazu an, daß die Bezeichnung Autismus vom griechischen Wort für „selbst" eigentlich unsinnig sei, da sich autistische Menschen anscheinend wenig ihrer selbst bewußt sind.

Man kann die Unterschiede zwischen autistischen und anderen Kindern nicht nur bei diesen Aufgaben beobachten, sondern auch mit Hilfe von Beobachtungen in natürlichen Situationen. Helen Tager-Flusberg analysierte zufällig ausgewählte, spontane sprachliche Äußerungen bei sechs autistischen und bei sechs Down-Syndrom-Kindern ähnlichen Alters mit vergleichbaren verbalen Fähigkeiten. Sie fand heraus, daß die autistischen Kinder den Down-Syndrom-Kindern ähnelten, wenn es darum ging, wie sie über Bedürfnisse und Emotionen sprachen; sie neigten jedoch sehr viel weniger als die Down-Syndrom-Kinder dazu, sich dadurch auf kognitive mentale Zustände zu beziehen, daß sie Wörter wie *Meinen* und *Wissen* gebrauchten. Sie sprachen in ähnlicher Weise über die Wahrnehmung wie Down-Syndrom-Kinder, doch neigten sie viel weniger dazu, die Aufmerksamkeit der Mutter mit Wörtern wie *Gucken* und *Sehen* auf bestimmte Dinge zu lenken.[214]

Wie die Dreijährigen ordnen autistische Kinder anderen Menschen keine fehlerhaften Überzeugungen zu, sie können andere nicht täuschen, erinnern sich nicht an ihre eigenen fehlerhaften Überzeugungen und können nicht zwischen Erscheinungsform und Realität unterscheiden. Autistische Kinder verstellen sich nicht, und es fällt ihnen schwer, in Experimenten Verstellung und Fantastereien zu verstehen.[215] Sie verstehen die Unterscheidung zwischen Gedanken und Dingen, zwischen realen und geistigen Gebilden nicht in gleicher Weise wie normale Dreijährige.[216] Helen Tager-Flusberg zeigte, daß sie über Bedürfnisse sprechen; doch es fällt ihnen im Unterschied zu normalen Dreijährigen schwer, zu verstehen, daß Menschen unglücklich sind, wenn ihre Bedürfnisse nicht befriedigt werden.[217]

Deshalb sind autistische Kinder nicht einfach in der Entwicklung zurückgeblieben. Sie unterscheiden sich von anderen Kinder in folgender Hinsicht: Ihnen fehlt das Bewußtsein vom eigenen Denken und von den eigenen mentalen Zuständen sowie denen anderer Personen. Die autistischen Kinder in den gerade beschriebenen Experimenten stammen aus dem oberen Drittel der Autistengruppe; denn sie müssen ein Intelligenzniveau und ein Niveau sprachlicher Fertigkeiten haben, das ausreichend hoch ist, damit sie getestet werden können. Ihr Intelligenzalter bei verbalen Tests ist mindestens vier Jahre, ihr nichtverbales Intelligenzalter ist höher, und ihr wirkliches Alter bewegt sich im Bereich zwischen 6 und 18 Jahren bei einem Mittelwert von 12 Jahren. Ihre Leistungen wurden mit denen normaler Vierjähriger und mit denen sprachgestörter Kinder ähnlichen Alters oder eines geringeren Intelligenzalters (bezogen auf die Verbalintelligenz) verglichen. Allgemein gesagt bestand das Ergebnis darin, daß die meisten Kinder aus den Vergleichsgruppen die Aufgaben lösen und daß dies den meisten autistischen Kindern nicht gelingt, obwohl sie den Vorteil eines höheren Intelligenzalters haben. Die autistischen Kinder lösen Aufgaben, die zur Kontrolle gestellt wurden und bei denen die Zuordnung mentaler Zustände nicht verlangt ist.

All dies trägt dazu bei, zu verstehen, wie stark das Defizit bei autistischen Kindern ausgeprägt und wie spezifisch es ist; doch es bringt uns der Anwort auf die Frage, wo genau der Fehler liegt, nicht näher. Oder es führt sogar zu einer noch schwierigeren Frage. Wir sagen, daß es bei autistischen Kindern deshalb zu Schwierigkeiten kommt, weil sie das Denken nicht entdecken und weil sie keine Theorie des Denkens entwickeln. Die schwierigere Frage lautet: Wie entdecken normale Kinder das Denken? Was *führt* bei normalen Kindern *dazu*, daß sich ein alltagspsychologisches Verständnis entwickelt? Diese Fragen wurden im gesamten Buch kurz angesprochen, und ich werde mich speziell im letzten Kapitel damit beschäftigen. Jetzt möchte ich sichten, welchen Beitrag die Untersuchung des Autismus liefert; dazu werde ich rekapitulieren, wie die Frage „Was ruft den Autismus hervor?" beantwortet wurde.

Was ruft den Autismus hervor?

Wie ich weiter oben in diesem Kapitel bereits schrieb, gibt es keine eindeutige Antwort auf diese Frage. Man ist der Auffassung, daß Autismus eine biologische Störung ist, ein Defizit in irgendeinem angeborenen Mechanismus. Es gibt eine Diskussion darüber, ob es sich im wesentlichen um ein emotionales oder um ein kognitives Defizit handelt.

Als Kanner selbst erstmals das Syndrom wie oben zitiert beschrieb, vertrat er die Auffassung, daß es sich im wesentlichen um eine emotionale Störung handele. Er meinte, daß die Kinder, die er beschrieb, *von Geburt an unfähig* waren, die Art affektiver, also emotionaler Kontakte mit anderen Menschen aufzunehmen, die normalerweise spontan entstehen. Es stimmt nicht, daß autistische Kinder keine Gefühle haben; und sie bringen ihre Emotionen zum Ausdruck, sie lachen und schreien zum Beispiel, obwohl ihr Gesichtsausdruck manchmal ungewöhnlich und schwer interpretierbar ist.[218] Wie Helen Tager-Flusberg zeigte, sprechen sie über Emotionen und haben ein gewisses Verständnis dafür, wie Situationen und Bedürfnisse zu Emotionen führen.[219] Sie können auch die Emotionen anderer Menschen erkennen, zumindest sehen sie das Lächeln und das Stirnrunzeln; doch sind sie bei experimentellen Aufgaben nicht in der Lage, ein lächelndes Gesicht einer frohen Stimme oder einer freudigen Geste oder dem Bild mit einer Situation zuzuordnen, über die man normalerweise glücklich wäre.[220] Auf eine Weise können sie die tiefere Bedeutung von Emotionen nicht einschätzen. Sie verstehen die Bedeutung von Emotionen bei anderen Menschen nicht. Und am meisten fällt auf, daß sie anderen gegenüber kein Einfühlungsvermögen zeigen.

Nach Peter Hobson bestätigen diese Befunde die Sichtweise, daß es sich beim Autismus im wesentlichen um eine emotionale Störung handelt.[221] Wie ich in Kapitel 2 schrieb, sind Emotionen genauso versteckt wie Überzeugungen und Bedürfnisse. Sie kommen auf natürliche Weise zum Ausdruck, und sie können von anderen wahrgenommen werden. Hobson weist darauf hin, daß wir unmittelbar von Geburt an eine biologisch begründete Fähigkeit haben, die Emotionen anderer wahrzunehmen. Genau das fehlt bei autistischen Kindern, und daher beginnen die Schwierigkeiten sehr früh in ihrem Leben. Als Säuglinge sehen sie die Emotionen hinter der Körpersprache anderer Menschen nicht; und sie erleben auch keine emotionale Kommunikation, das heißt, sie erfahren keine seelische Verbundenheit mit ihren Betreuungspersonen. Ebenhier, sagt Hobson, beginnt die Entdeckung des Denkens beim Kind. Autistische Kinder verpassen diesen Ausgangspunkt. Ohne diese Grundvoraussetzung für die eigene Entwicklung haben sie keinen Einblick in das mentale Leben anderer Menschen oder in ihr eigenes mentales Leben.

Hier mag es sich in der Tat um die Methode oder zumindest um einen Bestandteil der Methode handeln, mit deren Hilfe

Kinder, wie wir in Kapitel 3 sahen, das Denken entdecken. Das ist vielleicht jedoch nicht der Punkt, an dem die Entwicklung autistischer Kinder in die Irre führt. Ihre Probleme fangen vielleicht erst später an. Wenn wir die Annahme akzeptieren, daß der Autismus in erster Linie eine emotionale Störung mit jenem recht frühen Ausgangspunkt ist, dann blieben noch zwei Rätsel zu lösen: Erstens, warum haben Kinder, bei denen später die Diagnose Autismus gestellt wird, als Kleinkinder offensichtlich normale soziale Beziehungen, und zweitens, warum weisen autistische Kinder dieses spezifische Muster von Defiziten auf, wie es sich bei ihnen findet?

In diesem Kapitel wurde bereits beschrieben, daß einige Babys, die später als autistisch diagnostiziert werden, als Kleinkinder ganz normal auf ihre soziale Umwelt reagieren, wie dies auch bei Elly der Fall war, und eine normale Bindung zur Mutter entwickeln.[222] Weiterhin belegt eine Längsschnittuntersuchung, daß die sozialen Schwierigkeiten autistischer Kinder nicht in der mittleren Kindheit beginnen. In einer großen Stichprobe ein- bis zweijähriger Kinder, die an eine Klinik überwiesen wurden, weil ihre Entwicklung nicht ganz normal verlief, wurden 50 Prozent als „ohne Beziehung zu Menschen als Personen" etikettiert, dem Defizit in den zwischenmenschlichen Beziehungen, das für den Autismus so charakteristisch ist. In einer Folgeuntersuchung fand man einige Jahre später heraus, daß alle Kinder in einem bestimmten Ausmaß geistig retardiert waren. Jedoch war keines der Kinder, über deren zwischenmenschliche Störung man etwas vor dem ersten Geburtstag herausfand, autistisch; dies war jedoch bei einem Viertel derjenigen der Fall, bei denen dies im zweiten Lebensjahr festgestellt wurde, und bei mehr als 80 Prozent von denen, die diese Störung im zwischenmenschlichen Bereich nach dem zweiten Geburtstag aufwiesen. Das läßt sich schwer erklären, wenn die Probleme autistischer Kinder wie von Hobson vorgeschlagen auf ihre anfängliche Unfähigkeit zurückgehen, zwischenmenschliche Beziehungen aufzubauen. Zweitens, wenn dem Autismus ein emotionales Defizit zugrunde liegt, das seinerseits zu der Unfähigkeit führt, eine Beziehung zu anderen

Menschen aufzubauen, läßt sich nur schwer eine Erklärung dafür finden, daß autistische Kinder dieses spezifische Symptombild entwickeln. Das Problem ist, obwohl es tief geht, recht spezifisch. Nicht mit allen kognitiven Aufgaben haben autistische Kinder Schwierigkeiten, nicht mit jenen, die von ihnen verlangen, daß sie anderen Personen mentale Zustände zuschreiben. Sie zeigen gute Leistungen bei Tests zur sozialen Kognition; hier wird nicht von ihnen verlangt, daß sie sich dessen bewußt sind, was andere denken.[223] So können sie sich selbst im Spiegel erkennen, Gleichaltrige auf Fotos ausmachen, zwischen Lebewesen und anderem unterscheiden und die charakteristischen Eigenschaften von Menschen herausfinden, wie Alter, Geschlecht und Verwandtschaftsverhältnisse sowie die Beziehung zwischen Mutter und Kind und die zwischen Ehemann und Ehefrau. In Wahrnehmungsaufgaben beim Rollenspiel können sie, ausgehend von dem, was sie gesehen haben, beurteilen, was eine andere Person sieht, obwohl sie nicht beurteilen können, was die andere Person weiß.[224]

Diese kniffligen Probleme führten zu dem Erklärungsversuch, Autismus könne durch ein in erster Linie *kognitives* Defizit hervorgerufen werden, das erst in zweiter Linie zu emotionalen Folgen führe. Alan Leslie vertrat die Auffassung, daß es sich hier um ein *metarepräsentationales* Defizit handele. Wie in Kapitel 4 angedeutet, vertritt er die Auffassung, die kognitive Fähigkeit zur Metarepräsentation beruhe auf einem angeborenen Mechanismus im Gehirn, dem Modul „Theorie des Denkens". Denken Sie noch einmal daran, daß primäre Repräsentationen Überzeugungen über die Umwelt sind. Sekundäre Repräsentationen oder Metarepräsentationen, wie sie Leslie nennt, schweben über der Realität, sie fügen sich in ein Beziehungsgeflecht wie das *Denken* und das *Als-ob-Spiel* ein. Sie nehmen die folgende Form an: „Sally *denkt*, ihre Murmel sei im Korb", „Ich *tue so, als ob* meine Banane ein Telefon wäre" usw. Leslie ist der Meinung, daß dieser Mechanismus, der zu solchen Metarepräsentationen führt, bei autistischen Kindern gestört ist.[225] Dies würde auch erklären, warum autistische Kinder anderen keine mentalen Zustände zuschreiben können und warum sie sich nicht an Als-ob-Spielen beteiligen. Ebenso könnte dies als Erklärung dafür dienen, daß autistische Kinder keine Schwierigkeiten bei sozialen Aufgaben haben, bei denen nur die primäre Repräsentation erforderlich ist.

Uta Frith vertritt Leslies Ansatz und baut ihn in ihre eigene umfassendere Theorie ein, die zusätzliche Eigenheiten autistischer Kinder berücksichtigt; bei diesen Eigenheiten geht es um mehr als die soziale Isolierung, wie etwa pragmatische Schwierigkeiten und das Ausbleiben des Als-ob-Spiels. Dies wird in ihrem Buch *Autismus – ein kognitionspsychologisches Puzzle*[226], das ich als interessante, informative und klare Darstellung über den Autismus nur empfehlen kann, in allen Einzelheiten aufgezeigt. Uta Frith argumentiert, daß das grundlegende Problem autistischer Kinder ein Defizit in der zentralen Informationsverarbeitung ist und daß es sich speziell um eine Unfähigkeit handelt, die unterschiedlichen Teile einer Information zu bedeutsamen Einheiten zusammenzufügen. Erinnern Sie sich an Ellys Puzzle – sie konnte das Puzzle genausogut lösen, wenn es mit dem Bild nach unten auf dem Tisch lag. Sie konzentrierte sich auf die Form der einzelnen Teile und ließ sich nicht so sehr vom Gesamtbild leiten.

Normalerweise gibt es im Gehirn eine ausgeprägte zentrale Dynamik in Richtung auf Zusammenhänge, auf umfassenden Sinn und auf Struktur. Genau deshalb fällt es uns leichter, uns an das Wesentliche zu erinnern, als uns alles Wort für Wort ins Gedächtnis zurückzurufen; dies ist bei Autisten nicht der Fall. Aus demselben Grund empfinden wir es als schwierig, eine versteckte Figur auszumachen, wenn sie in einem größeren Bild als Teil enthalten ist; autistische Kinder jedoch zeigen bei solchen Aufgaben gute Leistungen, weil sie nur wenig Sinn für Zusammenhänge haben. Uta Frith erklärt damit auch die sozialen und kommunikativen Probleme autistischer Kinder, die auf dieselbe Ursache zurückgehen. Wenn wir mit anderen Menschen interagieren, konzentrieren wir uns nicht auf die einzelnen Handlungen; wir fügen vielmehr die Informationen über die Person, das Ereignis und das Verhalten zu einem großen Ganzen zusammen, interpretieren sie auf dem Hintergrund unserer eigenen Erwartungen und Vorannahmen und reagieren auf dieser globalen Bedeutungsebene. Autistische Kinder können dies nicht leisten, weil bei ihnen die zentrale Dynamik in Richtung auf Zusammenhänge fehlt. Ihre soziale Interaktion macht daher den Eindruck, losgelöst und unbeteiligt zu sein. Entsprechend beruht die Kommunikation im Gespräch darauf, daß wir uns in anspruchsvoller Weise an einem umfassenden Inhalt orientieren. Wir reagieren nicht auf das, was wörtlich gesagt wird, sondern darauf, was eine Person meint; wir beziehen die Situation mit ein, unsere Erwartungen, die auf den besonderen Eigenschaften des Gesprächspartners beruhen, unsere Vorannahmen, die wir über das machen, was bereits gesagt worden ist, usw. Autistische Menschen dagegen geben jeder einzelnen Aussage eine wörtliche Interpretation. Im Gespräch mit ihnen führt nicht eins zum andern. Es gibt keinen Gesprächsfluß; dies zeigt ein Beispiel, in dem sich Uta Frith mit Ruth unterhält, einem begabten autistischen Mädchen im Alter von 17 Jahren:

UF: ... du wohnst also in dieser schönen Wohnung oben im Haus.
R.: Ja-ah. (Ruth betont immer den letzten Laut.)
UF: Ist sie wirklich schön?
R.: Das ist sie.
UF: Kochst du da manchmal?
R.: Ja, das mache ich.
UF: Was kochst du?
R.: Alles mögliche.
UF: Wirklich? Was magst du am liebsten?
R.: Fischstäbchen.[227]

Es handelte sich, wie Uta Frith sagte, um eine recht eingeschränkte Kommunikation. Jede Frage und jede Antwort bestand aus einer getrennten kleinen Einheit, ohne Sinn für Kontinuität. Uta Frith zeichnet ein einheitliches Bild der unterschiedlichen Schwierigkeiten, die autistische Menschen haben. In ihrer Theorie betont sie die Ausrichtung an einem umfassenden Sinn und an einer Struktur; sie nimmt an, daß es autistischen Kindern nicht gelingt, das Denken im Verhalten zu entdecken, und daß dies Teil des autistischen Gesamtbildes ist.

Auch Simon Baron-Cohen unterstützt Leslies Position, doch kommt bei ihm etwas Wichtiges hinzu. Er ist daran interessiert, herauszufinden, wann sich bei normalen Kindern, bevor sie mit Als-ob-Spielen anfangen, zum erstenmal Hinweise auf eine metarepräsentationale Fähigkeit finden lassen, und zu bestimmen, ob auch dies beim Autismus zum Stillstand kommt. Er stellt die These auf, daß diese Fähigkeit ungefähr mit neun Monaten einsetzt, also in den ersten Stadien, in denen es wie in Kapitel 7 beschrieben zur Kommunikation und zu geteilter Aufmerksamkeit kommt. Seine Aufmerksamkeit auf etwas zu richten ist mehr, als etwas anzuschauen, es bedeutet, absichtlich auf den Gegenstand des Interesses zu gucken, es geht also um etwas. Somit ist Aufmerksamkeit ein intentionaler oder repräsentationaler mentaler Zustand (siehe Kapitel 2). Deshalb ist es etwas Metarepräsentationales, Aufmerksamkeit zu verstehen. Baron-Cohen argumentiert, dies sei die erste metarepräsentationale Fähigkeit, die Kinder erlernen.[228] Wie in Kapitel 3 berichtet nutzen normal entwickelte Babys die Blickrichtung der Mutter, um herauszufinden, worauf sich ihre Aufmerksamkeit konzentriert. Autistische Kinder machen weder dies noch zeigen sie auf etwas, um die Aufmerksamkeit eines Erwachsenen zu steuern. Denken Sie an Claras „erste leise Zweifel", als sie erkannte, daß Elly nie auf etwas gezeigt hatte. Autistische Kinder sind in der Lage, auf etwas zu zeigen, wenn sie wollen, daß man ihnen etwas gibt; doch zeigen sie nicht direkt auf etwas, um die Aufmerksamkeit der anderen Person zu steuern, und wie zuvor erwähnt lenken sie die Aufmerksamkeit der Mutter nicht auf etwas Bestimmtes, indem sie die Wörter *guck 'mal* oder *schau* verwenden.

Weil wir unsere Aufmerksamkeit zudem an Zielen ausrichten, begleiten wir das, was wir machen, mit Blicken. So argumentiert Baron-Cohen, daß Babys, welche die metarepräsentationale Fähigkeit besitzen, die Aufmerksamkeit einer anderen Person zu verstehen, die Blickrichtung dazu nutzen, um etwas über die Ziele der anderen Person herauszufinden.[229] Wenn ein Erwachsener einem Baby ein Spielzeug hinhält und es dann zum Scherz in dem Augenblick wieder zurückzieht, in dem das Baby seine Hände danach ausstreckt, dann blickt das Kind auf die Augen des Erwachsenen, um einen Grund für diese Handlung zu finden. Wenn das Baby in einer ähnlichen Situation mit einem Spielzeug spielt und der Erwachsene es unter seinen Händen versteckt, schaut das Baby sofort auf dessen Augen, wiederum um zu verstehen, warum er das macht. Kleine autistische Kinder verhalten sich in keiner dieser Situationen so. Anscheinend besitzen sie nicht die Fähigkeit, zu verstehen, was Aufmerksamkeit ist, weil sie keine metarepräsentationale Fähigkeiten besitzen.

Baron-Cohen führte eine groß angelegte Längsschnittuntersuchung durch, in der erfaßt wurde, in welchem Maße Babys ein Verständnis für Aufmerksamkeit entwickeln – es geht also um ihre Fähigkeit, die Aufmerksamkeit einer anderen Person durch Zeigen auf etwas zu lenken, die Blickrichtung zu nutzen, um zu überprüfen, worauf eine Person ihre Aufmerksamkeit richtet, usw. Sein Ziel bestand darin, die frühest möglichen Indikatoren für Autismus herauszufinden.[230] Interessanterweise erinnert uns Baron-Cohens Arbeit mit autistischen Kindern wieder an einen Zeitraum, mit dem sich Inge Bretherton und ihre Kollegen vor mehr als einem Jahrzehnt beschäftigten. Damals behaupteten sie, daß Kleinkinder bei ihren frühen Kommunikationsversuchen eine implizite Theorie des Denkens haben.[231] Und wieder kommen dieselben Fragen auf, die ich in Kapitel 3 zu bedenken gab; es handelt sich um Fragen, bei denen es um die impliziten Eigenheiten des Verständnisses geht, das sich in der Aktivität von Kleinkindern zeigt; es kommt die Frage hinzu, wie real dieses Verständnis ist. Baron-Cohens Arbeit erinnert uns daran, welch wichtige Bedeutung die menschliche Kommunikation – also die Interaktion der Denkprozesse zweier Menschen – hat, und daran, daß Kinder bei ihren Kommunikationsversuchen vielleicht erstmals das Denken entdecken.

Individuelle Unterschiede beim Autismus

Kommunikationsschwierigkeiten stellen vielleicht die auffälligste Eigenheit des Autismus dar, obwohl sich einzelne Personen darin unterscheiden, wie schwerwiegend diese Probleme bei ihnen sind. Es wurde erwähnt, daß der Autismus häufig mit einer geistigen Retardierung unterschiedlichen Ausmaßes einhergeht, die selbst wiederum zu Sprach- und Kommunikationsproblemen führt. Aber selbst autistische Menschen, die ein normales Intelligenzniveau aufweisen, unterscheiden sich darin, wie schwer ihre autistischen Symptome sind.

Als ich die Aufgaben in den Experimenten weiter oben darstellte, schrieb ich, daß die *Mehrheit* der autistischen Kinder anderen Menschen oder sich selbst keine mentalen Zustände zuordnet. Diese Experimente zeigten jedoch auch, daß es bei einzelnen Autisten eine gewisse Entwicklung in dieser Fähigkeit gibt, anderen mentale Zustände zuzuschreiben, wenn auch mit einer schwerwiegenden zeitlichen Verzögerung. Im allgemeinen kann ein Fünftel bis ein Viertel aller autistischen Kinder Aufgaben in Tests zu fehlerhaften Überzeugungen lösen, doch erst ab einem Intelligenzalter von gut vier Jahren. Die Aufgaben überprüfen, inwieweit die Überzeugungen der Menschen bezüglich der Umwelt verstanden werden, wie etwa beim folgenden Satz: „Sally glaubt, ihre Murmel ist im Korb." Fast keines dieser Kinder schaffte eine etwas schwierigere Aufgabe, die Sechsjährige normalerweise lösen können; die Aufgabe überprüft, inwieweit sie die Überzeugung einer anderen Person bezüglich der Überzeugung einer weiteren Person verstanden haben, wie etwa im folgenden Satz: „Anne glaubt, daß Sally glaubt, ihre Murmeln sind im Korb."[232] Nur sehr wenige der Autisten lösen diese komplexere Aufgabe. Ihre kommunikativen Fähigkeiten sind jedoch nicht vollständig funktionsunfähig. Sie haben Schwierigkeiten mit den Spitzfindigkeiten eines Gesprächs, mit Witzen und Wortspielen, mit beschönigenden Ausdrücken.

In einer interessanten Untersuchungsreihe hat Francesca Happé gezeigt, daß es einen Zusammenhang zwischen der kommunikativen Kompetenz und den unterschiedlichen Niveaus, wie die Überzeugungen anderer Menschen verstanden werden, gibt.[233] Autistische Menschen, die keine der Aufgaben zu fehlerhaften Überzeugungen lösten, waren auch nicht in der Lage, irgendeine Art bilderreicher Sprache zu verstehen, wenn nicht ausdrücklich durch die Verwendung eines „wie" betont wurde, daß es sich um einen Vergleich handelte, beispielsweise in den beiden folgenden Sätzen: „Der Hund war so naß. Er war eine wandelnde Pfütze." Bilderreiche Sprache ohne diesen ausdrücklichen linguistischen Hinweis ergab für sie keinen Sinn. Sie konnten die Metapher „Der Hund war so naß. Er war wirklich eine wandelnde Pfütze" nicht verstehen; sie kann *nur* interpretiert werden, wenn man sie nicht wörtlich nimmt. Diejenigen, die Standardaufgaben zu fehlerhaften Überzeugungen lösen konnten, waren auch in der Lage, Metaphern zu verstehen. Wenn sie jedoch die komplexeren Aufgaben zu fehlerhaften Überzeugungen nicht lösen konnten, was darauf hingewiesen hätte, daß sie die Überzeugungen bezüglich der Überzeugungen anderer Menschen verstanden hätten, konnten sie ironische Bemerkungen wie „Was für ein hübscher trockener Hund" nicht begreifen. Und selbst die begabtesten Autisten hatten erhebliche Schwierigkeiten damit, die nichtwörtlichen Bemerkungen der Hauptpersonen in komplexeren naturalistischen Geschichten zu erklären.[234] Unter Rückgriff auf die Relevanztheorie von Sperber und Wilson[235] zeigt Francesca Happé, daß Vergleiche als Beschreibungen der Welt, als primäre Repräsentationen verstanden werden können, daß man Metaphern aber nur verstehen kann, wenn man die Intention des Sprechers repräsentiert; man hat sie dann als Metarepräsentationen begriffen und erkannt, daß ironische Bemerkungen ein Verständnis der Intentionen des Sprechers zur Kommunikationsintention voraussetzen. Die Autorin beschreibt dann die genaueren Zusammenhänge zwischen sozialem Verständnis (in Aufgaben zu Überzeugungen) und den Niveaus kommunikativen Verständnisses; sie bringt anschauliche Beispiele dafür, wie sich bei Menschen mit Autismus dasselbe Niveau der Beeinträchtigung bei beiden Aufgaben zeigt.

Auch den wenigen begabten Autisten, die hochentwickelte Sprachfertigkeiten haben und unter normalen Bedingungen leben können, bereitet es Schwierigkeiten, mit den spitzfindigeren Aspekten der Kommunikation wie Humor, Takt und Höflichkeit umzugehen. Obwohl sie es möglicherweise lernen, mangelnde Fähigkeiten auszugleichen, geht dies doch auf eine

Weise vor sich wie bei uns, wenn wir einen mangelnden Wortschatz beim Erlernen einer Fremdsprache wettmachen wollen. Das Verständnis entwickelt sich bei ihnen nicht natürlich. Es gibt keine Heilung des Autismus, sondern nur kompensierende Maßnahmen.

Im Nachwort zu ihrem Buch über Ellys erste Jahre führt Clara, ihre Mutter, zusätzlich das Gutachten eines Psychologen aufgrund eines Intelligenztests an, den man Elly mit 18 Jahren vorlegte. Er bemerkte dazu, daß die Feinheiten sozialer Situationen Elly immer noch Schwierigkeiten bereiteten, obwohl sie in mancher Hinsicht zu kompensieren gelernt hat. „Bei mehreren Aufgaben, in denen Bilder in eine bestimmte Reihenfolge gebracht werden mußten, schaffte sie eigentlich korrekte Lösungen, obwohl sie die Geschichte oder den zugrundeliegenden Humor nicht verstand. Ihre Lösung beruhte auf Hinweisreizen für die logische und zeitliche Reihenfolge, die sie recht scharfsichtig aufgriff."[236] Elly hatte immer noch Schwierigkeiten, die Gedanken und Gefühle anderer Menschen zu verstehen; aber als sie älter wurde, bekam sie mit, daß es ihr zumindest teilweise gelang, und sie versuchte, etwas darüber in Erfahrung zu bringen. Mit 15 Jahren fragte sie: „Verletze ich die Gefühle der Menschen, wenn ich im Bus weine?"[237] Durch ihr heftiges Weinen kam es zu schrecklichen Geräuschen. Ihre Mutter hatte ihr geduldig erklärt, daß es den Menschen zwar in den *Ohren* wehtut, aber nicht ihre *Gefühle* verletzt. Der Unterschied zwischen einer körperlichen und einer emotionalen Verletzung war für Elly offensichtlich unbegreiflich. Sie setzte jedoch ihre Lernversuche so fort, als ob sie alles von außen her betrachten würde. Neue Verfahren der Verhaltenstherapie halfen ihr, und mit 21 Jahren begann sie eine neue Gruppe von Verhaltensweisen zu erlernen, nämlich „an andere zu denken"; und die Entwicklung ging weiter. Mit 23 Jahren war sie mit zwei Studentinnen zu Hause, als ihre Eltern in den Urlaub gefahren waren. Sie hatte die Eltern zunächst vermißt, doch die Studentinnen fanden bald heraus, daß man sie durch das Aufsagen ihrer Lieblingsthemen, der Namen von Radiostationen, ermuntern konnte – sie sagten WMNB-FM (Anm. d. Übers. bei uns etwa

NDR 3), und Elly lächelte. Eines Tages hörte eine der Studentinnen, daß ihr Vater einen Autounfall gehabt hatte und im Koma lag; sie war schrecklich beunruhigt. „(Elly) konnte die Tränen sehen; man brauchte ihr nicht zu sagen, daß Tracy traurig war. Sie versetzte sich, so gut sie es konnte, in Tracys Lage. Sie sagte nicht ‚Ich hoffe, dir wird es besser gehen‘, sondern ‚WMNB-FM‘."[238] Wenn man diese Geschichte hört, lächelt man mit Tränen in den Augen und erinnert sich an den Einjährigen, der einen weinenden Freund tröstet, indem er ihm seinen eigenen Teddy anbietet. Beim Autismus gibt es keine Heilung und keine vollständige Gesundung. Autistische Menschen entdecken nie wirklich, wie andere Menschen denken.

Kapitel 10: Ursachen und Folgen

Wie ich am Anfang des Buches schrieb, ging es mir darum, zwei Geschichten zu erzählen. Bei der einen ging es darum, wie Kinder das Denken entdecken, bei der anderen darum, wie Psychologen die Entdeckung des Denkens durch die Kinder untersuchen. Einschränkend mußte ich hinzufügen, daß Kinder ihre Entdeckungen nicht in der Begrifflichkeit von Psychologen beschreiben. Das dürfte nun deutlich geworden sein. Ich habe natürlich den psychologischen Standpunkt eingenommen und die Begrifflichkeit von Psychologen verwendet – *Überzeugung, Bedürfnis, Repräsentation*, ja selbst „Entdeckung des Denkens". Ein Fünfjähriger würde so weder denken, noch würde er so sprechen. In einem gewissen Sinne führt es allerdings zu Mißverständnissen, wenn man von der Entdeckung des Denkens durch das Kind, von einer Handlung, die zum Denken führt, etc. spricht. Das Kind – und dies trifft auch für uns zu – ist sich weniger des Denkens als seiner selbst bewußt: Es ist nicht das Denken, ich bin es selbst. Entsprechend ist das Bewußtsein vom Denken anderer Menschen eher ein Bewußtsein des Selbst der anderen: Es ist nicht sein Denken, er ist es selbst. Und selbstverständlich fassen wir das genauso in Worte. Wir sagen nicht: „Mein Denken war von der fehlerhaften Überzeugung bestimmt, daß die Schokolade in der Schublade lag." Natürlich nicht, sondern wir sagen: „*Ich dachte*, die Schokolade liegt in der Schublade." Wenn ich intentional handle, dann scheint es mir nicht so, daß mein Denken zu meiner Handlung führt; ich führe sie einfach aus! In ähnlicher Weise reden wir nicht davon, daß das Denken eines anderen Menschen von fehlerhaften Überzeugungen, Bedürfnissen und Intentionen bestimmt ist; vielmehr sprechen wir davon, was die Person selbst *denkt, will* usw.

Wir Psychologen können davon sprechen, daß Kinder Begriffe für Überzeugungen und Bedürfnisse erwerben, doch die Kinder selbst würden nur davon sprechen, daß die Menschen etwas denken und wollen. Wir können davon reden, sie hätten entdeckt, daß das Denken etwas Aktives ist, daß es Situationen konstruiert und interpretiert; doch sie erleben es nicht auf diese Weise und in dieser Begrifflichkeit. Das Kind findet Stifte in einer Süßigkeitenschachtel. Sein Erlebnis, also seine Konstruktion des Erlebnisses, war von einer fehlerhaften Überzeugung bestimmt, einer Überzeugung, die sich auf eine Situation in der Umwelt bezog, sie jedoch anders beschrieb, als sie tatsächlich war. Es ist der Auffassung, selbst einen Fehler gemacht zu haben. Es dachte das eine, und jetzt weiß es, daß in Wirklichkeit etwas anderes stimmt.

In diesem Buch habe ich die Entwicklung, durch die das Kind das Denken entdeckt, in psychologischer Begrifflichkeit zurückverfolgt. Es wäre jedoch ein Fehler, folgenden Eindruck zu erwecken: Jedes Kind geht am Abend vor seinem vierten Geburtstag ins Bett, und es kann keine Aufgabe zu fehlerhaften Überzeugungen lösen; am nächsten Morgen wacht es auf und ist in der Lage, sie zu lösen. Genauso wie es individuelle Unterschiede in den Leistungen autistischer Kinder gibt, trifft dies auch auf andere Kinder zu. Trotzdem ist es möglich, ein allgemeines Bild von der Kindesentwicklung zu skizzieren, vom Entstehen eines ersten Verständnisses für die eigenen mentalen Zustände und die anderer Menschen sowie von der ersten Anwendung dieses Verständnisses darauf, das Verhalten von Menschen zu erklären und es vorherzusagen. Wie wir gelernt haben, beginnt diese Entdeckung in der Säuglingszeit damit, daß Babys die Unterscheidung zwischen Menschen und Dingen verstehen, daß sie immer stärker die Absicht verfolgen, mit Menschen und nicht mit Dingen zu kommunizieren. Diese Entwicklung setzt sich im Trotzalter fort, wenn die Kinder die Fähigkeit erwerben, an im Moment nicht vorhandene und hypothetische Dinge und Ereignisse zu denken – an mögliche Alternativen zu den augenblicklich vorhandenen; das findet am ehesten seinen Ausdruck im Als-ob-Spiel. Kinder sind in dieser

Situation in der Lage, zwischen Gedanken und Dingen zu unterscheiden. Wenig später fangen die Kinder an, über das Denken zu sprechen oder zumindest über das, was sie und andere sehen, wollen und empfinden, und dann später auch über das, was sie denken und wissen. Und Vorschulkinder haben auch eine gewisse Vorstellung von der Wahrnehmung, dem Bedürfnis und der Emotion, sie können diese Begriffe verwenden, um vorherzusagen, was Menschen machen werden. Später haben sie auch ein ungefähres Verständnis von Wissen und Überzeugung. Am Ende der Vorschulzeit erlangen Kinder das entscheidende Verständnis für eine fehlerhafte Überzeugung und erkennen, daß Menschen in der Umwelt so handeln, wie sie sie repräsentieren, auch wenn die Repräsentation eine fehlerhafte Repräsentation der wirklichen Situation darstellt. Die einzelnen Kinder unterscheiden sich geringfügig darin, in welchem Alter sie dieses Verständnis erreichen, doch gibt es eine erstaunliche Übereinstimmung bei all dieser offensichtlichen Vielfalt. Obwohl sie während der Schulzeit und bis zum Jugendalter viel mehr lernen werden, erscheint es uns gerechtfertigt, aus den wissenschaftlichen Befunden zu folgern, daß Kinder im Alter von fünf Jahren das Denken entdeckt haben.

Ich habe die Geschichte aus dem Blickwinkel des Psychologen erzählt, und ich habe die Kindesentwicklung beschrieben. Es bleiben noch zwei wichtige Fragen zu beantworten, zwei Fragen, auf die die Psychologen, die in diesem Bereich arbeiten, ihre Bemühungen richten. Bei der ersten geht es um die Ursachen und bei der zweiten um die Folgen. Erstens, worin besteht die Ursache für diese Entwicklung? Das heißt, wie entdeckt das Kind das Denken? Zweitens, welche Folgen hat diese Entwicklung? Das heißt, wie ändert sich das Leben der Kinder, wenn sie das Denken entdeckt haben? Dies sind die Fragen, mit denen ich mich jetzt beschäftigen möchte. Sie werden wie erwähnt immer noch diskutiert.

Wie entdeckt das Kind das Denken?

Psychologen nehmen sich in der Regel mehr Zeit dafür, die Entwicklung von Kindern zu beschreiben, als zu erklären, wie es zu dieser Entwicklung kommt. Wie Susan Carey schrieb, besteht ein offensichtlicher Grund im folgenden: Bevor wir nicht wissen, um welche Veränderungen es sich handelt, können wir gar nicht erst damit anfangen, durch Entwicklung hervorgerufene Veränderungen zu erklären.[239] Ein weiterer Grund besteht nach Carey darin, daß Beschreibung manchmal *gleichbedeutend* mit Erklärung ist. Was etwa das Kleinkind verstehen und leisten kann, stellt eine natürliche Begrenzung für das dar, was es über die Welt lernen kann; und in diesem Sinne ist es eine Erklärung für das, was das Kind lernt. Deshalb ist die Beschreibung dessen, wozu ein kleineres Kind fähig ist, eine Erklärung dafür, welche Faktoren zur Entwicklung der Fähigkeit eines größeren Kindes führen. Aus diesem Grund kommt Susan Carey zu der Schlußfolgerung, daß beschreibende Forschung notwendig und wichtig ist.

Gewiß wurde in den letzten zehn Jahren die Alltagspsychologie von Kindern in allen Einzelheiten beschrieben, und ich habe das in diesem Buch zusammengefaßt. Diese Beschreibung stellt Forschungsergebnisse bereit, Belege, die einer weiteren Erklärung bedürfen. Es wäre selbstverständlich eine zu starke Vereinfachung, wenn ich behauptete, Beleg und Erklärung ließen sich so leicht voneinander trennen. Wie Susan Carey schrieb, ist ein Beleg manchmal eine Erklärung. Und wie ich zu Beginn anmerkte, werden wir von unseren Theorien über das geleitet, was wir beobachten oder was wir in einem Experiment messen wollen, ganz gleich, ob wir nun durch Beobachtungen oder durch Experimente zu Forschungsergebnissen kommen. Die Theorie bestimmt, wohin wir schauen, und das, was wir herausfinden, mag dazu beitragen, die Theorie neu zu formulieren. Beleg und Erklärung hängen voneinander ab. Als ich in den vorigen Kapiteln die Forschungsergebnisse beschrieb, bezog ich mich jedoch unvermeidlicherweise zumindest implizit auf verschiedene theoretische Erklärungen. In Kapitel 4 beschäftigte ich mich mit Alan Leslies hypothetischem Ansatz; danach gibt es im Gehirn einen besonderen angeborenen Mechanismus, ein „Modul zur Theorie des Denkens". In Kapitel 6 erwähnte ich Judy Dunns Längsschnittuntersuchungen und ihre Befunde, daß häufige Gespräche in der Familie über Emotionen Kinder später dazu befähigen, Emotionen besser zu verstehen. Und in Kapitel 8 setzte ich mich mit dem Gedanken auseinander, daß die Begriffsentwicklung bei Kindern, insbesondere der Erwerb des Begriffs der Repräsentation, die Grundlage dafür darstellt, daß sie die Überzeugungen und die Handlungen von Menschen verstehen, die auf fehlerhaften Überzeugungen beruhen. All dies sind theoretische Erklärungen und Hinweise in Richtung auf eine theoretische Erklärung. Ich werde mich jetzt expliziter damit beschäftigen.

Die Redeweise, auf die ich immer wieder zurückgreife und die auch im Titel des vorliegenden Buches *Wie Kinder das Denken entdecken* zum Ausdruck kommt, setzt voraus, daß das Denken da ist und nur entdeckt werden muß. Ich spreche nicht von der Erfindung des Denkens bei Kindern, wie es David Olson getan hat.[240] Ich meine nicht, daß das Denken vorfindbar ist und genauso wie Finger und Zehen nur entdeckt werden muß. Nach Bruno Snell liegen die Ursprünge für die westliche Auffassung vom Menschsein in der griechischen Kultur.[241] Er führt diese Ursprünge anhand unserer Vorstellungen von Subjektivität und individueller Verantwortung auf die alten griechischen Schriften zurück; die Anfänge gehen auf die vorsokratischen Philosophen in der Zeit vor Homer zurück. Diese Auffassungen beherrschen unsere Alltagspsychologie und stellen die Grundlage für unsere Vorstellungen vom Selbst und von anderen Personen dar. In diesem Sinne ist „Denken" eine kulturelle Erfindung, und Kinder entdecken das Denken, wenn sie die Sprache, die Sitten und die Gebräuche der Kultur erlernen.

In einem aufschlußreichen Essay versucht Carol Feldman herauszufinden, wie sich unsere Erforschung des kindlichen Denkverständnisses in die neue Kulturpsychologie einordnen ließe.[242] Für Carol Feldman und für viele andere ist die Psychologie keine kausale empirische Wissenschaft, sondern eine interpretierende Humanwissenschaft. Ihrer Auffassung nach sollten Psychologen in Bereichen wie der Entdeckung des Denkens durch das Kind weniger das Verhalten eines Menschen erklären und vorhersagen; sie sollten es vielmehr verstehen und interpretieren. Viel wichtiger sei es, wie das Kind dazu kommt, dem, was Menschen machen, Bedeutungen zuzuordnen; und dies sei es, was wir erforschen sollten – nicht so sehr aus einer Piagetschen Sicht des Kindes als „kleiner Wissenschaftler", wonach es seine eigene Theorie der Verursachung konstruiert, sondern aus einer Vygotskijschen Sicht des Kindes, wonach das Kind die Konstruktion des Denkens in seiner Gesellschaft internalisiert.

Jerome Bruner hat immer schon die Bedeutung der Kultur für die menschliche Entwicklung betont.[243] In *Acts of Meaning* stellt er wortgewandt dar, wie Kinder der Welt, insbesondere der sozialen Umwelt, einen Sinn geben, wenn sie die Fähigkeit erwerben, Geschichten über sie zu erzählen.[244] Er zeigt, wie Kinder dazu kommen, Geschichten zu verwenden, um sich einen Reim darauf zu machen, was sie und andere denken, empfinden und machen. Der springende Punkt besteht darin, daß die Geschichte nicht nur darüber etwas aussagt, was geschehen ist, sondern daß sie auch auf dem Hintergrund dessen erzählt wird, was gewöhnlich geschieht und was geschehen sein sollte; und dies erzählen Geschichten aus einem besonderen Blickwinkel heraus. „Dieselben" Ereignisse könnten nachträglich von unterschiedlichen Personen ganz anders dargestellt werden: vom Kind, welches das Spielzeug an sich nahm, und von der Schwester, der das Spielzeug gehörte, oder vom Kind, das seiner Mutter half, und von der Mutter, deren Aktivität unterbrochen wurde. In den Untersuchungen von Judy Dunn finden sich viele Beispiele dieser Art.[245] So hatte David gerade Megans Spielzeugstaubsauger repariert; beide Kinder wollten damit spielen:

David zur Mutter: Ich will es machen. Weil ich ihn repariert habe. Und ihn in Gang gebracht habe.
Mutter zu David: Nun, du mußt warten, bis du dran bist.
Mutter zu Megan: Läßt du David auch 'mal dran?
Megan zur Mutter: Ich muß es machen. Das ist 'was für Frauen.

Mutter zu Megan: Ja, das ist 'was für Frauen. Ja, und manchmal auch für Männer. Papi saugt doch auch manchmal Staub, oder? ... Laß also David auch 'mal dran.[246]

Wenn ein Kind im alltäglichen Familienleben lernt, zu reden, Geschichten zu erzählen und Geschichten anzuhören, lernt es somit auch, was man machen kann und was nicht, was die Menschen darüber denken und was sie dabei empfinden. Mit anderen Worten, es eignet sich die Alltagspsychologie seiner Kultur an.

Diese Argumentationslinie wird durch Befunde wie die von Penny McCormick gestützt, über die in Kapitel 8 berichtet wurde; danach antworten Kinder aus verschiedenen Kulturen unterschiedlich auf solche Fragen wie, was jemand in einer Situation, in der eine Person in die Irre geführt wurde, sagen und machen würde. Man könnte zwar einwenden, daß in unterschiedlichen Kulturen auf völlig andere Weise über solche Dinge geredet wird und man die Antworten auf diese Fragen über die Kulturen hinweg nicht vergleichen kann.[247] Befunde wie die von Avis und Harris[248], daß im Grunde genommen alle Kinder aus sehr unterschiedlichen Kulturen das gleiche Verständnis dafür haben, wie Überzeugungen und Bedürfnisse Handlungen und Empfindungen beeinflussen, widersprechen zum andern der Auffassung, daß die Alltagspsychologie durch das Hineinwachsen in die Kultur übernommen wird; oder zumindest deuten sie darauf hin, daß das Verständnis für diese Dinge in allen Kulturen in gewissem Maße grundlegend ähnlich ist. Die Befunde zur Entwicklung autistischer Kinder widersprechen jedoch in noch stärkerem Maße der Auffassung, daß man einfach nur in die Kultur hineinwächst. Elly, über die ich im vorigen Kapitel schrieb, wuchs in derselben sozialen Umwelt auf wie ihre Brüder und Schwestern, doch entdeckte sie das Denken nicht auf dieselbe Weise wie sie. Wie ich sagte, stimmt man heute allgemein darin überein, daß es sich beim Autismus um eine Störung handelt, die nicht gesellschaftlichen, sondern biologischen Ursprungs ist. Obwohl es richtig sein mag, daß das „Denken" eine kulturspezifische Erfindung ist, gibt es somit

Wie entdeckt das Kind das Denken? 185

auch die Auffassung, daß jedes Kind für sich das Denken entdeckt. Es bleibt die Frage, wie?

Durch die Forschungsergebnisse zur Entwicklung autistischer Kinder kam Alan Leslie zu der Hypothese, daß es eine angeborene Komponente gibt, auf der die Entdeckung des Denkens bei Kindern beruht. Diese nativistische Auffassung wird auch durch Untersuchungen an nahen Verwandten des Menschen wie den Menschenaffen bestätigt; die Studien zeigen, daß auch die Affen anderen Mitgliedern ihrer Art innere Zustände zuschreiben können.[249] Dies verlagert jedoch lediglich die Verantwortung für eine Erklärung von den Entwicklungspsychologen zu den Biologen. Wenn das Verständnis bei Kindern angeboren ist, dann wollen wir wissen, wie es im Laufe der Entwicklung entstand.

Der Hinweis, daß das alltagspsychologische Verständnis auf angeborenen Mechanismen oder Strukturen beruht, setzt nicht notwendigerweise voraus, daß dieses Verständnis von Geburt an da ist. Wir sahen in der Tat, daß dies nicht der Fall ist. Innerhalb der ersten fünf Jahre kommt es zu einer beachtlichen Entwicklung. Trotzdem scheinen sich die Babys von Anfang an wie in Kapitel 3 beschrieben auf Menschen einzustimmen; dies mag ein Hinweis auf angeborene Vorläufermechanismen sein, welche die Entdeckung des Denkens begünstigen. Es sind nur wenige, die so argumentieren. Fast alle neigen anscheinend zu der Auffassung, daß es einen angeborenen Anfangszustand gibt, der beim Autismus beeinträchtigt ist; aber viele wenden ein, daß diese ursprünglichen Strukturen oder Begabungen dann im Laufe der Entwicklung modifiziert werden. Diese Sicht der Dinge setzt nicht voraus, daß sich Kinder in allen Kulturen auf dieselbe Weise entwickeln. Sie läßt einen gewissen Spielraum für Unterschiede, die auf verschiedene Erfahrungen zurückgeführt werden können. Sie läßt auch einen gewissen Spielraum für die Begriffsentwicklung offen.

Für Leslies Auffassung spricht jedoch ein viel gewichtigeres Argument. Er sagt, im Gehirn gäbe es ein „Modul für die Theorie des Denkens" und dies fehle bei autistischen Kindern.[250] Seine Auffassung berücksichtigt, daß Entwicklung auch durch

Reifung vor sich geht – die Entwicklung des Moduls wird auf die eine oder andere Weise während des zweiten Lebensjahres in Gang gesetzt, führt zu den Anfängen des Als-ob-Spiels und später zum Verständnis für andere Arten mentaler Zustände wie etwa für Überzeugungen. Das Modul setzt dieser Entwicklung jedoch klare Grenzen. Erfahrung führt dazu, daß das Modul wirksam wird, es kann aber durch Erfahrung nicht weiter verändert werden. Unabhängig von der Erfahrung werden Kinder überall auf der Welt dasselbe Verständnis entwickeln. Verständnis wird nicht durch das Kind konstruiert.

Die Auffassung, daß man in eine Kultur hineinwächst, betont die Rolle der Sozialisation; der nativistische Standpunkt hebt die Rolle der biologischen Reifung zur Erklärung der Kindesentwicklung hervor. Zwischen diesen beiden Standpunkten sind Theorien anzusiedeln, welche die Rolle des Kindes bei der Konstruktion des Wissens durch Begriffsentwicklung mit einbeziehen. Der Auffassung von Piaget liegt ein solcher Standpunkt zugrunde. Piaget beschäftigte sich jedoch nicht hauptsächlich damit, die Kindesentwicklung in einem bestimmten Bereich wie etwa dem alltagspsychologischen Verständnis zu erklären, sondern damit, auf der Grundlage einiger fundamentaler Begriffe eine umfassende Erklärung für die Entwicklung bereitzustellen. Ich erwähnte im ersten Kapitel bereits einen dieser Begriffe, den *Egozentrismus*. Piaget gebrauchte diesen Begriff zunächst, um bestimmte Aspekte der Sprache kleiner Kinder, und später, um in allgemeinerer Form ihr Denken zu charakterisieren. In den sechziger und siebziger Jahren waren Piagets Arbeiten über Egozentrismus Anlaß zu einer ganzen Reihe entwicklungspsychologischer Untersuchungen. Im Zentrum des Interesses stand dabei die Fähigkeit von Kindern zur *Rollenübernahme*; es ging also um die Frage, wie erfolgreich sie dabei sind, über den Egozentrismus hinauszugehen, und wie gut es ihnen gelingt, den Standpunkt eines anderen zu übernehmen. Man „versetzt sich in jemanden hinein", und dann weiß man, wie die Welt für ihn oder für sie aussieht. Diese Fähigkeit, so dachte man, läge einem Gutteil der sozial-kognitiven Entwicklung bei Kindern zugrunde.

Paul Harris beschrieb den Mechanismus, wie die Rollenübernahme eventuell funktioniert; er nannte ihn *Simulation*.[251] Wie Carl Johnson[252] betont Harris, daß es sich bei Überzeugungen und Bedürfnissen um mentale Zustände handelt, mit denen das Kind tatsächlich Erfahrungen macht. Nach dieser Auffassung können sogar kleine Kinder ihre eigenen mentalen Zustände introspektiv erkennen, und sie sind sich intuitiv ihrer eigenen phänomenalen Erfahrung bewußt. Harris schreibt, daß ein Kind die Handlungen anderer Menschen nicht mit Hilfe von Gesetzmäßigkeiten voraussagt, die Überzeugungen und Bedürfnisse aufeinander beziehen. Dies geht vielmehr so vor sich, daß sie sich vorstellen, sie hätten die Überzeugungen und Bedürfnisse, welche die andere Person hat, und sich ausmalen, was sie selbst machen würden, wenn sie diese Überzeugungen und Bedürfnisse hätten. Er schreibt weiter, daß diese Fähigkeit, die Erfahrung einer anderen Person sowie deren Aktionen und Reaktionen zu simulieren, auf drei Fähigkeiten aufbaut, die sich in der Vorschulzeit entwickeln.[253]

Erstens: Wie wir sahen, entwickeln Kinder großartige Fähigkeiten zum Als-ob-Spiel. Mit ungefähr 18 Monaten beginnen sie, sich zu verstellen; über die nächsten ein oder zwei Jahre hinweg entsteht bei ihnen die Fähigkeit zur Verstellung in dem Maße, wie sich ihre Als-ob-Spiele entwickeln, wie sie in der Lage sind, Puppen mentale Zustände zuzuordnen und selbst den Zustand der Verstellung zu übernehmen. Sie tun beispielsweise so, als wollte die Puppe etwas zu trinken oder als wollten sie selbst einen Keks haben. Zweitens: Kleine Kinder können unter hypothetischen Voraussetzungen Folgerungen ziehen. Wenn sie beispielsweise so tun, als wollten sie einen Keks, und wenn dann jemand so tut, als gäbe er ihnen einen Keks, dann können sie so tun, als seien sie glücklich und als würden sie ihn essen. Drittens: Kinder sind in der Lage, etwas zu ändern, was Harris als ihre *Voreinstellungen* bezeichnet hat; dabei handelt es sich um den Hintergrund, vor dem das Kind handelt. Voreinstellungen bestehen aus den momentanen mentalen Zuständen des Kindes und dem momentanen Zustand der Welt (soweit das Kind ihn kennt). Rollenübernahme oder Simulation der Erfahrung eines anderen Menschen setzt voraus, daß diese Voreinstellungen geändert werden. Dies erfordert beispielsweise, daß man seine eigenen Bedürfnisse und/oder Überzeugungen hintanstellt und die der anderen Person übernimmt, um zu simulieren, was die andere Person machen bzw. wie sie empfinden wird. Je mehr Voreinstellungen außer Kraft gesetzt werden müssen, desto schwieriger wird die Simulation sein. Um etwa fehlerhafte Überzeugungen zu verstehen, muß sich das Kind eine nichtexistierende Situation vorstellen, die einen Teil seiner eigenen Realität ersetzt, wie zum Beispiel, daß ein versteckter Gegenstand an seinem ursprünglichen Ort ist. Dann muß es seinen Standpunkt an dieses Ersatzstück der Realität anpassen. Es glaubt nicht daran, aber es muß sich vorstellen, daß die andere Person daran glaubt. Das ist schwieriger, als sich nur vorzustellen, jemand wolle etwas anderes als das Kind selbst; und deshalb gelingt dies erst in einem späteren Stadium.

Die Auffassung, daß man in eine Kultur hineinwächst, betont die Rolle der Sozialisation; der nativistische Standpunkt betont die Rolle der biologischen Reifung, während der Standpunkt der Simulation die Rolle der eigenen introspektiven Erfahrungen beim Kind betont. Nach dieser Auffassung leitet das Kind das Verständnis psychologischer Begriffe – der Begriffe Überzeugung, Bedürfnis, Intention und Emotion – aus seiner eigenen Erfahrung ab. Es gibt noch einen vierten Standpunkt, der auch die Bedeutung der Erfahrung des Kindes betont und entsprechend behauptet, daß das Kind eine aktive Rolle dabei übernimmt, sein Verständnis des Denkens zu konstruieren. Hier handelt es sich um die Auffassung, daß das Kind eine Theorie des Denkens entwickelt.

Handelt es sich wirklich um eine Theorie des Denkens?

In den sechziger und siebziger Jahren wurden Hunderte von Artikeln veröffentlicht, in deren Titel das Wort Rollenübernahme stand, während seit den achtziger Jahren die Rollenübernahme aus der Mode kam und es jetzt Hunderte von Artikeln gibt, bei denen „Theorie des Denkens" im Titel steht. Man mag sich fragen, ob dies ein Hinweis auf einen allgemeinen Wandel in der Art und Weise ist, wie die Psychologen die Entdeckung des Denkens beim Kind erklären, auf einen Wandel der Loyalitäten, fort vom Simulationsstandpunkt und hin zum Theoriestandpunkt. In einem gewissen Maße mag dies stimmen, doch ist das nicht die ganze Wahrheit. Josef Perner berichtet über ein Gespräch mit John Flavell über ein 1968 von ihm geschriebenes und 1975 ins Deutsche übersetztes Buch: *Rollenübernahme und die Kommunikation bei Kindern.*[254] Perner fragte Flavell, ob seine Verwendung des Begriffes Rollenübernahme voraussetze, daß er die Simulationsauffassung verträte, um die Entwicklung der Fähigkeiten bei Kindern zu erklären; und Flavell antwortete, dies sei nicht der Fall. Er habe den Begriff einfach deshalb verwendet, weil es sich dabei zu dieser Zeit um eine gebräuchliche Bezeichnung für die Entwicklung einer sozialen Kognition handelte. Ich meine, daß dies vielleicht ganz allgemein zutrifft. Psychologen haben sich hauptsächlich damit beschäftigt, eine solche Entwicklung zu beschreiben. Ihre Theorien dazu, wie es zu dieser Entwicklung kam, sind Ausdruck des allgemeinen theoretischen Standortes, den sie einnahmen. Das gilt unabhängig davon, ob es sich nun um einen Piagetschen Standpunkt handelte, um den des sozialen Lernens, um den der Informationsverarbeitung oder um welchen Standpunkt auch immer.

Die Redeweise von der Theorie des Denkens ist in der entwicklungspsychologischen Literatur jetzt gebräuchlicher als die von der „Rollenübernahme". Wie Flavell sagte, setzte seine Verwendung des Begriffs Rollenübernahme im Jahre 1968 nicht voraus, daß man die Simulationsauffassung vertrat. Daher kann man heute einigen Personen, die die Redeweise von der Theorie des Denken verwenden, damit nicht unterstellen, sie verträten die Auffassung, daß das Kind eine *Theorie* über das Denken entwickelt. Der Ausdruck „Theorie des Denkens" wird auf mindestens drei unterschiedliche Weisen gebraucht. Erstens: Er wird einfach verwendet, um ein Forschungsgebiet zu benennen, so wie es auch beim Begriff Rollenübernahme war. Er wird sogar von Personen so gebraucht, die behaupten, daß die Alltagspsychologie bei Kindern auf keinem wie immer gearteten theoretischen Wissen beruht. Zweitens: Der Ausdruck wird in einem allgemeinen Sinne mit einem Bezug auf das alltagspsychologische Wissen bei Kindern verwendet; dies ist ein recht freier Gebrauch des Wortes „Theorie", der beispielsweise durch das Wort „Begriffssystem" ersetzt werden könnte. Dieser Sprachgebrauch setzt nicht voraus, daß Kinder sich wirklich mit dem Aufbau einer Theorie beschäftigen. Die dritte Art und Weise jedoch, auf die der Ausdruck verwendet wird, nimmt den Gedanken der Theorieentwicklung ernst: Die Theorieentwicklung bei Kindern entspricht in dieser Sichtweise der naturwissenschaftlichen Theorieentwicklung. Diese Auffassung ist Bestandteil eines allgemeinen Standpunkts, nach dem die kognitive Entwicklung in der Begrifflichkeit der Theoriebildung und des Theoriewandels gefaßt wird – wie es beispielsweise Susan Carey, Annette Karmiloff-Smith und Frank Keil in anderen Bereichen gezeigt haben.[255] Diese dritte Position ist diejenige, die ich als den Theoriestandpunkt betrachte. Psychologen kamen zu der Theorie, daß Kinder eine Theorie über das Denken entwickeln; dies hat dazu geführt, diese Auffassung als Theorie-Theorie zu bezeichnen – das Wort gefiel ihnen so gut, daß sie es zweimal verwendeten, wie Jim Russell meinte.[256] Um die unvermeidliche Verwechslung zu umgehen, werde ich dies die Theorieauffassung nennen und mich ansonsten auf die Theorie des Denkens bei Kindern beziehen. Die Theorieauffassung, die ich in Kapitel 8 darstellte, wird von Josef Perner, Henry Wellman, Alison Gopnik, John Flavell und anderen vertreten. Sie entspricht auch meinem Standpunkt, den ich implizit, aber manchmal auch ausdrücklich über die vorangehenden Kapitel hinweg vertreten habe. Sie beschäftigt sich vor allem mit der Entwicklung des Repräsentationsverständnisses bei Kindern, der Entwicklung repräsentationaler mentaler Zustände.

Nach der Theorieauffassung sind Begriffe für mentale Zustände – also für Bedürfnis, Intention, Wahrnehmung, Überzeugung usw. – theoretische Gebilde. Sie sind abstrakt und unbeobachtbar; sie werden verwendet, um beobachtbares menschliches Verhalten zu erklären und vorherzusagen. Diese theoretischen Begriffe sind auf einer anderen Ebene als die beobachtbaren

Phänomene angesiedelt, als die Handlungen und Ereignisse, die mit ihrer Hilfe erklärt werden. Eine Theorie läßt sich durch Kohärenz und Interdependenz der von ihr verwendeten Begriffe charakterisieren. Das heißt, die Begriffe greifen wie im System, das ich in Kapitel 5 beschrieben habe, ineinander – Menschen handeln zum Beispiel so, daß sie unter Berücksichtigung ihrer Überzeugungen Bedürfnisse befriedigen. Die Theorie kann somit, indem auf einige wenige Begriffe und Gesetzmäßigkeiten Bezug genommen wird, als Erklärung für eine Vielzahl von Befunden dienen.

Eine grundlegende Eigenschaft jeglicher Theorie, ob es sich nun um die eines Kindes oder um die eines Wissenschaftlers handelt, besteht darin, daß sie einem Wandel unterliegt. Die Theoriekonstruktion zeichnet sich dadurch aus, daß sie sich entwickelt und dynamisch ist. Theorien sind nichts Statisches, sondern sie können durch neue Forschungsbefunde widerlegt werden. Ein Kind geht nicht von einem Stadium, in dem es überhaupt keine Theorie hat, direkt in ein Stadium über, in dem es eine vollausgebildete Theorie des Denkens wie die eines Erwachsenen besitzt; vielmehr ist es in unterschiedlichen Stadien Anhänger unterschiedlicher Theorien. Deshalb ist es angemessener, von den Theorien eines Kindes zu sprechen und nicht von der Theorie des Denkens. Es ist eine diskutierenswerte Frage, ob man die frühen Theorien als Theorien des *Denkens* bezeichnen oder sie Theorien des Verhaltens oder Theorien über Menschen nennen sollte. Jedenfalls kommt es zu einer bedeutsamen Entwicklung, wenn ein Kind entdeckt, was beim Denken vor sich geht, wenn es also versteht, was eine repräsentationale Aktivität ist. Diese Entwicklung läßt sich als ein Wechsel von einem früheren Typus der Theorie des Denkens zu einer repräsentationalen Theorie des Denkens[257] kennzeichnen bzw. als Wechsel von einer mentalistischen Theorie des Verhaltens zu einer Theorie des Denkens.[258] In beiden Fällen besteht die entscheidende Leistung darin, daß Kinder verstehen, was eine Repräsentation ist.

Zu diesem Wandel kommt es im Alter von ungefähr vier Jahren. Dreijährige verstehen den Unterschied zwischen Gedanken und Dingen, sie verstehen, daß es sich bei Gedanken um unsichtbare Zustände handelt. Sie verfügen über Begriffe für Bedürfnis und Wahrnehmung, und sie verstehen die kausalen Beziehungen beispielsweise zwischen dem, was die Menschen wollen, und dem, was sie machen, bzw. zwischen dem, was die Menschen sehen, und dem, was sie wissen (siehe Kapitel 6 und 7). In diesem Stadium meint ein Kind jedoch noch, zwischen diesen mentalen Gebilden und der Welt gäbe es eine direkte Beziehung.[259] Es stellt sich Gedanken als etwas von der Welt Getrenntes und doch direkt damit Verbundenes vor; deshalb beruhen seine Vorhersagen auf diesen direkten Beziehungen: Es sagt beispielsweise voraus, daß eine Person, die einen Gegenstand haben möchte, danach suchen wird, wo der Gegenstand ist. Einige seiner Vorhersagen stellen sich als falsch heraus – ein Kind wird mit Menschen konfrontiert, die entgegen ihren eigenen Bedürfnissen handeln, indem sie am „falschen" Ort nach Dingen suchen, weil sie meinen, sie seien irgendwo anders. Kürzlich haben Alison Gopnik und Henry Wellman recht prägnant beschrieben, welche Auswirkungen eine derartige Erfahrung mit sich bringt.[260] Im allgemeinen kann man, sagen sie, dies in dem Maße, wie sich Belege gegen eine bestehende Theorie anhäufen, zunächst abstreiten, dann alles mit Ad-hoc-Hypothesen abtun, welche die Bedeutung der Theorie verringern und sie weniger elegant und weniger einfach erscheinen lassen. Dann muß das ganze System schließlich zu einer neuen Theorie umstrukturiert werden. Und genau darum geht es bei der kindlichen Theorie des Denkens.

Zunächst ignorieren Dreijährige selbst recht eindeutige Indizien, die ihrer momentanen Theorie zuwiderlaufen. Denken Sie an das Kind in Kapitel 8, das meinte, es seien Süßigkeiten in der Schachtel, und dann seine übergroße Überraschung zum Ausdruck brachte, als es herausfand, daß sich dort keine Süßigkeiten befanden. Als es gefragt wurde, was seiner Auffassung nach darin gewesen sei, bevor die Schachtel geöffnet wurde, ignorierte es den Hinweis auf seine eigene Überraschung. Das Kind behauptete, gesagt zu haben, in der Schachtel seien Stifte, obwohl es vor weniger als einer Minute, als es die Schachtel zum erstenmal sah, „Smarties!" gesagt hatte und dann „Ach, du meine Güte, Stifte!", als diese geöffnet vor ihm lag. Nach Gopnik und Wellman folgt anschließend ein Zwischenstadium, in dem Kinder anscheinend von zwei unterschiedlichen Theorien Gebrauch machen oder eher von der alten Theorie und einigen neuen Hypothesen. So sind Dreijährige möglicherweise durchaus in der Lage, Handlungen zu erklären, die auf fehlerhaften Überzeugungen beruhen, auch wenn sie die Handlungen nicht vorhersagen können.[261] Das heißt: Zwingt sie jemand, eine Erklärung für eine Person zu finden, die ihr eigenes Bedürfnis nicht befriedigen kann, weil sie nach etwas am falschen Ort sucht, sind sie vielleicht in der Lage, zu sagen, daß dies nach Auffassung der Person der Ort sei, wo der Gegenstand ist. Wenn sie zum andern gefragt werden, wo diese Person nachsehen wird, erkennen sie keinen Widerspruch und sagen voraus, daß sie dort suchen wird, wo sie ihn finden wird, nämlich dort, wo der Gegenstand wirklich ist. Schließlich wird eine neue Theorie gebildet, in der die Menschen so handeln, daß sie ihre Bedürfnisse befriedigen, doch auf dem Hintergrund ihrer Überzeugungen. Das Denken wird nicht so gesehen, daß es eine direkte Verbindung zur Welt hat; die Beziehung zwischen dem Denken und der Welt wird vielmehr durch die Repräsentation vermittelt. So verstehen Kinder allmählich, daß die Gedanken anderer Menschen Repräsentationen sind, die vom Denken konstruiert werden. Sie lernen, daß Wahrnehmungen und Überzeugungen für die Art und Weise stehen, wie sich die Welt im Kopf der Person darstellt; dies stimmt nicht notwendigerweise mit dem überein, wie die Welt tatsächlich beschaffen ist.

Theorien vereinen in kohärenter Weise verschiedene Arten von Befunden in sich, aber sie sind immer noch spezifisch für einen besonderen Gegenstandsbereich. Die Entwicklung der Theorie des Denkens geht bei Kindern beispielsweise unabhängig von der Entwicklung einer Theorie der Physik oder Biologie vor sich. Einige Forscher haben darauf hingewiesen, daß die Konstruktion einer Theorie in diesem besonderen Gegenstandsbereich Ausdruck eines allgemeineren Wandels quer über die Gegenstandsbereiche hinweg ist und daß bei Kindern die Entwicklung eines Denkverständnisses einen Bestandteil dieses umfassenderen Bildes darstellt.[262] Es geht um den Gedanken, daß Veränderungen in ihren Fähigkeiten zur Informationsverarbeitung – etwa Veränderungen beim Gedächtnis oder bei der Rechenfähigkeit – zu Veränderungen in ihrem Denkverständnis führen.[263]

Hineinwachsen in eine Kultur, Nativismus, Simulation, Theorieauffassung, bereichsspezifische Entwicklung – wie sollen wir uns zwischen diesen alternativen Erklärungen entscheiden? In gewissem Sinne stellt jede einzelne Erklärung einen Teil der Antwort dar. Ich habe die Auffassung vertreten, daß Kinder eine Theorie des Denkens entwickeln, doch auch andere Prozesse müssen eine wichtige Rolle spielen. Ob Theoriebildung nun bei Kindern oder bei Wissenschaftlern stattfindet, sie geht immer im Rahmen einer bestimmten Kultur vor sich, in der Wissen erworben wird. Und angeborene Strukturen oder Fähigkeiten müssen von Anfang an vorhanden sein, um als Ausgangszustand dienen zu können, der später durch Erfahrungen weiterentwickelt werden muß – in dem Streit geht es eigentlich eher darum, wieviel von Anfang an da ist und um was für eine Art von Struktur es sich dabei handelt. Ganz offensichtlich werden auch Fähigkeiten zur Informationsverarbeitung benötigt; ohne gewisse Gedächtniskapazitäten sind beispielsweise bestimmte Theorien des Denkens nicht möglich.[264] Ebenso offenkundig kann es keine theoretischen Erklärungen ohne die Erfahrung geben, die erklärt werden soll; und eine derartige Erfahrung wird auch introspektive Hinweise enthalten. Somit lassen sich all diese Prozesse auf eine Ursache zurückführen; der Streit geht darum, welche Bedeutung ihnen jeweils zukommt. Wie können wir hier eine Entscheidung treffen? Welche Belege haben wir oder benötigen wir, um eine Auffassung zugunsten einer anderen aufgeben zu können?

Die Theorieauffassung sagt voraus, daß sich in unterschiedlichen Altersstufen Begriffe für unterschiedliche mentale Zustände entwickeln; diese werden dann für das Selbst und für andere Menschen verwendet. Nach dieser Auffassung macht das Kind von seiner momentanen Theorie Gebrauch, um sowohl seine eigenen mentalen Erfahrungen als auch die anderer Menschen zu verstehen. Es versteht das mentale Leben anderer Personen und sein eigenes, bzw. es versteht dies genauso schlecht wie sein eigenes. Diese Auffassung sagt Unterschiede im kindlichen Verständnis von Bedürfnis und Überzeugung voraus, keine Unterschiede jedoch zwischen dem kindlichen Verständnis jeder dieser mentalen Zustände bei sich selbst oder bei anderen. Vom Simulationsstandpunkt aus gesehen ist das Umgekehrte der Fall. Kinder simulieren die Erfahrung anderer Menschen, indem sie so tun, als hätten sie denselben mentalen Zustand wie die andere Person. Das Kind ist sich seiner eigenen Überzeugungen und Bedürfnisse unmittelbar bewußt. Es simuliert die Überzeugungen und Bedürfnisse anderer Menschen. Nach dieser Auffassung würden wir erwarten, daß Kinder ihre eigenen mentalen Zustände verstehen, bevor sie diejenigen anderer Personen verstehen. Wir würden jedoch nicht erwarten, daß ein Kind beim Verständnis einen systematischen Unterschied für unterschiedliche mentale Zustände bei sich selbst macht. Wir würden viel eher erwarten, daß sich das Kind in gleicher Weise seiner eigenen Überzeugungen und Bedürfnisse bewußt ist und es in gleicher Weise imstande ist, diese unterschiedlichen mentalen Zustände introspektiv zu betrachten.

Wie wir in Kapitel 8 erfahren haben, gibt es eine Parallele zwischen der Entwicklung der Fähigkeit eines Kindes, sich an fehlerhafte Überzeugungen zu erinnern, und der Entwicklung seiner Fähigkeit, die fehlerhafte Überzeugung einer anderen Person vorherzusagen. Alison Gopnik und Virginia Slaughter untersuchten das kindliche Verständnis für eigene mentale Zustände anderer Art, wie etwa Bedürfnis, Verstellung, Intention und Wahrnehmung.[265] In jedem einzelnen Fall erlebten die Kinder einen Zustand, der Zustand änderte sich, und sie wurden nach dem ursprünglichen Zustand gefragt. So wurde ein Bedürfnis befriedigt und damit verändert – das Kind wollte eines von zwei Büchern lesen, man las ihm das Buch vor, und dann sagte es, es wolle nun das andere vorgelesen bekommen. Dann wurde es gefragt: „Als du die Bücher zum erstenmal sahst, bevor sie vorgelesen wurden, welches von beiden wolltest du?" Dreijährige konnten viel besser über frühere und dann veränderte Bedürfnisse berichten als über frühere und dann veränderte Überzeugungen. Denken Sie noch einmal daran, daß Dreijährige zwar die Bedürfnisse anderer Menschen verstehen, aber nicht deren Überzeugungen. Wenn man diese Zustände allgemein der Schwierigkeit nach ordnet, dann ergibt sich diese Reihenfolge: zunächst Verstellung und Wahrnehmung, danach Bedürfnis und Intention, schließlich Überzeugung; und genau dieselbe Reihenfolge fand man im Hinblick auf das Verständnis für diese Zustände bei anderen Menschen.

Somit verstehen Kinder ihre eigenen mentalen Zustände in demselben Alter, in dem sie auch die anderer Menschen verstehen. Bei Kindern kann das schlechte Gedächtnis für frühere Überzeugungen nichts mit einem allgemeinen Problem zu tun haben wie einem generell schlechten Gedächtnis oder mit der mangelnden Verfügbarkeit von Gedächtnisinhalten; denn ein schlechtes Gedächtnis tritt speziell bei Überzeugungen und nicht bei Bedürfnissen, Verstellungen usw. auf. Die Befunde stützen anscheinend eher die Theorieauffassung als die Simulationsauffassung. Paul Harris behauptet jedoch, daß die empirischen Befunde die Simulationsauffassung nicht widerlegen. Nach dieser Auffassung sehen Kinder auf introspektivem Wege nur ihren momentanen mentalen Zustände – und bei den Aufgaben von Gopnik und Slaughter können sie dies recht gut. Um Fragen zu früheren Zuständen zu beantworten, müssen die Kinder genauso wie bei anderen Personen eine Simulation ihres Selbst in der Vergangenheit ablaufen lassen. Harris vertrat die Position, daß sowohl die frühere Überzeugung als auch das frühere Bedürfnis durch die Simulation wieder zum Vorschein kamen. Beim Bedürfnis ging die Simulation auf dem Niveau eines Dreijährigen vor sich; bei der Überzeugung jedoch mußten mehr Voreinstellungen geändert werden; deshalb konnten sie die Aufgabe erst mit vier Jahren lösen. Man fragt sich jedoch, warum Kinder einen Zustand simulieren müssen, den sie gerade erlebt haben, wenn sie sehr wohl in der Lage sind, sich an Dinge zu erinnern, die gerade eben geschehen sind; und deshalb scheinen die Daten die Theorieauffassung zu stützen.

Von der Theorieauffassung aus sollte es möglich sein, die Veränderung einer fortgeschrittenen Theorie dadurch zu beschleunigen, daß man Kindern überzeugende Befunde zeigt, die im Widerspruch zu ihrer momentanen Theorie stehen und für eine neue Theorie sprechen. Nehmen wir etwa an, ein Dreijähriger würde massiv Beispielen von Menschen ausgesetzt, die überrascht und verstört sind, weil sie nach etwas, was sie haben wollen, an einem Ort suchen, an dem sie es liegen gelassen haben, von dem es aber in ihrer Abwesenheit an eine andere Stelle bewegt wurde. Wird er eher ein Verständnis für fehlerhafte Überzeugungen entwickeln als ein Kind, das einer solchen Erfahrung nicht ausgesetzt wird? Wir wissen es nicht; denn eine solche Interventionsstudie wurde bisher noch nicht durchgeführt. Josef Perner und seine Kollegen fanden jedoch heraus, daß Kinder aus größeren Familien eher in der Lage sind, Aufgaben zu fehlerhaften Überzeugungen richtig zu lösen. Die Autoren behaupten, daß dies die Theorieauffassung zur Entwicklung des Denkverständnisses stützt.[266] Durch ihre Geschwister haben diese Kinder mehr Erfahrung mit intensiver Gruppeninteraktion, und haben deshalb einen erweiterten Erfahrungshintergrund, um eine Theorie des Denkens zu entwickeln. Das entspricht in etwa den vielen Beispielen, denen die Kinder in einer Interventionsstudie ausgesetzt wären. Perner argumentiert auch, daß diese Befunde gegen den Nativismus oder die Auffassung von der bereichsspezifischen bzw. allgemeinen Entwicklung sprechen. Denn es sei unwahrscheinlich, daß Kinder, die zufällig mehr Geschwister haben, eine raschere intellektuelle Reifung durchlaufen. Die Tatsache, daß Kinder, die durch ihre Geschwister mehr Erfahrungen mit sozialer Interaktion haben, vielleicht früher fehlerhafte Überzeugungen verstehen als jene, bei denen dies nicht der Fall ist, stützt jedoch auch die These vom Hineinwachsen in eine Kultur. Eventuell ist es auch gar nicht so wichtig, daß Kinder im Zusammenhang mit Geschwistern die Erfahrung mit sozialen Interaktionen machen, damit sie frühzeitig fehlerhafte Überzeugungen verstehen; vielleicht sind es vielmehr die Erklärungen der Eltern für diese Interaktionen – das Gespräch darüber, wer das wußte, wer dies meint, wer was will usw. Allein aufgrund dieser Befunde können wir nicht entscheiden, welche der unterschiedlichen Erklärungen richtig ist. Wie Peter Bryant betonte, gibt es nicht eine einzige perfekte Methode, um festzustellen, was irgendeine Entwicklung verursachte.[267] Wir müssen gleichzeitig mehrere unterschiedliche Methoden verwenden. Er vertritt die Auffassung, daß es am wirkungsvollsten ist, naturalistische Beobachtungen über einen längeren Zeitraum mit einer Interventionsstudie zu kombinieren. Die zuvor erwähnten Untersuchungen von Judy Dunn zeigen anschaulich, welche Beziehungen es zwischen der Art von Gesprächen, die Kinder innerhalb ihrer Familie führen, und ihrem späteren Verständnis für fehlerhafte Überzeugungen gibt; das entspricht dem, was in der Welt real vor sich geht.[268] Wir wissen nicht, ob wir das Verständnis für fehlerhafte Überzeugungen dadurch fördern könnten, daß wir Kinder dieser Art von Gesprächen aussetzen. Dennoch sind auch ohne Interventionen Untersuchungen über individuelle Unterschiede wichtig; denn aus ihnen lassen sich Schlußfolgerungen über die unterschiedlichen Erklärungen für das kindliche Denkverständnis ziehen.

Bisher hat sich die Forschung zur Theorie des Denkens darauf konzentriert, normative Veränderungen beim kindlichen Verständnis verschiedener mentaler Zustände zu beschreiben. Auf die individuellen Unterschiede, was den Zeitpunkt, die Geschwindigkeit und die Art der Entwicklung dieses Verständnisses betrifft, legte man nur wenig Wert; man hat sich nur selten damit beschäftigt, aufgrund welcher Faktoren sich der Erfolg beim Lösen von Aufgaben zur Theorie des Denkens vorhersagen läßt. Anscheinend werden im Moment einige solcher Untersuchungen durchgeführt; ich erwähnte bereits die Arbeiten von Judy Dunn und von Perner. Außerdem konnte ich zusammen mit Jenny Jenkins zeigen, daß das Verständnis für fehlerhafte Überzeugungen eng mit Sprachfähigkeit und Gedächtnis zusammenhängt, obwohl letzteres nicht unabhängig von der Sprachfähigkeit existiert.[269] Wie Perner fanden auch wir heraus, daß Kinder aus größeren Familien Aufgaben zu fehlerhaften Überzeugungen eher lösen, wenn man wie in unserer Untersuchung gleiche Sprachfähigkeit voraussetzen kann. Ich bin der Auffassung, daß solche Untersuchungen in den nächsten Jahren immer wichtiger werden. Wenn man sich auf individuelle Unterschiede sowie auf Längsschnitt- und Interventionsstudien konzentriert, wird dies zu wichtigen Befunden führen, um dann erklären zu können, wie Kinder das Denken entdecken. Die Zusammenhänge zwischen der Gedächtnisentwicklung und dem Verständnis fehlerhafter Überzeugungen könnten dazu beitragen, beispielsweise die Auffassung vom Bereichsspezifischen und Allgemeinen zu stützen. Zusammenhänge zwischen der Vorstellungskraft von Kindern, wie sie sich im Als-ob-Spiel zeigt, und ihrem Verständnis für andere Menschen können vielleicht für die Simulationsauffassung sprechen usw. Diese Konzentration auf die individuellen Unterschiede wird zudem dazu führen, daß wir weiter darüber nachdenken, wie wichtig das sich entwickelnde Denkverständnis der Kinder für ihre persönlichen Beziehungen im realen Leben ist; wir werden überlegen, welche Folgen dies für das soziale Leben der Kinder hat.

Folgen aus der Entdeckung des Denkens

„Folge" deutet sowohl auf eine zeitliche als auch auf eine kausale Folge hin: Das eine folgt auf das andere, und das eine folgt aus dem anderen. Eine Kausalaussage erhebt einen weitergehenden Geltungsanspruch, und es ist schwieriger, ihn einzulösen, wie wir gerade gesehen haben. Ich meine an dieser Stelle die Folge in beiden Bedeutungen. Erstens: Was kommt im Hinblick auf das Verhalten der Kinder nach der Entdeckung des Denkens? Zweitens: Ich unterstelle, daß die Entdeckung zu etwas führt. Ich gebe allerdings zu, daß wir weitere empirische Untersuchungen brauchen, um die Kausalbeziehung zu begründen. Ein kleiner Beleg für diese Behauptung ist die Auswirkung eines Defizits. Das eine folgt aus dem und führt zum anderen – wenn das erste nicht vorhanden ist, tritt das zweite nicht auf; dies spricht dann für das Argument, daß beides kausal miteinander verknüpft ist. Hier liegt einer der Gründe, warum die Untersuchung des Denkverständnisses bei autistischen Kindern so wichtig ist. Diese Kinder entdecken das Denken nicht auf normale Weise; ihre Sozialbeziehungen und ihre kommunikativen Fähigkeiten sind ernstlich beeinträchtigt. So läßt sich das Argument belegen, daß die Entdeckung des Denkens bei Kindern auf der Fähigkeit beruht, mit anderen zu kommunizieren und zu interagieren.

Gewiß sind soziales Verständnis und kommunikative Kompetenz an die Entdeckung des Denkens bei Kindern gebunden; dies ist ein Punkt, den ich in diesem Buch immer wieder betont habe. Wenn Kinder anfangen, über die Gedanken, die Wünsche, die Empfindungen und die Wahrnehmungen anderer Menschen zu sprechen, entwickeln sie die Fähigkeit, gemeinsam mit anderen Informationen zu nutzen, ihnen etwas zu zeigen und zu erzählen. Sie entwickeln Einfühlungsvermögen; sie verstehen, wodurch Menschen traurig werden und womit man sie trösten kann. Sie verstehen, daß Menschen glücklich sind, wenn sie das bekommen, was sie haben wollen; später verstehen sie, daß Menschen glücklich sind, wenn sie meinen, daß sie bekommen, was sie wollen, oder, wenn sie bekommen, was sie ihrer Meinung nach wollen. Gedanken, Wünsche oder Empfindungen zu verstehen, führt nicht notwendigerweise zum Altruismus. Da kommen auch noch andere Faktoren mit ins Spiel. Ein derartiges Verständnis kann auch für machiavellistische Zwecke eingesetzt werden – man braucht das Verständnis für mentale Zustände, um andere Menschen zu überlisten und zu belügen, um Dinge vor ihnen zu verstecken und Geheimnisse vor ihnen zu haben. Im Alter von fünf Jahren sind Kinder in der Lage, all das zu machen. Wie wir gesehen haben, können sie altruistisch oder machiavellistisch sein. Sie nehmen aktiv am sozialen Austausch mit ihren Freunden und innerhalb der Familie teil. Was kommt dann? Dann kommt die Schule. Für die nächsten zehn oder sogar 15 Jahre verbringen die Kinder fünf Tage pro Woche neun Monate im Jahr in der Schule.

Die Schulpflicht über einen längeren Zeitraum hinweg ist eine westliche Erfindung neueren Datums. In früheren Jahrhunderten gingen nicht alle Kinder zur Schule; und dies geschieht in einigen Kulturen auch jetzt noch nicht. Fragen Sie irgendein Kind, warum Kinder zur Schule gehen, dann wird es immer antworten: um zu lernen. Es gibt jedoch auch außerhalb der Schule Lernmöglichkeiten. Man denkt sofort an Lehrlinge. In diesem Fall lernen Kinder (oder Erwachsene) dadurch, daß sie zum Bestandteil einer zielgerichteten Aktivität werden. Lehrlinge beobachten, und ihnen werden Aufgaben zur Bearbeitung übertragen, die Bestandteil eines größeren Werkes sind, zunächst einfache Aufgaben und dann allmählich immer schwierigere. Man sagt ihnen nicht, wie sie die Aufgabe bearbeiten sollen, sie machen nach, was sie bei anderen während der Arbeit beobachtet haben. Müssen sie das Ziel kennen, um in der Lage zu sein, die Aufgabe auszuführen? Das ist eine offene Frage. Anscheinend müssen sie – das ist naheliegend – verstehen, daß es ein Ziel gibt und daß die Menschen Intentionen haben; dies müssen sie von früh auf verstanden haben. In dem Maße, wie sie die Aufgaben meistern, aus denen die Arbeit besteht, werden sie vermutlich nach und nach das spezielle Ziel der Arbeit verstehen, an der sie sich beteiligen; dennoch wird ihnen vielleicht nie ausdrücklich gesagt, worin dieses Ziel besteht. Im Unterschied zur Lehrzeit geht es in der Schule ausdrücklich um Unterricht. Wie bereitet die Entdeckung des Denkens die Kinder darauf vor, in der Schule etwas zu lernen?

Michael Tomasello und seine Kollegen schlugen eine Theorie des menschlichen Kulturerwerbs vor. Hier wird die Evolution der Schritte, mit deren Hilfe jemand allmählich das Denken anderer Menschen versteht, zur Evolution der Kultur in Beziehung gesetzt.[270] Die Autoren stellen sich die Akkumulation der Kultur als ein Produkt des Kulturerwerbs vor, eine Art zu lernen, die davon abhängt, daß man die Intentionalität anderer Menschen erkennt. Sie unterscheiden drei Niveaus dieser Erkenntnis – das Erkennen der Intention, der Überzeugungen und der Überzeugungen bezüglich Überzeugungen – und verbinden diese drei Niveaus mit drei unterschiedlichen Formen des Kulturerwerbs – der Kulturerwerb durch Nachahmung, durch Unterricht und durch Zusammenarbeit mit anderen. Im gesamten Buch ging es darum, wie Kinder dazu kommen, diese Intentionalität zu erkennen, zu verstehen, daß sie selbst und andere Menschen Intentionen, Überzeugungen, Bedürfnisse, Hoffnungen, Ängste und dergleichen haben. Teil dieser Entwicklung ist das Verständnis, daß Menschen kognitive Wesen sind, die in der Lage sind, zu denken, zu wissen, zu argumentieren und sich an etwas zu erinnern. Ich bin der Auffassung, daß ein derartiges Verständnis sehr viel dazu beiträgt, wie Kinder auf die Schulerfahrung reagieren.

Schulreif

Kinder gehen zur Schule, um zu lernen; darin stimmen wir alle überein. Doch wie lernen sie, und wie sollten sie unterrichtet werden? Da gibt es unterschiedliche Auffassungen. Man kann zwischen zwei extremen Sichtweisen unterscheiden, und das Pendel schwingt zwischen beiden hin und her. Geht man in eine beliebige Schule, so wird die Situation immer irgendwo zwischen diesen beiden Extrempolen liegen. Vom traditionellen Standpunkt aus heißt Lernen Absorbieren, In-sich-Aufnehmen, was der Lehrer verordnet, und das ist wahrscheinlich Wissen. Wissen wird als eine Ansammlung von Fakten betrachtet, die vorfindbar sind und an andere vermittelt werden können. Nach dieser Auffassung werden die Kinder für unwissend gehalten; es handelt sich danach um leere Gefäße, die mit Fakten angefüllt werden. Vom anderen, dem progressiven Standpunkt aus bedeutet Lernen Konstruieren. Kinder konstruieren Wissen durch ihre eigene Aktivität und Erfahrung. Nach dieser Auffassung kommen die Kinder mit einem gewissen Vorverständnis und mit Überzeugungen über die Welt in die Schule, obwohl diese Überzeugungen vielleicht fehlerhaft sind und sich ändern lassen.[271]

Bei dieser Kurzcharakterisierung der traditionellen und der progressiven Philosophie der Erziehung handelt es sich offensichtlich um eine Karikatur. Ich beschäftige mich hier damit, wie Kinder diese Dinge verstehen und wie ihnen vor allem die Entdeckung des Denkens Informationen für dieses Verständnis liefert. Was müssen Kinder machen und verstehen, um in der Lage zu sein, bei diesen Lernformen mitmachen zu können?

Der Kern meiner Argumentation besteht in folgendem: Einerseits muß das Kind im traditionellen System ein Sozial*verhalten* zeigen, während es andererseits im progressiven System ein Sozial*verständnis* benötigt. Wir haben es hier mit einer ziemlich rätselhaften Aussage zu tun, zu der ich noch einige Ausführungen hinzufügen muß. Die Aussage beruht auf der Unterscheidung zwischen Systemen erster und zweiter Ordnung, die ich in Kapitel 2 eingeführt habe. Sozial*verhalten* ist ein System erster Ordnung, und Sozial*verständnis* ist ein System zweiter Ordnung. Systeme erster Ordnung enthalten mentale Zustände, es gibt dort wie in Systemen zweiter Ordnung Überzeugungen, Bedürfnisse und Intentionen. Doch in Systemen zweiter Ordnung finden sich Begriffe zu diesen mentalen Zuständen; es gibt dort Überzeugungen bezüglich Überzeugungen, und diese Systeme können sich selbst und anderen Personen Überzeugungen und andere mentale Zustände zuschreiben. Wie wir gesehen haben, haben wir es bei Fünfjährigen mit Systemen zweiter Ordnung zu tun. Ich lege Wert darauf, zu betonen, daß die traditionelle Bildung nicht auf den Vorteilen eines solchen Systems aufbaut, während dies bei der progressiven Bildung geschieht. Damit ist gemeint, daß die Bildungsphilosophie der Schule, die Annahmen, die Lehrer im Hinblick auf das Denken bei den Schülern machen, genauso wichtig sind wie die eigenen Überzeugungen des Kindes. Ich meine nicht, daß in traditionellen Systemen die Kinder passiv sind, daß sie nicht zu denken brauchen. Sie denken: Sie denken über die Aufgabe nach, und sie denken über die Welt nach. Sie müssen allerdings nicht über das Denken nachdenken. In progressiven Systemen werden Kinder als Menschen betrachtet, die ihr eigenes Wissen konstruieren. Sie müssen verstehen, was Wissen heißt und wie man dazu kommt, etwas zu wissen. Sie müssen über das Denken nachdenken. Meine Argumentationslinie wird durch Untersuchungen gestützt, die sich mit der Lernerfahrung autistischer Kinder beschäftigen; sie zeigen, daß diese Kinder am besten in traditionellen Umgebungen lernen. Ein systematischer Vergleich der Lernfortschritte autistischer Kinder in drei unterschiedlichen Typen von Lernumgebungen belegte, daß sie die besten Lernfortschritte in einer strukturierten didaktischen Umgebung machten und die schlechtesten in einer Umgebung, die permissiv und unstrukturiert war, die also größeren Wert auf die Eigenaktivität des Kindes legte.[272] Bei autistischen Kindern handelt es sich nicht um Systeme zweiter Ordnung, sie denken nicht über das Denken nach, und sie zeigen unter Bedingungen, bei denen dies nicht von ihnen verlangt wird, weit bessere Leistungen.

Normalerweise handelt es sich bei Kindern im Alter von fünf Jahren um Systeme zweiter Ordnung. In diesem Alter haben sie einen Begriff vom Denken – unabhängig von der Realität und von den Überzeugungen der Menschen bezüglich der Realität. Sie erkennen, daß unterschiedliche Menschen unterschiedliche Überzeugungen in bezug auf dieselbe Realität haben können und daß Überzeugungen Veränderungen ausgesetzt sind; es ist diese Annahme, die das Gespräch als lohnenswert und als möglich erscheinen läßt. Sie verstehen, daß die Menschen ihr Wissen mit Hilfe der Wahrnehmung und der Kommunikation konstruieren und daß über die unterschiedlichen Sinnesmodalitäten unterschiedliche Informationen hereinströmen. Sie können sich an den Ausgangspunkt für ihre eigenen Überzeugungen erinnern. Wie wir gesehen haben, verstehen Fünfjährige in der Tat bereits sehr viel vom Denken und Lernen in alltäglichen sozialen Situationen.

In einer progressiven Umgebung trägt der Lehrer dem Rechnung und ermuntert die Kinder dazu, ihr Verständnis dadurch explizit zu machen, daß sie darüber reden. Kinder müssen über das Denken, über ihr Wissen und über ihre Lernprozesse nachdenken und sprechen. So etwas ist nicht unmittelbar beobachtbar, doch über die Sprache kann es zum Gegenstand der Reflexion werden. Selbst einem Kindergartenkind kann man beispielsweise folgende Frage stellen: „Weißt du das wirklich, oder errätst du das nur? Hast du dir das ausgedacht, oder hast du dich daran erinnert?" Die Bücher von Vivian Paley belegen, wie gut ein Kind das kann. Sie schreibt beispielsweise darüber, wie sie den Diskussionsfortschritt im Spielkreis festhält, wie sie dessen Verlauf bewußt nicht festlegt – das tun die Kinder selbst –, sondern auf eine Weise gestaltet, daß sie und die Kinder verstehen, wie ein Gedanke auf den nächsten folgt. Das „Verlaufsprotokoll" bei Vivian Paley enthält viele Gespräche über das Denken. Zum Beispiel: „Ich *glaube*, ich *weiß*, woran du dabei *dachtest*, Deana..."[273] Und der häufige Gebrauch der Warum-Frage regt die Kinder dazu an, von selbst mit einem Gespräch über Gedanken zu beginnen:

> *Lehrer:* Warum *trifft* Jakob *die Entscheidung*, am Bohnenstiel hochzuklettern?
> *Mary Anne:* Vielleicht *glaubt* er, es ist ziemlich wolkig da oben, und er *weiß* nicht, ob dort ein König oder ein Riese ist. Er möchte es eben einfach *wissen*.[274]

Wenn Lehrer auf diese Weise in der Klasse das Thema „Über das Denken sprechen" einführen und diesen Ausdruck verwenden, bringen sie die Kinder dazu, sowohl über das eigene Denken als auch über die damit verbundenen Begriffe zu reflektieren und sich klar dazu zu äußern. Wenn man einem Kind explizit eine ganze Reihe mentaler Zustände zuschreibt, wird es vielleicht selbst darauf kommen, daß es diese Zustände bei sich selbst finden kann. In Kapitel 3 schrieb ich, daß Eltern auf die spontanen Geräusche und Gesten von Babys wie auf intentionale Kommunikation reagieren und daß die Kinder im Zusammenhang mit diesem Unterstützungssystem kommunizieren lernen. Das Baby streckt seine Hand nach der Rassel aus, und die Mutter reagiert darauf so, als wäre es eine Aufforderung. So sagt sie vielleicht: „Oh, du möchtest deine Rassel" oder „Möchtest du deine Rassel?" Und nach einer bestimmten Zeit ist das Kind dann so weit, daß es um etwas bitten kann; dies geschieht nicht mit Hilfe einer Handbewegung oder nicht nur mit Hilfe einer Handbewegung, sondern mit einem „Ich möchte..." Wenn der Lehrer in der Klasse Kindern explizit mentale Zustände der einen oder anderen Art zuschreibt, dann kommen sie auf dieselbe Weise dazu, sich selbst als Personen zu verstehen, bei denen diese Zustände vorfindbar sind; sie lernen es, diese Wörter selbst so zu verwenden. Genauso sprach Vivian Paley mit Deana: „Ich glaube, ich weiß, *woran du dabei dachtest.*" Auf diese Weise kam Deana dazu, sich selbst als eine Person zu sehen, die dabei an etwas dachte. In ihrer Klasse geht es in den Gesprächen nicht nur um die Dinge auf der Welt, es geht auch um die Gedanken der Kinder über die Dinge auf der Welt. Während des folgenden Gesprächs pflanzt die Klasse gerade Salatsamen aus einem Tütchen:

Eddie: ... woher wissen Sie eigentlich, daß es wirklich Salat ist?
Lehrer: Auf dem Ettikett steht „Bibbs Salat".
Eddie: Was ist, wenn es in Wirklichkeit Tomaten sind?
Lehrer: Oh, *kommt* dir das Bild mit Tomaten und Blattsalat auf dem Tütchen *komisch vor*? Das ist nur ein Serviervorschlag, was für einen Salat man machen kann, wenn die Pflanze geerntet ist.[275]

Eddie bekommt nicht nur eine Antwort auf seine Frage, er lernt auch etwas über eine Angelegenheit, die ihm komisch vorkam. In einem weiteren Beispiel sind die Kinder gerade dabei, eine Geschichte zu spielen, doch zunächst sprechen sie über die verschiedenen möglichen Ausgänge der Geschichte. Paley sagt: „Wenn wir alle unsere *Meinung* gesagt haben, lassen wir den *entscheiden* (wie es ausgehen soll), der die Rolle spielt."[276] Dadurch wissen die Kinder, daß es sich bei den von ihnen vorgeschlagenen Versionen des Ausgangs um Meinungen handelt, und derjenige, der die Rolle spielt, weiß, daß er die Entscheidung treffen muß. Die Kinder interessieren sich für die Geschichte, aber sie sind sich auch ihrer Gedanken zur Geschichte bewußt. Auf diese Weise nutzt Paley bei Kindergartenkindern die Vorteile eines Verständnisses zweiter Ordnung, und sie hilft den Kindern dabei, eine ganze Reihe von Zuständen zweiter Ordnung zum Ausdruck zu bringen: *Assoziationen, Überraschungen, Entscheidungen, Meinungen.*

Wir möchten Kindern helfen, so zu denken und zu sprechen, über ihre eigenen Gedanken und die anderer Menschen auf eine Weise zu reflektieren, daß das ausgeklügelte Sozialverständnis vom Menschen als denkendes Wesen, das sie als Vorschulkinder hatten, auf den Rahmen der Schule übertragen wird. Dort wird dieses Verständnis nicht nur Informationen liefern für ihr Verständnis, wie sie in der Schule denken und lernen, sondern sie können dadurch lernen, sich expliziter und eindeutiger auszudrücken. Es ist wichtig, darüber nachzudenken, wie wir Kindern am besten helfen können, diese Denkweise zu erlernen. Es handelt sich um ein ungelöstes Problem, das es wert ist, systematisch untersucht zu werden. Wenn Lehrer über das, was sie selbst *denken, wissen, erwarten, erinnern, komisch finden, entschieden* und *geraten haben* usw., genauso wie Vivian Paley mit ihnen sprechen, und wenn sie diese Begriffe gebrauchen, um die Gedankenwelt der Kinder zu beschreiben und zu erkunden, dann sagt mir mein Gefühl, daß die Kinder selbst lernen werden, so zu denken und zu sprechen. Einige Befunde geben diesem Gefühl recht. Kinder, deren Mütter Wörter wie *Wissen* und *Meinen* verwendeten, als die Kinder zwei Jahre alt waren, gebrauchten diese Wörter im Alter von vier Jahren selbst bei alltäglichen Gesprächen mit größerer Wahrscheinlichkeit und zeigten bessere Leistungen bei Tests, die überprüften, ob sie die Unterscheidung zwischen Wissen und Denken verstanden hatten.[277]

Weitere Hinweise in dieser Richtung finden sich in den Untersuchungen der Robinsons.[278] Sie interessierten sich für die Fähigkeit der Kinder, zu verstehen, was schiefgelaufen war, wenn es zu einem Mißverständnis kam. Hatte der Sprecher sich nicht klar genug ausgedrückt, oder hatte ihn der Zuhörer falsch verstanden? In der von ihnen verwendeten Aufgabe hatten der Experimentator und das Kind jeweils den gleichen Satz von Bildern vor sich liegen; und zwischen ihnen war eine kleine Wand, so daß sie jeweils nur den eigenen Satz von Bildern sehen konnten. Das Spiel bestand darin, ein Bild aus dem Satz auszuwählen und es auf eine Weise zu beschreiben, daß die andere Person dasselbe Bild aus seinem Satz von Bildern auswählen konnte. Die Bilder sind so gestaltet, daß eine unvollständige Beschreibung den Partner manchmal dazu veranlassen wird, das falsche Bild auszuwählen. Wenn etwa große und kleine, rote und blaue Blumen auf einem Bild waren, dann mußte man sowohl die Größe als auch die Farbe angeben, um das Bild eindeutig zu kennzeichnen. Sagte man lediglich „rote Blume", dann konnte man selbst eine große Blume haben und der Partner eine kleine auswählen. Wenn in diesem Spiel eine unvollständige Beschreibung abgegeben wurde und der Partner eine Blume auswählte, auf die nicht alle Merkmale zutrafen, wurde das Kind gefragt, was schiefgelaufen sei. Im Alter von fünf Jahren neigten die Kinder dazu, dem Zuhörer die Schuld zuzuschieben, weil er falsch ausgewählt hatte, während sie mit sieben Jahren gewöhnlich den Sprecher beschuldigten, etwas Falsches gesagt zu haben.

Einige der getesteten Kinder waren ein paar Jahre zuvor von Gordon Wells in einer Untersuchung zur Sprachentwicklung beobachtet worden.[279] Die Robinsons fanden einen Zusammenhang zwischen der Art und Weise, wie die Mütter im Gespräch mit den Kindern im Vorschulalter Fragen formulierten, und der späteren Leistung der Kinder bei dieser Aufgabe. Wenn die Kinder sich zum Beispiel bei Bitten unklar ausdrückten, dann sprachen manche Mütter nur über die Welt: „Welches von beiden möchtest du, dies oder das?" Andere dagegen sprachen über die Kommunikation und über etwas real in der Welt Existierendes: „Ich verstehe das nicht. Ich weiß nicht, ob du dies oder das möchtest." Wie wir zuvor gesehen haben, kann man natürlich nicht behaupten, daß die Art und Weise, wie die Mütter redeten, dazu führte, daß die Kinder später im Kommunikationsspiel ein besseres Verständnis an den Tag legten. Eine Interventionsstudie könnte jedoch dazu beitragen, diese Frage zu klären. Die Robinsons spielten das Kommunikationsspiel mit Vorschulkindern. Wenn die Kinder unvollständige Beschreibungen abgaben, reagierten sie gegenüber den unterschiedlichen Gruppen von Kindern auf unterschiedliche Weise, wie dies die Mütter auch gemacht hatten. Der einen Gruppe wurde ausdrücklich gesagt, daß sich ihr Partner unsicher sei, ob er die richtige Karte ausgesucht hätte. Zum Beispiel: „Ich weiß nicht, welches Bild du meinst. Du hast mir noch nicht genug dazu gesagt." Danach waren die Kinder aus dieser Gruppe besser als die anderen Kinder in der Lage, zu sagen, wer für die Fehler verantwortlich war; die Fehler konnten sie bei zwei weiteren Personen beobachten, als diese gerade das Spiel spielten.

Die Ergebnisse dieser Untersuchungen deuten darauf hin, daß Kinder darin gefördert werden, über Gedanken zu sprechen und darüber nachzudenken, wenn in der Klasse gezielt solche Gespräche über Gedanken geführt werden. Es geht nicht darum, daß Kindern eine Liste von Wörtern beigebracht werden muß, sondern darum, daß sie es lernen müssen, so zu sprechen und zu denken; dies geschieht dadurch, daß sie hören, wie diese Wörter in angemessener Weise verwendet werden. Dies soll nicht heißen, daß wir nicht über das Wort selbst sprechen sollen, wenn sich eine Gelegenheit dazu ergibt. So maß eine Gruppe von Erstkläßlern die Länge einzelner Körperteile mit Hilfe von Holzstöckchen. Zunächst mußten sie jedoch schätzen, wie lang ihrer Meinung nach ein Körperteil, etwa ihr Arm, war, das heißt, wie viele Stöckchen lang; und sie mußten eine Zahl in eine Spalte mit der Überschrift „Schätzung" schreiben.[281] Dann sollten sie ihren Arm abmessen und die tatsächliche Anzahl der Stöckchen in einer weiteren Spalte eintragen. Hatten die Kinder eine falsche Schätzung abgegeben, wollten sie interessanterweise nur ungern die Zahl in ihrem Notizbuch stehen lassen; sie wollten sie ausradieren und dieselbe Zahl in beide Spalten schreiben. Hier ergab sich für den Lehrer eine ideale Gelegenheit, über das Wort Schätzen zu sprechen, darüber zu reden, wie sich *Schätzen* von Wissen unterscheidet, und den Kindern dabei zu helfen, über ihr eigenes Denken nachzudenken.

Margaret Donaldson zeigte, daß Kinder bereits mit ausgeprägten Fähigkeiten in die Schule kommen, vernünftig in für sie nachvollziehbaren Situationen über die Welt zu reden.[281] Sie müssen in der Schule lernen, über das, was sie „losgelöste Situationen" (engl.: disembedded contexts) nennt, nachzudenken und ihre Schlußfolgerungen zu ziehen. Statt direkt mit für sie nachvollziehbaren Situationen zu tun zu haben, müssen die Kinder Symbolsysteme gebrauchen und werden mit Repräsentationen der Welt konfrontiert – ausgedrückt in Wörtern und Zahlen, in Bildern und Diagrammen. Der Schulerfolg hängt von dieser Fähigkeit ab. Wie können wir dazu beitragen, daß Kinder dabei erfolgreich sind? Zu Anfang der Schulzeit, sagt Donaldson, richtet sich das Denken der Kinder auf die Welt draußen.

Für ein erfolgreiches Durchlaufen des Bildungssystems wird vom Kind gefordert, daß es lernen sollte, Sprache und Denken auf sich selbst anzuwenden. Es muß die Fähigkeit entwickeln, seine eigenen Denkprozesse aufmerksam auf etwas zu richten. Es muß die Fähigkeit entwickeln, nicht nur zu reden, sondern seine Worte zu wählen, nicht nur zu interpretieren, sondern die möglichen Interpretationen gegeneinander abzuwägen. Sein Begriffssystem muß erweitert werden, damit es dadurch immer besser in die Lage versetzt wird, eine Repräsentation seines Selbst zu entwickeln.[282]

Donaldson weist auf die Bedeutung des Lesenlernens hin; es sei insbesondere dann wichtig, wenn sich Kinder gedanklich ihrer Sprache bewußt werden sollen. Das ist jedoch nicht alles, was erforderlich ist. Kinder brauchen auch eine gedankliche Bewußtheit ihrer eigenen Sprache. Um ihre Denkprozesse zu steuern, müssen sich Kinder dieser Prozesse bewußt werden. Hier handelt es sich um eine Einsicht von Vygotskij: „Die Steuerung einer Funktion hat seinen Gegenpart darin, daß sich jemand dessen bewußt ist... Wir verwenden das Wort *Bewußtsein*, um damit die Bewußtheit für die Denkaktivität zu bezeichnen."[283] Genau dahin führt die Entdeckung des Denkens beim Kind – zur Bewußtheit der Denkaktivität. Und ebendies ist für den Schulerfolg von wesentlicher Bedeutung.

Als ich über die Folgen schrieb, welche die Entdeckung des Denkens beim Kind mit sich bringt, betonte ich die Folgen für die Schulzeit und für das geistige Leben der Kinder. Wie wir im gesamten Buch sahen, sind andere Folgen, etwa jene für ihr soziales Leben, genauso wichtig. Das Verständnis für das Denken anderer Menschen, das Kinder in den Jahren vor der Schule erwerben, ist die Grundlage für ihre sozialen Interaktionen in der Familie und mit Freunden sowie für ihre kognitiven Aktivitäten in der Schule. Schule und Familie, Kognition und Emotion, Arbeit und Liebe – all dem kommt während des gesamten Lebens eine grundlegende Bedeutung zu. Und dies alles hat seinen Ursprung darin, daß das Kind das Denken entdeckt.

Anmerkungen*

1. S. M. Churchland, Matter and Consciousness (Cambridge, Mass.: MIT Press, 1984); S. Stich, From Folk Psychology to Cognitive Science (Cambridge, Mass.: Bradford Books/MIT Press, 1983).
3. Ebenda, S. 515.
4. Kommentar zu Premack und Woodruff, „Does the Chimpanzee Have a Theory of Mind?" Behavioral and Brain Sciences 1 (1978), S. J. Bennett, „Some Remarks about Concepts", S. 557–560; D. C. Dennett, „Beliefs about Beliefs", S. 568–570; G. Harman, „Studying the Chimpanzee's Theory of Mind", S. 591.
5. H. Wimmer und J. Perner, „Beliefs about Beliefs: Representation and Constraining Function of Wrong Beliefs in Young Children's Understanding of Deception", Cognition 13 (1983), S. 103–128.
6. J. Piaget, The Language and Thought of the Child (London: Kegan Paul, 1926; dt. Sprechen und Denken des Kindes, Düsseldorf: Schwann, 1972; französische Originalausgabe aus dem Jahre 1923); Judgment and Reasoning in the Child (London: Kegan Paul, 1928; dt. Urteil und Denkprozeß beim Kind, Düsseldorf: Schwann, 1972; französische Originalausgabe aus dem Jahre 1924); The Child's Conception of the World (London: Kegan Paul, 1929; dt. Das Weltbild des Kindes, Frankfurt: Ullstein, 1980; französische Originalausgabe aus dem Jahre 1926); The Child's Conception of Physical Causality (London: Kegan Paul, 1930; dt. in Gesammelte Werke, Studienausgabe, zweite Auflage, 1989; französische Originalausgabe aus dem Jahre 1927).
7. Piaget, The Child's Conception of the World, S. 94; dt. Das Weltbild des Kindes.
8. Ebenda, S. 39.
9. Ebenda, S. 55.
10. Ebenda, S. 216.
11. Ebenda, S. 176.

* Die bibliographischen Angaben zu den deutschen Übersetzungen finden sich im Literaturverzeichnis. Lediglich bei einigen wichtigen Werken werden die Übersetzungen bereits hier erwähnt.

12. Piaget, The Language and Thought of the Child, S. 9; dt. Sprechen und Denken des Kindes.
13. J. Dunn, The Beginnings of Social Understanding (Cambridge, Mass.: Harvard University Press, 1988).
14. J. W. Astington und A. Gopnik, „Theoretical Explanations of Children's Understanding of the Mind", British Journal of Developmental Psychology 9 (1991), S. 7–31.
15. D. C. Dennett, The Intentional Stance (Cambridge, Mass.: Bradford Books/MIT Press, 1987).
16. F. Brentano, „The Distinction between Mental and Physical Phenomena", in Realism and the Background of Phenomenology, hg. von R. M. Chisholm (New York: Free Press, 1960, Originalausgabe – aus dem Jahre 1874 auf deutsch), S. 39–61.
17. J. Perner, Understanding the Representational Mind (Cambridge, Mass.: Bradford Books/MIT Press, 1991).
18. J. Perner, „On Representing That: The Asymmetry between Belief and Desire in Children's Theories of Mind", in Children's Theories of Mind: Mental States and Social Understanding, hg. von D. Frye und C. Moore (Hillsdale, New Jersey: Erlbaum, 1991), S. 139–155.
19. R. D'Andrade, „A Folk Model of the Mind", in Cultural Models in Language and Thought, hg. von D. Holland und N. Quinn (Cambridge: Cambridge University Press, 1987), S. 112–148.
20. J. Perner, Understanding the Representational Mind, Kap. 2.
21. C. Darwin, The Expression of the Emotions in Man and Animals (London: Murray, 1872; dt. Der Ausdruck der Gemütsbewegungen, Stuttgart: Schweizerbart, 1872).
22. S. Ekman und W. Freisen, „Constants across Cultures in the Face and Emotion", Journal of Personality and Social Psychology 117 (1972), S. 124–129.
23. P. L. Harris, Children and Emotion: The Development of Psychological Understanding (Oxford: Basil Blackwell, 1989).
24. C. Lutz, „Goals, Events, and Understanding in Ifaluk Emotion Theory", in Cultural Models in Language and Thought, hg. von Holland und Quinn, S. 290–312.
25. P. L. Harris, Children and Emotion.
26. A. Lock, „Universals in Human Conception", und P. Heelas, „The Model Applied: Anthropology and Indigenous Psychologies", in Indigenous psychologies, hg. von P. Heelas und A. Lock (London: Academic Press, 1981), S. 19–36 und S. 39–63.
27. J. Dunn, The Beginnings of Social Understanding (Cambridge, Mass.: Harvard University Press, 1988), S. 33.
28. C. Linde, „Explanatory Systems in Oral Life Stories", in Cultural Models in Language and Thought, hg. von Holland und Quinn, S. 343–366.

29. P. Heelas, „The Model Applied".
30. M. Cole und S. R. Cole, The Development of Children (New York: Scientific American Books, 1989).
31. D. N. Stern, The Interpersonal World of the Infant (New York: Basic Books, 1985; dt. Die Lebenserfahrung des Säuglings, Stuttgart: Klett-Cotta, 1992).
32. T. Field, Infancy (Cambridge, Mass.: Harvard University Press, 1990).
33. C. A. Nelson, „The Perception and Recognition of Facial Expressions in Infancy", in Social Perception in Infants, hg. von T. M. Field und N. A. Fox (Norwood, New Jersey: Ablex, 1985), S. 101–125.
34. M. D. Klinnert, J. J. Campos, J. F. Sorce, R. N. Emde und M. Svenjda, „Emotions as Behavior Regulators: Social Referencing in Infancy", in Emotion: Theory, Research, and Experience, vol. 2: Emotions in Early Development, hg. von R. Plutchik und H. Kellerman (New York: Academic Press, 1983), S. 57–86.
35. M. Scaife und J. S. Bruner, „The Capacity for Joint Visual Attention in the Infant", Nature 253 (1975), S. 265–266.
36. G. Butterworth, „The Ontogeny and Phylogeny of Joint Visual Attention", in Natural Theories of Mind: Evolution, Development and Simulation of Everyday Mindreading, hg. von A. Whiten (Oxford: Basil Blackwell, 1991), S. 223–232.
37. H. R. Schaffer, The Child's Entry into a Social World (London: Academic Press, 1984). Siehe vor allem Kap. 4, „Face-to-face Interactions".
38. C. Trevarthen, „The Foundations of Intersubjectivity: Development of Interpersonal and Cooperative Understanding in Infants", in The Social Foundations of Language and Thought, hg. von D. R. Olson (New York: Norton, 1980), S. 316–342.
39. G. A. Miller und P. N. Johnson-Laird, Language and Perception (Cambridge, Mass.: Harvard University Press, 1976).
40. P. A. de Villiers und J. G. de Villiers, Early Language (Cambridge, Mass.: Harvard University Press, 1979).
41. J. Lyons, Noam Chomsky, überarbeitete Ausgabe (Harmondsworth, England: Penguin, 1977).
42. J. S. Bruner, „The Ontogenesis of Speech Acts", Journal of Child Language 2 (1975), S. 1–19; E. Bates, Language and Context: The Acquisition of Pragmatics (New York: Academic Press, 1976).
43. J. Bruner, Child's Talk: Learning to Use Language (Oxford: Oxford University Press, 1983).
44. A. Lock, The Guided Reinvention of Language (London: Academic Press, 1980).
45. A. L. Carter, „From Sensori-motor Vocalizations to Words: A Case Study of Attention-directing Communication in the Second Year", in Action, Gesture and Symbol: The Emergence of Language, hg. von A. Lock (London: Academic Press, 1978), S. 310–349.

46. H. P. Grice, „Meaning", Philosophical Review 66 (1957), S. 377-388.
47. J. S. Bruner, Child's Talk.
48. 1. Bretherton, S. McNew und M. Beeghly-Smith, „Early Person Knowledge as Expressed in Gestural and Verbal Communication: When Do Infants Acquire a ‚Theory of Mind'?", in Infant Social Cognition, hg. von M. E. Lamb und L. R. Sherod (Hillsdale, New Jersey: Erlbaum, 1981), S. 333-373.
49. E. Winner, The Point of Words: Children's Understanding of Metaphor and Irony (Cambridge, Mass.: Harvard University Press, 1988).
50. M. Donaldson, Children's Minds (Glasgow: Fontana/Collins, 1978), S. 37.
51. J. Piaget, The Origins of Intelligence in Children (London: Kegan Paul, 1936; dt. Das Erwachen der Intelligenz beim Kinde, in Gesammelte Werke, Bd. 1, Stuttgart: Klett-Cotta, 1975; französische Orginalausgabe aus dem Jahre 1936); The Construction of Reality in the Child (New York: Basic Books, 1954; dt. Der Aufbau der Wirklichkeit beim Kinde, in Gesammelte Werke, Bd. 2, Stuttgart: Klett-Cotta, 1989; französische Originalausgabe aus dem Jahre 1937).
52. K. Nelson, „Monologue as Representation of Real-life Experience", in Narratives from the Crib, (S. 27-72), hg. von K. Nelson (Cambridge, Mass.: Harvard University Press, 1989), S. 64.
53. A. Gopnik, „Words and Plans: Early Language and the Development of Intelligent Action", Journal of Child Language 9 (1982), S. 303-318.
54. J. Piaget, Play, Dreams and Imitation in Childhood (New York, Norton, 1962; dt. Nachahmung, Spiel und Traum, in Gesammelte Werke, Bd. 5, Stuttgart: Klett-Cotta, 1989; französische Originalausgabe aus dem Jahre 1945).
55. Ebenda, S. 97.
56. C. Garvey, Play (Cambridge, Mass.: Harvard University Press, 1977), S. 96-100.
57. D. P. Wolf, J. Rygh und J. Altshuler, „Agency and Experience: Actions and States in Play Narratives", in Symbolic Play: The Development of Social Understanding (S. 195-217), hg. von I. Bretherton (Orlando, Fla.: Academic Press, 1984), S. 196-197.
58. C. Garvey, Play.
59. J. Dunn und N. Dale, „I a Daddy: 2-year-olds' Collaboration in Joint Play with Sibling and Mother", in Symbolic Play (S. 131-158), hg. von I. Bretherton, S. 142.
60. I. Bretherton, S. McNew und M. Beeghly-Smith, „Early Person Knowledge as Expressed in Gestural and Verbal Communication: When Do Infants Acquire a ‚Theory of Mind'?", in Infant Social Cognition, hg. von M. E. Lamb und L. R. Sherod (Hillsdale, New Jersey: Erlbaum, 1981), S. 333-373; I. Bretherton und M. Beeghly, „Talking about Internal States: The Acquisition of an Explicit Theory of Mind", Developmental Psychology 6 (1982), S. 906-921.

61. P. L. Harris und R. D. Kavanaugh, „Young Children's Understanding of Pretense", Monographs of the Society for Research in Child Development 58 (1993, 1, Serial No. 231).
62. A. M. Leslie, „Some Implications of Pretense for Mechanisms Underlying the Child's Theory of Mind", in Developing Theories of Mind, hg. von J. W. Astington, P. L. Harris und D. R. Olson (New York: Cambridge University Press, 1988), S. 19–46.
63. Ebenda, S. 22.
64. A. M. Leslie, „The Theory of Mind Impairment in Autism: Evidence for a Modular Mechanism of Development?", in Natural Theories of Mind: Evolution, Development and Simulation of Everyday Mindreading, hg. von A. Whiten (Oxford: Basil Blackwell, 1991), S. 63–78.
65. J. Piaget, Play, Dreams and Imitation, S. 96; dt. Nachahmung, Spiel und Traum.
66. L. Bloom, M. Rispola, B. Gartner und J. Hafitz, „Acquisition of Complementation", Journal of Child Language 16 (1989), S. 101–120.
67. J. Perner, Understanding the Representational Mind (Cambridge, Mass.: Bradford Books/MIT Press, 1991).
68. A. S. Lillard, „Pretend Play Skills and the Child's Theory of Mind", Child Development 64 (1993), S. 348–371.
69. Harris und Kavanaugh, „Young Children's Understanding of Pretense", S. 78.
70. H. M. Wellman und A. K. Hickling, „Understanding Pretense as Pretense: Commentary on Harris and Kavanaugh", Monographs of the Society for Research in Child Development 58 (1993, 1, Serial No. 231).
71. H. M. Wellman, The Child's Theory of Mind (Cambridge, Mass.: Bradford Books/MIT Press, 1990).
72. L. Forguson und A. Gopnik, „The Ontogeny of Common Sense", in Developing Theories of Mind, hg. J. W. Astington, P. L. Harris und D. R. Olson (New York: Cambridge University Press, 1988), S. 226–243.
73. J. Piaget, The Child's Conception of the World (London: Kegan Paul, 1929, S. 55; dt. Das Weltbild des Kindes, Stuttgart: Klett-Cotta, 1978; französische Originalausgabe aus dem Jahre 1926).
74. J. Perner, Understanding the Representational Mind, S. 174–176.
75. C. Garvey und R. Berndt, „Organization of Pretend Play", JSAS Catalog of Selected Documents in Psychology (Ms. No. 1589) 7 (1977), S. 4.
76. J. und E. Newson, Four Years Old in an Urban Community (Harmondsworth, England: Penguin, 1970).
77. Ebenda, S. 185.
78. Ebenda.
79. P. L. Harris, E. Brown, C. Marriott, S. Whittall und S. Harmer, „Monsters, Ghosts and Witches: Testing the Limits of the Fantasy-reality Distinction in Young Children", British Journal of Developmental Psychology 9 (1991), S. 105–123.

80. Ebenda, S. 105.
81. C. N. Johnson und H. M. Wellman, „Children's Developing Conceptions of the Mind and Brain", Child Development 53 (1982), S. 222–234. (Anmerkung: Dreijährige waren bei diesen Aufgaben durchaus nicht erfolglos; dies ist, wie in Kapitel 2 angedeutet, vielleicht ein Anzeichen dafür, daß Kinder zunächst zwar die repräsentationale Aktivität eventuell nicht verstehen, aber irgend etwas über Repräsentationen wissen.)
82. J. A. Fodor, „Fodor's Guide to Mental Representation: The Intelligent Auntie's Vade-mecum", Mind 94 (1985), S. 76–100.
83. J. W. Astington und D. R. Olson, „Metacognitive and Metalinguistic Language: Learning to Talk about Thought", Applied Psychology: An International Review 39 (1990), S. 77–87.
84. J. R. Searle, Speech Acts: An Essay in the Philosophy of Language (Cambridge: Cambridge University Press, 1969; dt. Sprechakte – ein sprachphilosophischer Essay, Frankfurt: Suhrkamp, 1979).
85. J. L. Austin, How to Do Things with Words (Cambridge, Mass.: Harvard University Press, 1962).
86. M. Donaldson, Children's Minds (Glasgow: Fontana/Collins, 1978; dt. Wie Kinder denken: Intelligenz und Schulversagen, München: Piper, 1991).
87. J. W. Astington, „Promises: Words or Deeds?" First Language 8 (1988), S. 259–270.
88. J. Perner, Understanding the Representational Mind (Cambridge, Mass.: Bradford Books/MIT Press, 1991), S. 107.
89. Ebendies bezeichnet John Searle als kausale Selbstreferentialität der Intention. J. R. Searle, Intentionality: An Essay in the Philosophy of Mind (Cambridge: Cambridge University Press, 1983), S. 85–86.
90. Henry Wellmans Buch ist die beste Beschreibung, die ich kenne; ich empfehle es zur Ergänzung des hier beschriebenen. H. M. Wellman, The Child's Theory of Mind (Cambridge, Mass.: Bradford Books/MIT Press, 1990), vor allem Kap. 4.
91. P. L. Harris, C. N. Johnson, D. Hutton, G. Andrews und T. Cooke, „Young Children's Theory of Mind and Emotion", Cognition and Emotion 3 (1989), S. 379–400.
92. L. Forguson, Common Sense (London: Routledge, 1989).
93. K. Bartsch und H. M. Wellman, Children Talk about the Mind (New York: Oxford University Press, 1995).
94. H. M. Wellman, „From Desires to Beliefs: Acquisition of a Theory of Mind", in Natural Theories of Mind: Evolution, Development and Simulation of Everyday Mindreading (S. 19–38), hg. von A. Whiten (Oxford: Basil Blackwell, 1991), S. 34.
95. Ebenda, S. 35.
96. D. Ridgeway, E. Waters und S. A. Kuczaj, „Acquisition of Emotion-de-

scriptive Language: Receptive and Productive Vocabulary Norms for Ages 18 Months to 6 Years", Developmental Psychology 21 (1985), S. 901–908.
97. I. Bretherton und M. Beeghly, „Talking about Internal States: The Acquisition of an Explicit Theory of Mind", Developmental Psychology 18 (1982), S. 906–921.
98. J. Dunn, I. Bretherton und P. Munn, „Conversations about Feeling States between Mothers and Their Young Children", Developmental Psychology 23 (1987), S. 132–139.
99. P. Smiley und J. Huttenlocher, „Young Children's Acquisition of Emotion Concepts", in Children's Understanding of Emotion, hg. von C. Saarni und P. L. Harris (Cambridge: Cambridge University Press, 1989), S. 27–49.
100. H. M. Wellman, P. L. Harris, M. Banerjee und A. Sinclair, „Early Understandings of Emotion: Evidence from Natural Language", Cognition and Emotion 9 (1995), S. 117–149.
101. D. P. Wolf, J. Rygh und J. Altshuler, „Agency and Experience: Actions and States in Play Narratives", in Symbolic Play: The Development of Social Understanding (S. 195–217), hg. von I. Bretherton (Orlando, Florida: Academic Press, 1984), S. 202.
102. J. Dunn, J. Brown und L. Beardsall, „Family Talk about Feeling States and Children's Later Understanding of Others' Emotions", Developmental Psychology 27 (1991), S. 448–455.
103. H. M. Wellman, The Child's Theory of Mind (Cambridge, Mass.: Bradford Books/MIT Press, 1990), Kap. 8.
104. G. G. Fein, „The Self-building Potential of Pretend Play, or ‚I Got a Fish, All by Myself'", in Becoming a Person (S. 328–346), hg. von M. Woodhead, R. Carr und P. Light (London: Routledge, 1991), S. 333–334.
105. J. Dunn, „Young Children's Understanding of Other People: Evidence from Observations within the Family", in Children's Theories of Mind (S. 97–114), hg. von D. Frye und C. Moore (Hillsdale, New Jersey: Erlbaum, 1991), S. 101.
106. Ebenda, S. 101–102.
107. J. Piaget, The Moral Judgement of the Child (Harmondsworth, England: Penguin, 1977, S. 175; dt. Das moralische Urteil beim Kinde, München: dtv/Klett-Cotta, 1983; französische Orginalausgabe aus dem Jahre 1932).
108. T. R. Shultz, „Development of the Concept of Intention", in Minnesota Symposium on Child Psychology, Bd. 13 (S. 131–164), hg. von W. A. Collins (Hillsdale, New Jersey: Erlbaum, 1980), S. 157.
109. R. Brown, A First Language: The Early Stages (Cambridge, Mass.: Harvard University Press, 1973), S. 318.
110. T. R. Shultz, „Development of the Concept of Intention". siehe Anm. 108

111. J. W. Astington und A. Gopnik, „Developing Understanding of Desire and Intention", in Natural Theories of Mind, hg. von Whiten. S. 39–50.
112. E. Lee, „Young Children's Representational Understanding of Intention" (unveröff. Dissertation, University of Toronto, Ontario Institute for Studies in Education, Kanada, 1995).
113. J. W. Astington, „Intention in the Child's Theory of Mind", in Children's Theories of Mind, hg. von Frye und Moore, S. 157–172.
114. L. Moses, „Young Children's Understanding of Intention and Belief" (Dissertation, Stanford University, 1990).
115. J. R. Searle, Intentionality: An Essay in the Philosophy of Mind (Cambridge: Cambridge University Press, 1983), S. 82.
116. J. W. Astington und E. Lee, „What Do Children Know about Intentional Causation?" (Vortrag gehalten auf dem Biennial Meeting of the Society for Research in Child Development, Seattle, Washington, April 1991).
117. J. Perner, Understanding the Representational Mind (Cambridge, Mass.: Bradford Books/MIT Press, 1991), S. 224–226.
118. J. Peskin, „Ruse and Representations: On Children's Ability to Conceal Information", Developmental Psychology 28 (1992), S. 84–89.
119. P. M. Greenfield, „Toward an Operational and Logical Analysis of Intentionality: The Use of Discourse in Early Child Language", in The Social Foundations of Language and Thought (S. 254–279), hg. von D. R. Olson (New York: Norton, 1980), S. 275.
120. M. Scaife und J. S. Bruner, „The Capacity for Joint Visual Attention in the Human Infant", Nature 253 (1975), S. 265–266. G. Butterworth, „The Ontogeny and Phylogeny of Joint Visual Attention", in Natural Theories of Mind: Evolution, Development and Simulation of Everyday Mindreading, hg. von A. Whiten (Oxford: Basil Blackwell, 1991), S. 223–232.
121. I. Bretherton, S. McNew und M. Beeghly-Smith, „Early Person Knowledge as Expressed in Gestural and Verbal Communication: When Do Infants Acquire a ‚Theory of Mind'?", in Infant Social Cognition, hg. von M. E. Lamb und L. R. Sherod (Hillsdale, New Jersey: Erlbaum, 1981), S. 333–373.
122. S. Baron-Cohen, „Precursors to a Theory of Mind: Understanding Attention in Others", in Natural Theories of Mind: Evolution, Development and Simulation of Everyday Mindreading, hg. von A. Whiten (Oxford: Basil Blackwell, 1991), S. 233–251.
123. J. Perner, Understanding the Representational Mind (Cambridge, Mass.: Bradford Books/MIT Press, 1991), S. 131.
124. J. D. Lempers, E. R. Flavell und J. H. Flavell, „The Development in Very Young Children of Tacit Knowledge Concerning Visual Perception", Genetic Psychology Monographs 95 (1977), S. 3–53.
125. J. Perner, Understanding the Representational Mind, S. 140.

126. C. Pratt und P. E. Bryant,,,Young Children Understand that Looking Leads to Knowing (So Long as They Are Looking into a Single Barrel)", Child Development 61 (1990), S. 973–982; B. H. Pillow, „Early Understanding of Perception as a Source of Knowledge", Journal of Experimental Child Psychology 47 (1989), S. 116–129.
127. J. H. Flavell, B. A. Everett, K. Croft und E. R. Flavell, „Young Children's Knowledge about Visual Perception: Further Evidence for the Level 1–Level 2 Distinction", Developmental Psychology 17 (1981), S. 99–103.
128. Ebenda. Siehe auch Z. S. Masangkay, K. A. McCluskey, C. W. McIntyre, J. Sims-Knight, B. E. Vaughn und J. H. Flavell, „The Early Development of Inferences about the Visual Percepts of Others", Child Development 45 (1974), S. 357–366.
129. J. H. Flavell, „The Development of Children's Knowledge about the Mind: From Cognitive Connections to Mental Representations", in Developing Theories of Mind, hg. von J. W. Astington, P. L. Harris und D. R. Olson (New York: Cambridge University Press, 1988), S. 244–267.
130. T. K. Ruffman, D. R. Olson und J. W. Astington, „Children's Understanding of Visual Ambiguity", British Journal of Developmental Psychology 9 (1991), S. 89–102.
131. A. Gopnik und P. Graf, „Knowing How You Know: Young Children's Ability to Identify and Remember the Sources of Their Beliefs", Child Development 59 (1988), S. 1366–1371; D. K. O'Neill und A. Gopnik, „Young Children's Ability to Identify the Sources of Their Beliefs", Developmental Psychology 27 (1991), S. 390–397.
132. D. K. O'Neill, J. W. Astington und J. H. Flavell, „Young Children's Understanding of the Role Sensory Experiences Play in Knowledge Acquisition", Child Development 63 (1992), S. 474–490.
133. J. Perner, Understanding the Representational Mind, S. 153; H. M. Wellman, The Child's Theory of Mind (Cambridge, Mass.: Bradford Books/MIT Press, 1990), S. 283–284.
134. J. Perner, Understanding the Representational Mind, S. 153.
135. K. Bartsch und H. M. Wellman, Children Talk about the Mind (New York: Oxford University Press, 1995).
136. H. M. Wellman, „From Desires to Beliefs: Acquisition of a Theory of Mind", in Natural Theories of Mind: Evolution Development and Simulation of Everyday Mindreading (S. 19–38), hg. von A. Whiten (Oxford: Basil Blackwell, 1991), S. 34.
137. Ebenda, S. 35.
138. J. Perner, Understanding the Representational Mind, Kap. 7.
139. Für diese Anekdote danke ich Marion Herman.
140. A. A. Aksu-Koç, The Acquisition of Aspect and Modality: The Case of Past Reference in Turkish (Cambridge: Cambridge University Press, 1988).
141. M. Shatz, H. M. Wellman und S. Silber, „The Acquisition of Mental

Verbs: A Systematic Investigation of the First Reference to Mental State", Cognition 14 (1983), S. 301–321; S. 308.
142. Ebenda
143. K. Bartsch und H. M. Wellman, Children Talk about the Mind (New York: Oxford University Press, 1995).
144. D. Premack und G. Woodruff, „Does the Chimpanzee Have a Theory of Mind?", Behavioral and Brain Sciences 1 (1978), S. 515–526.
145. Kommentar zu Premack and Woodruff, „Does the Chimpanzee have a Theory of Mind?", Behavioral and Brain Sciences 1 (1978), S. J. Bennett, „Some Remarks about Concepts", S. 557–560; D. C. Dennett, „Beliefs about Beliefs", S. 568–570; G. Harman, „Studying the Chimpanzee's Theory of Mind", S. 591.
146. D. Dennett, „Beliefs about Beliefs", S. 569 (Kursivsetzung im Original).
147. J. Perner, S. Leekam und H. Wimmer, „Three-year-olds' Difficulty with False Belief: The Case for a Conceptual Deficit", British Journal of Developmental Psychology 5 (1987), S. 125–137; H. Wimmer und J. Perner, „Beliefs about Beliefs: Representation and Constraining Function of Wrong Beliefs in Young Children's Understanding of Deception", Cognition 13 (1983), S. 103–128.
148. L. J. Moses und J. H. Flavell, „Inferring False Beliefs from Actions and Reactions", Child Development 61 (1990), S. 929–945.
149. J. Perner et al., „Three-year-olds' Difficulty with False Belief".
150. A. Gopnik und J. W. Astington, „Children's Understanding of Representational Change and its Relation to Their Understanding of False Belief and the Appearance-reality Distinction", Child Development 58 (1988), S. 26–37.
151. J. W. Astington und A. Gopnik, „Knowing You've Changed Your Mind: Children's Understanding of Representational Change", in Developing Theories of Mind (S. 193–206), hg. von J. W. Astington, P. L. Harris und D. R. Olson (New York: Cambridge University Press, 1988), S. 195.
152. H. Wimmer und M. Hartl, „Against the Cartesian View on Mind: Young Children's Difficulty with Own False Beliefs", British Journal of Developmental Psychology 9 (1991), S. 125–138.
153. Ebenda.
154. J. W. Astington und A. Gopnik, „Knowing You've Changed Your Mind".
155. J. H. Flavell, F. L. Green und E. R. Flavell, „Development of Knowledge about the Appearance-reality Distinction", Monographs of the Society for Research in Child Development 51 (1986, 1, Serial No. 212).
156. J. W. Astington und A. Gopnik, „Theoretical Explanations of Children's Understanding of the Mind", British Journal of Developmental Psychology 9 (1991), S. 7–31.

157. Ebenda.
158. H. M. Wellman und K. Bartsch, „Young Children's Reasoning about Beliefs", Cognition 30 (1988), S. 239–277.
159. D. Zaitchik, „Is Only Seeing Really Believing? Sources of True Belief in the False Belief Task", Cognitive Development 6 (1991), S. 91–103.
160. M. Siegal und K. Beattie, „Where to Look First for Children's Knowledge of False Belief", Cognition 38 (1991), S. 1–12.
161. S. Mitchell und H. Lacohée, „Children's Early Understanding of False Belief", Cognition 39 (1991), S. 107–127.
162. A. Gopnik und J. W. Astington, „Children's Understanding of Representational Change".
163. C. Moore, K. Pure und D. Furrow, „Children's Understanding of the Modal Expressions of Speaker Certainty and Uncertainty and its Relation to the Development of a Representational Theory of Mind", Child Development 61 (1990), S. 722–730.
164. Ebenda.
165. J. H. Flavell et al., „Development of Knowledge about the Appearance-reality Distinction".
166. J. H. Flavell, „The Development of Children's Knowledge about the Mind: From Cognitive Connections to Mental Representations", in Developing Theories of Mind, hg. von Astington et al. S. 244–267; A. Gopnik, „Developing the Idea of Intentionality: Children's Theories of Mind", Canadian Journal of Philosophy 20 (1990), S. 89–114; D. R. Olson, „Making Up Your Mind", Canadian Psychology 30 (1989), S. 617–627; J. Perner, Understanding the Representational Mind (Cambridge, Mass.: Bradford Books/MIT Press, 1991); H. M. Wellman, The Child's Theory of Mind (Cambridge, Mass.: Bradford Books/MIT Press, 1990).
167. N. Goodman, Languages of Art (Indianapolis: Hackett, 1976).
168. J. H. Flavell, X.-D. Zhang, H. Zou, Q. Dong und S. Qi, „A Comparison between the Development of the Appearance-reality Distinction in the People's Republic of China and the United States", Cognitive Psychology 15 (1983), S. 459–466.
169. P. L. Harris und D. Gross, „Children's Understanding of Real and Apparent Emotion", in Developing Theories of Mind, hg. von J. W. Astington et al. S. 295–314.
170. D. Gardner, P. L. Harris, M. Ohmoto und T. Hamasaki, „Japanese Children's Understanding of the Distinction between Real and Apparent Emotion", International Journal of Behavioral Development 11 (1988), S. 203–218.
171. J. Avis und P. L. Harris, „Belief-desire Reasoning among Baka Children: Evidence for a Universal Conception of Mind", Child Development 62 (1991), S. 460–467.
172. P. McCormick, „Intentionality and Language: Is Belief Possible with-

out the Language of Belief?", Periodically... Newsletter of the McLuhan Program in Culture and Technology, University of Toronto 12 (1989), S. 4–5.
173. P. McCormick, „Quechua Children's Theory of Mind" (Vortrag gehalten auf der Sixth University of Waterloo Conference on Child Development, Waterloo, Ontario / Kanada, Mai 1990).
174. M. E. Vasek, „Lying as a Skill: The Development of Deception in Children", in Deception: Perspectives on Human and Non-human Deceit (S. 271–292), hg. von R. W. Mitchell & N. S. Thompson (New York: SUNY Press, 1986), S. 286.
175. Siehe J. Dunn, The Beginnings of Social Understanding (Cambridge, Mass.: Harvard University Press, 1988).
176. Ebenda, S. 21.
177. J. Perner, Understanding the Representational Mind, S. 191–193.
178. M. Stouthamer-Loeber, „Young Children's Verbal Misrepresentations of Reality", in Children's Interpersonal Trust, hg. von K. Rotenberg (New York: Springer-Verlag, 1991), S. 20–42.
179. J. Piaget, The Moral Judgement of the Child (Harmondsworth, England: Penguin, 1977; dt. Das moralische Urteil beim Kinde, München: dtv/Klett-Cotta, 1983; französische Orginalausgabe aus dem Jahre 1932).
180. H. Wimmer, S. Gruber und J. Perner, „Young Children's Conception of Lying: Lexical Realism - Moral Subjectivism", Journal of Experimental Child Psychology 37 (1984), S. 1–30.
181. M. Stouthamer-Loeber, „Young Children's Verbal Misrepresentations of Reality".
182. L. Coleman und P. Kay, Prototype Semantics: The English Word Lie", Language 57 (1981), S. 26–44.
183. S. R. Leekam, „Jokes and Lies: Children's Understanding of Intentional Falsehood", in Natural Theories of Mind: Evolution, Development and Simulation of Everyday Mindreading, hg. von A. Whiten (Oxford: Basil Blackwell, 1991), S. 159–174.
184. E. Winner, The Point of Words (Cambridge, Mass.: Harvard University Press, 1988).
185. M. J. Chandler, A. S. Fritz und S. M. Hala, „Small Scale Deceit: Deception as a Marker of 2-, 3- and 4-year-olds' Early Theories of Mind", Child Development 60 (1989), S. 1263–1277.
186. B. Sodian, „The Development of Deception in Young Children", British Journal of Developmental Psychology 9 (1991), S. 173–188.
187. J. Russell, N. Mauthner, S. Sharpe und T. Tidswell, „The ‚Windows Task' as a Measure of Strategic Deception in Preschoolers and Autistic Subjects", British Journal of Developmental Psychology 9 (1991), S. 331–349.
188. J. Peskin, „Ruse and Representations: On Children's Ability to

Conceal Information", Developmental Psychology 28 (1992), S. 84–89.
189. Chandler, Fritz und Hala, „Small Scale Deceit".
190. S. Hala, M. Chandler und A. S. Fritz, „Fledgling Theories of Mind: Deception as a Marker of 3-year-olds' Understanding of False Belief", Child Development 62 (1991), S. 83–97.
191. B. Sodian, C. Taylor, P. L. Harris und J. Perner, „Early Deception and the Child's Theory of Mind: False Trails and Genuine Markers", Child Development 62 (1991), S. 468–483; J. R. Speer, G. M. Sullivan und N. Smith, „Hiding Paradigm Affords No Evidence of Deceptive Intent in $2^{1}/_{2}$-year-olds" (Vortrag gehalten auf dem Annual Meeting of the American Psychological Society, San Diego, Calif., Juni 1992).
192. S. R. Leekam, „Believing and Deceiving: Steps to Becoming a Good Liar", in Cognitive and Social Factors in Early Deception, hg. von S. J. Ceci, M. D. Leichtman und M. E. Putnick (Hillsdale, New Jersey: Erlbaum, 1992), S. 47–62.
193. K. Rotenberg, Children's Interpersonal Trust.
194. C. C. Park, The Siege: The First Eight Years of an Autistic Child, 2. Auflage mit dem Nachwort „Fifteen Years Later" (Boston, Mass.: Little, Brown, 1982).
195. Ebenda, S. 6.
196. Ebenda, S. 28.
197. Ebenda, S. 29.
198. Ebenda, S. 74.
199. L. Kanner, „Autistic Disturbances of Affective Contact", Nervous Child 2 (1943), S. 217–250.
200. N. O'Connor und B. Hermelin, „Autism", in The Oxford Companion to the Mind, hg. von R. L. Gregory und O. L. Zangwill (Oxford: Oxford University Press, 1987), S. 63–65.
201. U. Frith, Autism: Explaining the Enigma (Oxford: Basil Blackwell, 1989), S. 64–67.
202. A. Lovell, In a Summer Garment: The Experience of an Autistic Child (London: Secker & Warburg, 1978), S. 1.
203. Es ist auch richtig, daß das Gegenteil zutreffen kann; Kinder mit einer schweren geistigen Behinderung sind möglicherweise sozial nicht behindert. Siehe L. Wing und J. Gould, „Severe Impairments of Social Interaction and Associated Abnormalities in Children: Epidemiology and Classification", Journal of Autism and Developmental Disorders 9 (1979), S. 11–30.
204. S. Folstein und M. Rutter, „Infantile Autism: A Genetic Study of 21 Twin Pairs", Journal of Child Psychology and Psychiatry 18 (1977), S. 297–321.
205. S. Baron-Cohen, A. M. Leslie und U. Frith, „Mechanical, Behavioural and Intentional Understanding of Picture Stories in Autistic

Children", British Journal of Developmental Psychology 4 (1986), S. 113–125.
206. H. Wimmer und J. Perner, „Beliefs about Beliefs: Representation and Constraining Function of Wrong Beliefs in Young Children's Understanding of Deception", Cognition 13 (1983), S. 103–128.
207. S. Baron-Cohen, A. M. Leslie und U. Frith, „Does the Autistic Child Have a ‚Theory of Mind'?" Cognition 21 (1985), S. 37–46.
208. A. M. Leslie und U. Frith, „Autistic Children's Understanding of Seeing, Knowing and Believing", British Journal of Developmental Psychology 6 (1988), S. 315–324.
209. J. Perner, U. Frith, A. M. Leslie und S. R. Leekam, „Exploration of the Autistic Child's Theory of Mind: Knowledge Belief und Communication", Child Development 60 (1989), S. 689–700.
210. B. Sodian und U. Frith, „The Theory of Mind Deficit in Autism: Evidence from Deception", in Understanding Other Minds: Perspectives from Autism, hg. von S. Baron-Cohen, H. Tager-Flusberg und D. Cohen (Oxford: Oxford University Press, 1993), S. 158–180.
211. J. Russell, N. Mauthner, S. Sharpe und T. Tidswell, „The ‚Windows Task' as a Measure of Strategic Deception in Preschoolers and Autistic Subjects", British Journal of Development Psychology 9 (1991), S. 331–349.
212. S. Baron-Cohen, „Are Autistic Children ‚Behaviorists'? An Examination of Their Mental-physical and Appearance-reality Distinctions", Journal of Autism and Developmental Disorders 19 (1989), S. 579–600.
213. S. Baron-Cohen, „The Development of a Theory of Mind in Autism: Deviance and Delay?", Psychiatric Clinics of North America 14 (1991), S. 33–51.
214. H. Tager-Flusberg, „Autistic Children's Talk about Psychological States: Deficits in the Early Acquisition of a Theory of Mind", Child Development 63 (1992), S. 161–172.
215. S. Baron-Cohen, „Autism and Symbolic Play", British Journal of Developmental Psychology 5 (1987), S. 139–148; S. Baron-Cohen, „The Development of a Theory of Mind in Autism: Deviance and Delay?"
216. S. Baron-Cohen, „Are Autistic Children ‚Behaviorists'?"
217. P. L. Harris und A. Muncer, „Autistic Children's Understanding of Beliefs and Desires" (Vortrag gehalten auf der British Psychological Society Developmental Section Conference, Harlech, Wales, Sept. 1988).
218. P. L. Harris, Children and Emotion: The Development of Psychological Understanding (Oxford: Basil Blackwell, 1989), Kap. 9.
219. S. Baron-Cohen, „Do People with Autism Understand What Causes Emotion?", Child Development 62 (1991), S. 385–395.
220. R. P. Hobson, „The Autistic Child's Appraisal of Expressions of

Emotion", Journal of Child Psychology and Psychiatry 27 (1986), S. 321–342; und „The Autistic Child's Appraisal of Expressions of Emotion: A Further Study", Journal of Child Psychology and Psychiatry 27 (1986), S. 671–680.
221. R. P. Hobson, „Beyond Cognition: A Theory of Autism", in Autism: New Perspectives on Diagnosis, Nature and Treatment, hg. von G. Dawson (New York: Guilford Press, 1989), S. 22–48.
222. M. Sigman, P. Mundy, T. Sherman und J. Ungerer, „Social Interactions of Autistic, Mentally Retarded, and Normal Children and Their Caregivers", Journal of Child Psychology and Psychiatry 27 (1986), S. 647–656.
223. S. Baron-Cohen, „From Attention-goal Psychology to Belief-desire Psychology: The Development of a Theory of Mind, and its Dysfunction", in Understanding Other Minds: Perspectives from Autism, hg. von S. Baron-Cohen, H. Tager-Flusberg und D. Cohen (Oxford: Oxford University Press, 1993), S. 59–82.
224. A. M. Leslie und U. Frith, „Autistic Children's Understanding of Seeing, Knowing and Believing"; J. Perner, U. Frith, A. M. Leslie und S. R. Leekam, „Exploration of the Autistic Child's Theory of Mind".
225. A. M. Leslie, „The Theory of Mind Impairment in Autism: Evidence for a Modular Mechanism of Development?", in Natural Theories of Mind: Evolution, Development and Simulation of Everyday Mindreading, hg. von A. Whiten (Oxford: Basil Blackwell, 1991), S. 63–78.
226. U. Frith, Autism.
227. Ebenda, S. 118–119.
228. S. Baron-Cohen, „Precursors to a Theory of Mind: Understanding Attention in Others", in Natural Theories of Mind: Evolution, Development and Simulation of Everyday Mindreading, hg. von A. Whiten (Oxford: Basil Blackwell, 1991), S. 232–251.
229. Baron-Cohen, „From Attention-goal Psychology to Belief-desire Psychology".
230. S. Baron-Cohen, J. Allen und C. Gillberg, „Can Autism Be Detected at 18 Months? The Needle, the Haystack, and the CHAT", British Journal of Psychiatry 161 (1992), S. 839–843.
231. I. Bretherton, S. McNew und M. Beeghly-Smith, „Early Person Knowledge as Expressed in Gestural and Verbal Communication: When Do Infants Acquire a ‚Theory of Mind'?", in Infant Social Cognition, hg. von M. E. Lamb und L. R. Sherod (Hillsdale, New Jersey: Erlbaum, 1981), S. 333–373.
232. S. Baron-Cohen, „The Autistic Child's Theory of Mind: A Case of Specific Developmental Delay", Journal of Child Psychology and Psychiatry 30 (1989), S. 285–297.
233. F. G. E. Happé, „A Test of Relevance Theory: Communicative Competence and Theory of Mind in Autism", Cognition 48 (1993), S. 101–119.

234. F. G. E. Happé, „An Advanced Test of Theory of Mind: Understanding of Story Characters, Thoughts and Feelings by Able Autistic, Mentally Handicapped and Normal Children and Adults", Journal of Autism and Developmental Disorders 24 (1994), S. 129–154.
235. D. Sperber und D. Wilson, Relevance: Communication and Cognition (Cambridge, Mass.: Harvard University Press, 1986).
236. C. C. Park, The Siege, S. 325.
237. Ebenda, S. 287.
238. Ebenda, S. 290.
239. S. Carey, „On Some Relations between the Description and the Explanation of Developmental Change", in Causes of Development, hg. von G. Butterworth und P. Bryant (London: Harvester Wheatsheaf, 1990), S. 135–157.
240. D. R. Olson, „Making up Your Mind", Rede des Vorsitzenden der Canadian Psychological Association, Juni 1989, Canadian Psychology 30 (1989), S. 617–627.
241. B. Snell, The Discovery of the Mind in Greek Philosophy and Literature (New York: Dover, 1982; dt. Die Entdeckung des Geistes: Studien zur Entstehung des europäischen Denkens bei den Griechen. Göttingen: Vandenhoeck & Ruprecht, 1975).
242. C. F. Feldman, „The New Theory of Theory of Mind", Human Development 35 (1992), S. 107–117.
243. J. Bruner, „The Growth of Mind", Rede des Vorsitzenden der American Psychological Association, Sept. 1965, American Psychologist 20 (1965), S. 1007–1017.
244. J. Bruner, Acts of Meaning (Cambridge, Mass.: Harvard University Press, 1990).
245. J. Dunn, The Beginnings of Social Understanding (Cambridge, Mass.: Harvard University Press, 1988).
246. Ebenda, S. 57.
247. B. B. Scheiffelin und E. Ochs, Language Socialization across Cultures (Cambridge: Cambridge University Press, 1986).
248. J. Avis und P. L. Harris, „Belief-desire Reasoning among Baka Children: Evidence for a Universal Conception of Mind", Child Development 62 (1991), S. 460–467.
249. A. Whiten (Hg.), Natural Theories of Mind: Evolution, Development and Simulation of Everyday Mindreading (Oxford: Basil Blackwell, 1991).
250. A. M. Leslie, „The Theory of Mind Impairment in Autism: Evidence for a Modular Mechanism of Development?", in Natural Theories of Mind, hg. von A. Whiten, S. 63–78.
251. P. L. Harris, „The Work of the Imagination, in Natural Theories of Mind, hg. von A. Whiten, S. 283–304.
252. C. N. Johnson, „Theory of Mind and the Structure of Conscious Expe-

rience", in Developing Theories of Mind, hg. von J. W. Astington, P. L. Harris und D. R. Olson (New York: Cambridge University Press, 1988), S. 47–63.
253. P. L. Harris, „From Simulation to Folk Psychology: The Case for Development", Mind & Language 7 (1992), S. 120–144.
254. J. Perner und D. Howes, „,He Thinks he Knows'; and More Developmental Evidence against the Simulation (Role Taking) Theory", Mind & Language 7 (1992), S. 72–86; J. H. Flavell, P. T. Botkin, C. L. Fry, J. W. Wright und P. E. Jarvis, The Development of Role-taking and Communication Skills in Children (New York: Wiley, 1968).
255. S. Carey, Conceptual Change in Childhood (Cambridge, Mass.: Bradford/MIT Press, 1985); A. Kanniloff-Smith, „The Child is a ‚Theoretician Not an Inductivist'", Mind & Language 3 (1988), S. 183–197; F. C. Keil, Concepts, Kinds, and Cognitive Development (Cambridge, Mass.: Bradford/MIT Press, 1989).
256. J. Russell, „The Theory-theory: So Good They Named It Twice?" Cognitive Development 7 (1992), S. 485–519. Der Fairneß halber sollte erwähnt werden, daß Russell selbst der Auffassung ist, die Theoriesichtweise sei durchaus nicht positiv zu bewerten.
257. A. Gopnik und H. M. Wellman, „The Theory Theory", in Mapping the Mind: Domain Specificity in Cognition and Culture, hg. von L. Hirschfeld und S. Gelman (New York: Cambridge University Press, 1994), S. 257–293.
258. J. Perner, Understanding the Representational Mind (Cambridge, Mass.: Bradford Books/MIT Press, 1991).
259. J. W. Astington und A. Gopnik, „Developing Understanding of Desire and Intention", in Natural Theories of Mind, hg. von A. Whiten, S. 39–50.
260. A. Gopnik und H. Wellman, „The Theory Theory".
261. K. Bartsch und H. M. Wellman, „Young Children's Attribution of Action to Beliefs and Desires", Child Development 60 (1989), S. 946–964.
262. R. Case, „A Neo-Piagetian Analysis of the Child's Understanding of Other People, and the Internal Conditions which Motivate Their Behavior" (Vortrag gehalten auf dem Biennial Meeting of the Society for Research in Child Development, Kansas City, Missouri, April 1989).
263. D. Frye, P. D. Zelazo und T. Palfai, „The Cognitive Basis of Theory of Mind" (Unveröffentlichtes Manuskript, New York University, 1992).
264. D. R. Olson, „The Development of Representations: The Origins of Mental Life", Canadian Psychology 34 (1993), S. 293–306.
265. A. Gopnik und V. Slaughter, „Young Children's Understanding of Changes in Their Mental States", Child Development 62 (1991), S. 98–110.

266. J. Perner, T. Ruffman und S. Leekam, „Theory of Mind Is Contagious: You Catch It from Your Sibs", Child Development 65 (1994), S. 1228–1238.
267. P. Bryant, „Empirical Evidence for Causes in Development", in Causes of Development, hg. von G. Butterworth und P. Bryant (London: Harvester Wheatsheaf, 1990), S. 33–45.
268. J. Dunn, J. Brown, C. Slomkowski, C. Tesla und L. Youngblade, „Young Children's Understanding of Other People's Feelings and Beliefs: Individual Differences and Their Antecedents", Child Development 62 (1991), S. 1352–1366.
269. J. M. Jenkins und J. W. Astington, „Cognitive, Linguistic, and Social Factors Associated with Theory of Mind Development in Young Children" (Vortrag gehalten auf dem Biennial Meeting of the Society for Research in Child Development, New Orleans, März 1993).
270. M. Tomasello, A. Kruger und H. H. Ratner, „Cultural Learning", Behavioral and Brain Sciences 16 (1993), S. 495–552.
271. H. Gardner, The Unschooled Mind (New York: Basic Books, 1991; dt. Der ungeschulte Kopf. Stuttgart: Klett-Cotta, 1993).
272. M. Rutter und L. Bartak, „Special Education Treatment of Autistic Children: A Comparative Study, II: Follow-up Findings and Implications for Services", Journal of Child Psychology and Psychiatry 14 (1973), S. 241–270.
273. V. G. Paley, Wally's Stories (Cambridge, Mass.: Harvard University Press, 1981), S. 216.
274. V. G. Paley, Boys and Girls: Superheroes in the Doll Corner (Chicago: University of Chicago Press, 1984), S. 59.
275. V. G. Paley, Wally's Stories, S. 183–184.
276. Ebenda, S. 140.
277. C. Moore, D. Furrow, L. Chiasson und M. Patriquin, „Developmental Relationships between Production and Comprehension of Mental Terms", First Language 14 (1994), S. 1–17.
278. M. S. Robinson, „Children's Understanding of the Distinction between Messages and Meanings: Emergence and Implications", in Children of Social Worlds, hg. von M. Richards und P. Light (Oxford: Polity Press/Blackwells, 1986), S. 213–232.
279. G. Wells, Language Development in the Pre-school Years (Cambridge: Cambridge University Press, 1985).
280. Dieser Vorfall wurde von Jacqueline Richman, einer meiner Studentinnen, beobachtet.
281. M. Donaldson, Children's Minds (Glasgow: Fontana/Collins, 1978).
282. Ebenda, S. 88–89.
283. L. S. Vygotsky, Thought and Language (Cambridge, Mass.: MIT Press, 1962, S. 91, 92; dt. L. S. Vygotskij, Denken und Sprechen, Frankfurt: S. Fischer, 1969; russische Originalausgabe aus dem Jahre 1934).

Literatur

Aksu-Koç, A. A., The Acquisition of Aspect and Modality: The Case of Past Reference in Turkish (Cambridge: Cambridge University Press, 1988).

Astington, J. W., „Promises: Words or Deeds?", First Language 8 (1988), S. 259–270.

– „Intention in the Child's Theory of Mind", in Children's Theories of Mind, hg. von D. Frye und C. Moore, (Hillsdale, New Jersey: Erlbaum, 1991), S. 157–172.

– und A. Gopnik, „Developing Understanding of Desire and Intention", in Natural Theories of Mind: Evolution, Development and Simulation of Everyday Mindreading, hg. von A. Whiten (Oxford: Basil Blackwell, 1991), S. 39–50.

– und A. Gopnik, „Knowing You've Changed Your Mind: Children's Understanding of Representational Change", in Developing Theories of Mind (S. 193–206), hg. J. W. Astington, P. L. Harris und D. R. Olson (New York: Cambridge University Press, 1988), S. 195.

– und A. Gopnik, „Theoretical Explanations of Children's Understanding of the Mind", British Journal of Developmental Psychology 9 (1991), S. 7–31.

–, P. L. Harris und D. R. Olson, Developing Theories of Mind, New York: Cambridge University Press, 1988.

– und E. Lee, „What Do Children Know about Intentional Causation?" (Vortrag gehalten auf dem Biennial Meeting of the Society for Research in Child Development, Seattle, Washington, April 1991).

– und D. R. Olson, „Metacognitive and Metalinguistic Language: Learning to Talk about Thought", Applied Psychology: An International Review 39 (1990), S. 77–87.

Austin, J. L., How to Do Things with Words (Cambridge, Mass.: Harvard University Press, 1962).

Avis, J. und P. L. Harris, „Belief-desire Reasoning among Baka Children: Evidence for a Universal Conception of Mind", Child Development 62 (1991), S. 460–467.

Baron-Cohen, S., „Autism and Symbolic Play", British Journal of Developmental Psychology 5 (1987), S. 139–148.

- „Are Autistic Children ‚Behaviorists'? An Examination of Their Mental-physical and Appearance-reality Distinctions", Journal of Autism and Developmental Disorders 19 (1989), S. 579–600.
- „The Autistic Child's Theory of Mind: A Case of Specific Developmental Delay", Journal of Child Psychology and Psychiatry 30 (1989), S. 285–297.
- „Do People with Autism Understand What Causes Emotion?", Child Development 62 (1991), S. 385–395.
- „Precursors to a Theory of Mind: Understanding Attention in Others", in Natural Theories of Mind: Evolution, Development and Simulation of Everyday Mindreading, hg. von A. Whiten (Oxford: Basil Blackwell, 1991), S. 232–251.
- „The Development of a Theory of Mind in Autism: Deviance and Delay?", Psychiatric Clinics of North America 14 (1991), S. 33–51.
- „From Attention-goal Psychology to Belief-desire Psychology: The Development of a Theory of Mind, and its Dysfunction", in Understanding Other Minds: Perspectives from Autism, hg. von S. Baron-Cohen, H. Tager-Flusberg und D. Cohen (Oxford: Oxford University Press, 1993), S. 59–82.
-, A. M. Leslie und U. Frith, „Does the Autistic Child Have a ‚Theory of Mind'?", Cognition 21 (1985), S. 37–46.
-, A. M. Leslie und U. Frith, „Mechanical, Behavioural and Intentional Understanding of Picture Stories in Autistic Children", British Journal of Developmental Psychology 4 (1986), S. 113–125.
-, J. Allen und C. Gillberg, „Can Autism Be Detected at 18 Months? The Needle, the Haystack, and the CHAT", British Journal of Psychiatry 161 (1992), S. 839–843.

Bartsch, K. und H. M. Wellman, Children Talk about the Mind (New York: Oxford University Press, 1995).
- und H. M. Wellman, „Young Children's Attribution of Action to Beliefs and Desires", Child Development 60 (1989), S. 946–964.

Bates, E., Language and Context: The Acquisition of Pragmatics (New York: Academic Press, 1976).

Bennett, S. J., „Some Remarks about Concepts", Behavioral and Brain Sciences 1 (1978), S. 557–560.

Bloom, L., M. Rispola, B. Gartner und J. Hafitz, „Acquisition of Complementation", Journal of Child Language 16 (1989), S. 101–120.

Brentano, F., „The Distinction between Mental and Physical Phenomena", in Realism and the Background of Phenomenology, hg. von R. M. Chisholm (New York: Free Press, 1960, deutsche Originalausgabe aus dem Jahre 1874; Nachdruck in F. Brentano, Wahrheit und Evidenz: Erkenntnistheoretische Abhandlungen und Briefe, Hamburg: Meiner, 1974), S. 39–61.

Bretherton, I. und M. Beeghly, „Talking about Internal States: The Acqui-

sition of an Explicit Theory of Mind", Developmental Psychology 6 (1982), S. 906–921.
–, S. McNew und M. Beeghly-Smith, „Early Person Knowledge as Expressed in Gestural and Verbal Communication: When Do Infants Acquire a ‚Theory of Mind'?", in Infant Social Cognition, hg. von M. E. Lamb und L. R. Sherod (Hillsdale, New Jersey: Erlbaum, 1981), S. 333–373.
Brown, R., A First Language: The Early Stages (Cambridge, Mass.: Harvard University Press, 1973), S. 318.
Bruner, J., „The Growth of Mind", Rede des Vorsitzenden der American Psychological Association, Sept. 1965, American Psychologist 20 (1965), S. 1007–1017.
– „The Ontogenesis of Speech Acts", Journal of Child Language 2 (1975), S. 1–19
–, Child's Talk: Learning to Use Language (Oxford: Oxford University Press, 1983; dt. Wie das Kind sprechen lernt, Bern: Huber, 1993).
– Acts of Meaning (Cambridge, Mass.: Harvard University Press, 1990).
Bryant, P., „Empirical Evidence for Causes in Development", in Causes of Development, hg. von G. Butterworth und P. Bryant (London: Harvester Wheatsheaf, 1990), S. 33–45.
Butterworth, G., „The Ontogeny and Phylogeny of Joint Visual Attention", in Natural Theories of Mind: Evolution, Development and Simulation of Everyday Mindreading, hg. von A. Whiten (Oxford: Basil Blackwell, 1991), S. 223–232.
Carey, S., Conceptual Change in Childhood (Cambridge, Mass.: Bradford/MIT Press, 1985).
– „On Some Relations between the Description and the Explanation of Developmental Change", in Causes of Development hg. von G. Butterworth und P. Bryant (London: Harvester Wheatsheaf, 1990), S. 135–157.
Carter, A. L., „From Sensori-motor Vocalizations to Words: A Case Study of Attention-directing Communication in the Second Year", in Action, Gesture and Symbol: The Emergence of Language, hg. von A. Lock (London: Academic Press, 1978), S. 310–349.
Case, R., „A Neo-Piagetian Analysis of the Child's Understanding of Other People, and the Internal Conditions which Motivate Their Behavior" (Vortrag gehalten auf dem Biennial Meeting of the Society for Research in Child Development, Kansas City, Missouri, April 1989).
Chandler, M. J., A. S. Fritz und S. M. Hala, „Small Scale Deceit: Deception as a Marker of 2-, 3- and 4-year-olds' Early Theories of Mind", Child Development 60 (1989), S. 1263–1277.
Churchland, S. M., Matter and Consciousness (Cambridge, Mass.: MIT Press, 1984)
Cole, M. und S. R. Cole, The Development of Children (New York: Scientific American Books, 1989).

Coleman, L. und P. Kay, „Prototype Semantics: The English Word Lie", Language 57 (1981), S. 26–44.

D'Andrade, R., „A Folk Model of the Mind", in Cultural Models in Language and Thought, hg. von D. Holland und N. Quinn (Cambridge: Cambridge University Press, 1987), S. 112–148.

Darwin, C., The Expression of the Emotions in Man and Animals (London: Murray, 1872; dt. Der Ausdruck der Gemütsbewegungen, Stuttgart: Schweizerbart, 1872).

Dennett, D. C., „Beliefs about Beliefs", Behavioral and Brain Sciences 1 (1978), S. 568–570.

– The Intentional Stance (Cambridge, Mass.: Bradford Books/MIT Press, 1987).

Donaldson, M., Children's Minds (Glasgow: Fontana/Collins, 1978; dt. Wie Kinder denken: Intelligenz und Schulversagen, München: Piper, 1991).

Dunn, J., The Beginnings of Social Understanding (Cambridge, Mass.: Harvard University Press, 1988).

– „Young Children's Understanding of Other People: Evidence from Observations within the Family", in Children's Theories of Mind (S. 97–114), hg. von D. Frye und C. Moore (Hillsdale, New Jersey: Erlbaum, 1991), S. 101.

–, I. Bretherton und P. Munn, „Conversations about Feeling States between Mothers and Their Young Children", Developmental Psychology 23 (1987), S. 132–139.

–, J. Brown und L. Beardsall, „Family Talk about Feeling States and Children's Later Understanding of Others' Emotions", Developmental Psychology 27 (1991), S. 448–455.

–, J. Brown, C. Slomkowski, C. Tesla und L. Youngblade, „Young Children's Understanding of Other People's Feelings and Beliefs: Individual Differences and Their Antecedents", Child Development 62 (1991), S. 1352–1366.

– und N. Dale, „I a Daddy: 2-year-olds' Collaboration in Joint Play with Sibling and Mother", in Symbolic Play, hg. von I. Bretherton (Orlando, Florida: Academic Press, 1984), S. 131–158.

Ekman, S. und W. Freisen, „Constants across Cultures in the Face and Emotion", Journal of Personality and Social Psychology 117 (1972), S. 124–129. Fein, G. G., „The Self-building Potential of Pretend Play, or, I Got a Fish, All by Myself"", in Becoming a Person, hg. von M. Woodhead, R. Carr und P. Light (London: Routledge, 1991), S. 328–346.

Feldman, C. F., „The New Theory of Theory of Mind", Human Development 35 (1992), S. 107–117.

Field, T., Infancy (Cambridge, Mass.: Harvard University Press, 1990).

Flavell, J. H., „The Development of Children's Knowledge about the Mind: From Cognitive Connections to Mental Representations", in Develop-

ing Theories of Mind, hg. von J. W. Astington, P. L. Harris und D. R. Olson (New York: Cambridge University Press, 1988), S. 244–267.
–, P. T. Botkin, C. L. Fry, J. W. Wright und P. E. Jarvis, The Development of Role-taking and Communication Skills in Children (New York: Wiley, 1968; dt. Rollenübernahme und Kommunikation bei Kindern, Weinheim: Beltz, 1975).
–, J. H., B. A. Everett, K. Croft und E. R. Flavell, „Young Children's Knowledge about Visual Perception: Further Evidence for the Level 1–Level 2 Distinction", Developmental Psychology 17 (1981), S. 99–103.
–, F. L. Green und E. R. Flavell, „Development of Knowledge about the Appearance-reality Distinction", Monographs of the Society for Research in Child Development 51 (1986, 1, Serial No. 212).
–, X.-D. Zhang, H. Zou, Q. Dong und S. Qi, „A Comparison between the Development of the Appearance-reality Distinction in the People's Republic of China and the United States", Cognitive Psychology 15 (1983), S. 459–466.
Fodor, J. A., „Fodor's Guide to Mental Representation: The Intelligent Auntie's Vade-mecum", Mind 94 (1985), S. 76–100.
Folstein, S. und M. Rutter, „Infantile Autism: A Genetic Study of 21 Twin Pairs", Journal of Child Psychology and Psychiatry 18 (1977), S. 297–321.
Forguson, L. und A. Gopnik, „The Ontogeny of Common Sense", in Developing Theories of Mind, hg. von J. W. Astington, P. L. Harris und D. R. Olson (New York: Cambridge University Press, 1988), S. 226–243.
– Common Sense (London: Routledge, 1989).
Frith, U., Autism: Explaining the Enigma (Oxford: Basil Blackwell, 1989; dt. Autismus – ein kognitionspsychologisches Puzzle, Heidelberg: Spektrum, Akademischer Verlag, 1992).
Frye, D., S. D. Zelazo und T. Palfai, „The Cognitive Basis of Theory of Mind" (Unveröffentlichtes Manuskript, New York University, 1992).
Gardner, D., P. L. Harris, M. Ohmoto und T. Hamasaki, „Japanese Children's Understanding of the Distinction between Real and Apparent Emotion", International Journal of Behavioral Development 11 (1988), S. 203–218.
Gardner, H., The Unschooled Mind (New York: Basic Books, 1991; dt. Der ungeschulte Kopf. Stuttgart: Klett-Cotta, 1993).
Garvey, C. und R. Berndt, „Organization of Pretend Play", JSAS Catalog of Selected Documents in Psychology (Ms. No. 1589) 7 (1977).
–, Play (Cambridge, Mass.: Harvard University Press, 1977; dt. Spielen, Stuttgart: Klett-Cotta, 1978).
Goodman, N., Languages of Art (Indianapolis: Hackett, 1976).
Gopnik, A. „Words and Plans: Early Language and the Development of Intelligent Action", Journal of Child Language 9 (1982), S. 303–318.

- „Developing the Idea of Intentionality: Children's Theories of Mind", Canadian Journal of Philosophy 20 (1990), S. 89–114.
- und J. W. Astington, „Children's Understanding of Representational Change and its Relation to Their Understanding of False Belief and the Appearance-reality Distinction", Child Development 58 (1988), S. 26–37.
- und P. Graf, „Knowing How You Know: Young Children's Ability to Identify and Remember the Sources of Their Beliefs", Child Development 59 (1988), S. 1366–1371.
- und V. Slaughter, „Young Children's Understanding of Changes in Their Mental States", Child Development 62 (1991), S. 98–110.
- und H. M. Wellman, „The Theory Theory", in Mapping the Mind: Domain Specificity in Cognition and Culture, hg. von L. Hirschfeld und S. Gelman (New York: Cambridge University Press, 1994), S. 257–293.

Greenfield, P. M., „Toward an Operational and Logical Analysis of Intentionality: The Use of Discourse in Early Child Language", in The Social Foundations of Language and Thought, hg. von D. R. Olson (New York: Norton, 1980), S. 254–279.

Grice, H. S., „Meaning", Philosophical Review 66 (1957), S. 377–388.

Hala, S., M. Chandler und A. S. Fritz, „Fledgling Theories of Mind: Deception as a Marker of 3-year-olds' Understanding of False Belief", Child Development 62 (1991), S. 83–97.

Happé, F. G. E., „A Test of Relevance Theory: Communicative Competence and Theory of Mind in Autism", Cognition 48 (1993), S. 101–119.
- „An Advanced Test of Theory of Mind: Understanding of Story Characters, Thoughts and Feelings by Able Autistic, Mentally Handicapped and Normal Children and Adults", Journal of Autism and Developmental Disorders 24 (1994), S. 129–154.

Harman, G., „Studying the Chimpanzee's Theory of Mind", Behavioral and Brain Sciences 1 (1978), S. 591.

Harris, P. L., Children and Emotion: The Development of Psychological Understanding (Oxford: Basil Blackwell, 1989).
- „The Work of the Imagination, in Natural Theories of Mind, hg. von A. Whiten, (Oxford: Basil Blackwell, 1991), S. 283–304.
- „From Simulation to Folk Psychology: The Case for Development", Mind & Language, 7 (1992), S. 120–144.
-, E. Brown, C. Marriott, S. Whittall und S. Harmer, „Monsters, Ghosts and Witches: Testing the Limits of the Fantasyreality Distinction in Young Children", British Journal of Developmental Psychology 9 (1991), S. 105–123.
- und D. Gross, „Children's Understanding of Real and Apparent Emotion", in Developing Theories of Mind, hg. von J. W. Astington, P. L. Harris und D. R. Olson (New York: Cambridge University Press, 1988), S. 295–314.

–, C. N. Johnson, D. Hutton, G. Andrews und T. Cooke, „Young Children's Theory of Mind and Emotion", Cognition and Emotion 3 (1989), S. 379–400.
- und R. D. Kavanaugh, „Young Children's Understanding of Pretense", Monographs of the Society for Research in Child Development 58 (1993, 1, Serial No. 231).
- und A. Muncer, „Autistic Children's Understanding of Beliefs and Desires" (Vortrag gehalten auf der British Psychological Society Developmental Section Conference, Harlech, Wales, Sept. 1988).
Heelas, P., „The Model Applied: Anthropology and Indigenous Psychologies", in Indigenous psychologies, hg. von P. Heelas und A. Lock (London: Academic Press, 1981), S. 39–63.
Hobson, R. P., „The Autistic Child's Appraisal of Expressions of Emotion", Journal of Child Psychology and Psychiatry 27 (1986), S. 321–342.
- „The Autistic Child's Appraisal of Expressions of Emotion: A Further Study", Journal of Child Psychology and Psychiatry 27 (1986), S. 671–680.
- „Beyond Cognition: A Theory of Autism", in Autism: New Perspectives on Diagnosis, Nature and Treatment, hg. von G. Dawson (New York: Guilford Press, 1989), S. 22–48.
Jenkins, J. M. und J. W. Astington, „Cognitive, Linguistic, and Social Factors Associated with Theory of Mind Development in Young Children" (Vortrag gehalten auf dem Biennial Meeting of the Society for Research in Child Development, New Orleans, März 1993).
Johnson, C. N., „Theory of Mind and the Structure of Conscious Experience", in Developing Theories of Mind, hg. von J. W. Astington, P. L. Harris und D. R. Olson (New York: Cambridge University Press, 1988), S. 47–63.
- und H. M. Wellman, „Children's Developing Conceptions of the Mind and Brain", Child Development 53 (1982), S. 222–234.
Kanner, L., „Autistic Disturbances of Affective Contact", Nervous Child 2 (1943), S. 217–250.
Kanniloff-Smith, A., „The Child is a ,Theoretician Not an Inductivist'", Mind & Language 3 (1988), S. 183–197.
Keil, F. C., Concepts, Kinds, and Cognitive Development (Cambridge, Mass.: Bradford/MIT Press, 1989).
Klinnert, M. D., J. J. Campos, J. F. Sorce, R. N. Emde und M. Svenjda, „Emotions as Behavior Regulators: Social Referencing in Infancy", in Emotion: Theory, Research, and Experience, vol. 2: Emotions in Early Development, hg. von R. Plutchik und H. Kellerman (New York: Academic Press, 1983), S. 57–86.
Lee, E., „Young Children's Representational Understanding of Intention" (unveröff. Dissertation, University of Toronto, Ontario Institute for Studies in Education, Kanada, 1995).

Leekam, S. R., „Believing and Deceiving: Steps to Becoming a Good Liar", in Cognitive and Social Factors in Early Deception, hg. von S. J. Ceci, M. D. Leichtman und M. E. Putnick (Hillsdale, New Jersey: Erlbaum, 1992), S. 47–62.
– „Jokes and Lies: Children's Understanding of Intentional Falsehood", in Natural Theories of Mind: Evolution, Development and Simulation of Everyday Mindreading, hg. von A. Whiten (Oxford: Basil Blackwell, 1991), S. 159–174.
Lempers, J. D., E. R. Flavell und J. H. Flavell, „The Development in Very Young Children of Tacit Knowledge Concerning Visual Perception", Genetic Psychology Monographs 95 (1977), S. 3–53.
Leslie, A. M., „Some Implications of Pretense for Mechanisms Underlying the Child's Theory of Mind", in Developing Theories of Mind, hg. von J. W. Astington, P. L. Harris und D. R. Olson (New York: Cambridge University Press, 1988), S. 19–46.
– „The Theory of Mind Impairment in Autism: Evidence for a Modular Mechanism of Development?", in Natural Theories of Mind, Development and Simulation of Everyday Mindreading, hg. von A. Whiten (Oxford: Basil Blackwell, 1991), S. 63–78.
– und U. Frith, „Autistic Children's Understanding of Seeing, Knowing and Believing", British Journal of Developmental Psychology 6 (1988), S. 315–324.
Lillard, A. S., „Pretend Play Skills and the Child's Theory of Mind", Child Development 64 (1993), S. 348–371.
Linde, C., „Explanatory Systems in Oral Life Stories", in Cultural Models in Language and Thought, hg. von D. Holland und N. Quinn (Cambridge: Cambridge University Press, 1987), S. 343–366.
Lock, A., The Guided Reinvention of Language (London: Academic Press, 1980).
– „Universals in Human Conception", in Indigenous Psychologies, hg. von P. Heelas und A. Lock (London: Academic Press, 1981), S. 19–36.
Lovell, A., In a Summer Garment: The Experience of an Autistic Child (London: Secker & Warburg, 1978), S. 1.
Lutz, C., „Goals, Events, and Understanding in Ifaluk Emotion Theory", in Cultural Models in Language and Thought, hg. von D. Holland und N. Quinn (Cambridge: Cambridge University Press, 1987), S. 290–312.
Lyons, J., Noam Chomsky, überarbeitete Ausgabe (Harmondsworth, England: Penguin, 1977; London: Fontana Press, 1991, 3. Auflage).
Masangkay, Z. S., K. A. McCluskey, C. W. McIntyre, J. Sims-Knight, B. E. Vaughn und J. H. Flavell, „The Early Development of Inferences about the Visual Percepts of Others", Child Development 45 (1974), S. 357–366.
McCormick, P., „Intentionality and Language: Is Belief Possible without the Language of Belief?", Periodically... Newsletter of the McLuhan

Program in Culture and Technology, University of Toronto 12 (1989), S. 4–5.
- „Quechua Children's Theory of Mind" (Vortrag gehalten auf der Sixth University of Waterloo Conference on Child Development, Waterloo, Ontario / Kanada, Mai 1990).
Miller, G. A. und P. N. Johnson-Laird, Language and Perception (Cambridge, Mass.: Harvard University Press, 1976).
Mitchell, S. und H. Lacohée, „Children's Early Understanding of False Belief", Cognition 39 (1991), S. 107–127.
Moore, C., D. Furrow, L. Chiasson und M. Patriquin, „Developmental Relationships between Production and Comprehension of Mental Terms", First Language 14 (1994), S.1–17.
–, K. Pure und D. Furrow, „Children's Understanding of the Modal Expressions of Speaker Certainty and Uncertainty and its Relation to the Development of a Representational Theory of Mind", Child Development 61 (1990), S. 722–730.
Moses, L., „Young Children's Understanding of Intention and Belief" (Dissertation, Stanford University, 1990).
– und J. H. Flavell, „Inferring False Beliefs from Actions and Reactions", Child Development 61 (1990), S. 929–945.
Nelson, C. A., „The Perception and Recognition of Facial Expressions in Infancy", in Social Perception in Infants, hg. von T. M. Field und N. A. Fox (Norwood, New Jersey: Ablex, 1985), S. 101–125.
Nelson, K., „Monologue as Representation of Real-life Experience", in Narratives from the Crib, (S. 27–72), hg. von K. Nelson (Cambridge, Mass.: Harvard University Press, 1989), S. 64.
Newson, J. und E., Four Years Old in an Urban Community (Harmondsworth, England: Penguin, 1970).
O'Connor, N. und B. Hermelin, „Autism", in The Oxford Companion to the Mind, hg. von R. L. Gregory und O. L. Zangwill (Oxford: Oxford University Press, 1987), S. 63–65.
O'Neill, D. K., J. W. Astington und J. H. Flavell, „Young Children's Understanding of the Role Sensory Experiences Play in Knowledge Acquisition", Child Development 63 (1992), S. 474–490.
– und A. Gopnik, „Young Children's Ability to Identify the Sources of Their Beliefs", Developmental Psychology 27 (1991), S. 390–397.
Olson, D. R., „Making up Your Mind", Rede des Vorsitzenden der Canadian Psychological Association, Juni 1989, Canadian Psychology 30 (1989), S. 617–627.
– „The Development of Representations: The Origins of Mental Life", Canadian Psychology 34 (1993), S. 293–306.
Paley, V. G., Boys and Girls: Superheroes in the Doll Corner (Chicago: University of Chicago Press, 1984), S. 59.
– Wally's Stories (Cambridge, Mass.: Harvard University Press, 1981), S. 216.

Park, C. C., The Siege: The First Eight Years of an Autistic Child, 2. Auflage mit dem Nachwort „Fifteen Years Later" (Boston, Mass.: Little, Brown, 1982).
Peer, J. R., G. M. Sullivan und N. Smith, „Hiding Paradigm Affords No Evidence of Deceptive Intent in 2½-year-olds" (Vortrag gehalten auf dem Annual Meeting of the American Psychological Society, San Diego, Calif., Juni 1992).
Perner, J., Understanding the Representational Mind (Cambridge, Mass.: Bradford Books/MIT Press, 1991).
– „On Representing That: The Asymmetry between Belief and Desire in Children's Theories of Mind", in Children's Theories of Mind: Mental States and Social Understanding, hg. von D. Frye und C. Moore (Hillsdale, New Jersey: Erlbaum, 1991), S. 139–155.
–, U. Frith, A. M. Leslie und S. R. Leekam, „Exploration of the Autistic Child's Theory of Mind: Knowledge Belief und Communication", Child Development 60 (1989), S. 689–700.
– und D. Howes, „,He Thinks he Knows'; and More Developmental Evidence against the Simulation (Role Taking) Theory", Mind Language 7 (1992), S. 72–86.
–, S. Leekam und H. Wimmer, „Three-year-olds' Difficulty with False Belief: The Case for a Conceptual Deficit", British Journal of Developmental Psychology 5 (1987), S. 125–137.
–, T. Ruffman und S. Leekam, „Theory of Mind Is Contagious: You Catch It from Your Sibs", Child Development 65 (1994), S. 1228–1238.
Peskin, J., „Ruse and Representations: On Children's Ability to Conceal Information", Developmental Psychology 28 (1992), S. 84–89.
Piaget, J., Judgment and Reasoning in the Child (London: Kegan Paul, 1928; dt. Urteil und Denkprozeß beim Kind, Düsseldorf: Schwann, 1972; französische Originalausgabe aus dem Jahre 1924).
– Play, Dreams and Imitation in Childhood (New York, Norton, 1962; dt. Nachahmung, Spiel und Traum, Stuttgart: Klett, 1969; auch in Gesammelte Werke, Bd. 5, Stuttgart: Klett-Cotta, 1989; französische Originalausgabe aus dem Jahre 1945).
– The Child's Conception of Physical Causality (London: Kegan Paul, 1930; dt. in Gesammelte Werke, Studienausgabe, zweite Auflage, 1989; französische Originalausgabe aus dem Jahre 1927).
– The Child's Conception of the World (London: Kegan Paul, 1929; dt. Das Weltbild des Kindes, Frankfurt: Ullstein, 1980; französische Originalausgabe aus dem Jahre 1926).
– The Construction of Reality in the Child (New York: Basic Books, 1954; dt. Der Aufbau der Wirklichkeit beim Kinde, Stuttgart: Klett, 1974; auch in Gesammelte Werke, Bd. 2, Stuttgart: Klett-Cotta, 1989; französische Originalausgabe aus dem Jahre 1937).
– The Language and Thought of the Child (London: Kegan Paul, 1926; dt.

Sprechen und Denken des Kindes, Düsseldorf: Schwann, 1972; französische Originalausgabe aus dem Jahre 1923).
- The Moral Judgement of the Child (Harmondsworth, England: Penguin, 1977; dt. Das moralische Urteil beim Kinde, Stuttgart: Klett-Cotta, 2. Auflage, 1983; auch als Taschenbuch, München: dtv/Klett-Cotta, 1983; französische Orginalausgabe aus dem Jahre 1932), S. 175.
- The Origins of Intelligence in Children (London: Kegan Paul, 1936; dt. Das Erwachen der Intelligenz beim Kinde, Stuttgart: Klett, 1969; auch in Gesammelte Werke, Bd 1, Stuttgart: Klett-Cotta, 1975; französische Orginalausgabe aus dem Jahre 1936).

Pillow, B. H., „Early Understanding of Perception as a Source of Knowledge", Journal of Experimental Child Psychology 47 (1989), S. 116–129.

Pratt, C. und P. E. Bryant, „Young Children Understand that Looking Leads to Knowing (So Long as They Are Looking into a Single Barrel)", Child Development 61 (1990), S. 973–982.

Premack, D. und G. Woodruff, „Does the Chimpanzee Have a Theory of Mind?", Behavioral and Brain Sciences 1 (1978), S. 515–526.

Ridgeway, D., E. Waters und S. A. Kuczaj, „Acquisition of Emotion – descriptive Language: Receptive and Productive Vocabulary Norms for Ages 18 Months to 6 Years", Developmental Psychology 21 (1985), S. 901–908.

Robinson, M. S., „Children's Understanding of the Distinction between Messages and Meanings: Emergence and Implications", in Children of Social Worlds, hg. von M. Richards und P. Light (Oxford: Polity Press/Blackwells, 1986), S. 213–232.

Ruffman, T. K., D. R. Olson und J. W. Astington, „Children's Understanding of Visual Ambiguity", British Journal of Developmental Psychology 9 (1991), S. 89–102.

Russell, J., „The Theory-theory: So Good They Named It Twice?", Cognitive Development 7 (1992), S. 485–519.

–, N. Mauthner, S. Sharpe und T. Tidswell, „The ‚Windows Task' as a Measure of Strategic Deception in Preschoolers and Autistic Subjects", British Journal of Developmental Psychology 9 (1991), S. 331–349.

Rutter, M. und L. Bartak, „Special Education Treatment of Autistic Children: A Comparative Study, II: Follow-up Findings and Implications for Services", Journal of Child Psychology and Psychiatry 14 (1973), S. 241–270.

Scaife, M. und J. S. Bruner, „The Capacity for Joint Visual Attention in the Human Infant", Nature 253 (1975), S. 265–266.

Schaffer, H. R., The Child's Entry into a Social World (London: Academic Press, 1984).

Scheiffelin, B. B. und E. Ochs, Language Socialization across Cultures (Cambridge: Cambridge University Press, 1986).

Searle, J. R., Intentionality: An Essay in the Philosophy of Mind (Cam-

bridge: Cambridge University Press, 1983; dt. Intentionalität: eine Abhandlung zur Philosophie des Geistes, Frankfurt: Suhrkamp, 1979).
- Speech Acts: An Essay in the Philosolphy of Language (Cambridge: Cambridge University Press, 1969; dt. Sprechakte – ein sprachphilosophischer Essay, Frankfurt: Suhrkamp, 1979).
Shatz, M., H. M. Wellman und S. Silber, „The Acquisition of Mental Verbs: A Systematic Investigation of the First Reference to Mental State", Cognition 14 (1983), S. 301–321.
Shultz, T. R., „Development of the Concept of Intention", in Minnesota Symposium on Child Psychology, Bd. 13 (S. 131–164), hg. von W. A. Collins (Hillsdale, New Jersey: Erlbaum, 1980).
Siegal, M. und K. Beattie, „Where to Look First for Children's Knowledge of False Belief", Cognition 38 (1991), S. 1–12.
Sigman, M., P. Mundy, T. Sherman und J. Ungerer, „Social Interactions of Autistic, Mentally Retarded, and Normal Children and Their Caregivers", Journal of Child Psychology and Psychiatry 27 (1986), S. 647–656.
Smiley, P. und J. Huttenlocher, „Young Children's Acquisition of Emotion Concepts", in Children's Understanding of Emotion, hg. von C. Saarni und P. L. Harris (Cambridge: Cambridge University Press, 1989), S. 27–49.
Snell, B., The Discovery of the Mind in Greek Philosophy and Literature (New York: Dover, 1982; dt. Die Entdeckung des Geistes: Studien zur Entstehung des europäischen Denkens bei den Griechen. Göttingen: Vandenhoeck & Ruprecht, 1975, 4. neubearbeitete Auflage).
Sodian, B., „The Development of Deception in Young Children", British Journal of Developmental Psychology 9 (1991), S. 173–188.
–, C. Taylor, P. L. Harris und J. Perner, „Early Deception and the Child's Theory of Mind: False Trails and Genuine Markers", Child Development 62 (1991), S. 468–483.
– und U. Frith, „The Theory of Mind Deficit in Autism: Evidence from Deception", in Understanding Other Minds: Perspectives from Autism, hg. von S. Baron-Cohen, H. Tager-Flusberg und D. Cohen (Oxford: Oxford University Press, 1993), S. 158–180.
Sperber, D. und D. Wilson, Relevance: Communication and Cognition (Cambridge, Mass.: Harvard University Press, 1986).
Stern, D. N., The Interpersonal World of the Infant (New York: Basic Books, 1985; dt. Die Lebenserfahrung des Säuglings, Stuttgart: Klett-Cotta, 1992).
Stich, S., From Folk Psychology to Cognitive Science (Cambridge, Mass.: Bradford Books/MIT Press, 1983).
Stouthamer-Loeber, M., „Young Children's Verbal Misrepresentations of Reality", in Children's Interpersonal Trust, hg. von K. Rotenberg (New York: Springer-Verlag, 1991), S. 20–42.
Tager-Flusberg, H., „Autistic Children's Talk about Psychological States: Deficits in the Early Acquisition of a Theory of Mind", Child Development 63 (1992), S. 161–172.

Tomasello, M., A. Kruger und H. H. Ratrier, „Cultural Learning", Behavioral and Brain Sciences 16 (1993), S.495–552.
Trevarthen, C., „The Foundations of Intersubjectivity: Development of Interpersonal and Cooperative Understanding in Infants", in The Social Foundations of Language and Thought, hg. von D. R. Olson (New York: Norton, 1980), S. 316–342.
Vasek, M. E., „Lying as a Skill: The Development of Deception in Children", in Deception: Perspectives on Human and Non-human Deceit (S. 271–292), hg. von R. W. Mitchell und N. S. Thompson (New York: SUNY Press, 1986).
Villiers, P. A. de und J. G. de Villiers, Early Language (Cambridge, Mass.: Harvard University Press, 1979).
Vygotsky, L. S., Thought and Language (Cambridge, Mass.: MIT Press, 1962; dt. L. S. Vygotskij, Denken und Sprechen, Frankfurt: S. Fischer, 1969; russische Originalausgabe aus dem Jahre 1934).
Wellman, H. M., The Child's Theory of Mind (Cambridge, Mass.: Bradford Books/MIT Press, 1990).
Wellman, H. M., „From Desires to Beliefs: Acquisition of a Theory of Mind", in Natural Theories of Mind: Evolution Development and Simulation of Everyday Mindreading (S. 19–38), hg. von A. Whiten (Oxford: Basil Blackwell, 1991).
Wellman, H. M., „From Desires to Beliefs: Acquisition of a Theory of Mind", in Natural Theories of Mind: Evolution, Development and Simulation of Everyday Mindreading, hg. von A. Whiten (Oxford: Basil Blackwell, 1991), S. 19–38.
Wellman, H. M. und K. Bartsch, „Young Children's Reasoning about Beliefs", Cognition 30 (1988), S. 239–277.
Wellman, H. M., P. L. Harris, M. Banerjee und A. Sinclair, „Early Understandings of Emotion: Evidence from Natural Language", Cognition and Emotion 9 (1995), S. 117–149.
Wellman, H. M. und A. K. Hickling, „Understanding Pretense as Pretense: Commentary on Harris and Kavanaugh", Monographs of the Society for Research in Child Development 58 (1993, 1, Serial No. 231).
Wells, G., Language Development in the Pre-school Years (Cambridge: Cambridge University Press, 1985).
Whiten, A. (Hg.), Natural Theories of Mind: Evolution, Development and Simulation of Everyday Mindreading (Oxford: Basil Blackwell, 1991).
Wimmer, H., S. Gruber und J. Perner, „Young Children's Conception of Lying: Lexical Realism-Moral Subjectivism", Journal of Experimental Child Psychology 37 (1984), S. 1–30.
Wimmer, H. und M. Hartl, „Against the Cartesian View on Mind: Young Children's Difficulty with Own False Beliefs", British Journal of Developmental Psychology 9 (1991), S. 125–138.
Wimmer, H. und J. Perner, „Beliefs about Beliefs: Representation and

Constraining Function of Wrong Beliefs in Young Children's Understanding of Deception", Cognition 13 (1983), S. 103–128.
Wing, L. und J. Gould, „Severe Impairments of Social Interaction and Associated Abnormalities in Children: Epidemiology and Classification", Journal of Autism and Developmental Disorders 9 (1979), S. 11–30.
Winner, E., The Point of Words: Children's Understanding of Metaphor and Irony (Cambridge, Mass.: Harvard University Press, 1988).
Wolf, D. P., J. Rygh und J. Altshuler, „Agency and Experience: Actions and States in Play Narratives", in Symbolic Play: The Development of Social Understanding, hg. von I. Bretherton (Orlando, Florida: Academic Press, 1984), S. 195–217.
Zaitchik, D., „Is Only Seeing Really Believing? Sources of True Belief in the False Belief Task", Cognitive Development 6 (1991), S. 91–103.

Literaturempfehlungen

J. W. Astington, P. L. Harris und D. R. Olson (Hg.), Develoving Theories of Mind. New York: Cambridge University Press, 1988.

S. Baron-Cohen, H. Tager-Flusberg und D. Cohen (Hg.), Understanding Other Minds: Perspectives from Autism. Oxford: Oxford University Press, 1993.

G. E. Butterworth, P. L. Harris, A. M. Leslie und H. M. Wellman (Hg.), Perspectives on the Child's Theory of Mind. Oxford: Oxford University Press, 1991.

J. Dunn, The Beginnings of Social Understanding. Cambridge, Mass.: Harvard University Press, 1988.

U. Frith, Autism: Explaining the Enigma. Oxford: Basil Blackwell, 1989.

D. Frye und C. Moore (Hg.), Children's Theories of Mind: Mental States and Social Understanding. Hillsdale, New Jersey: Erlbaum, 1991.

P. L. Harris, Children and Emotion: The Development of Psychological Understanding. Oxford: Basil Blackwell, 1989.

J. Perner, Understanding the Representational Mind. Cambridge, Mass.: Bradford/MIT Press, 1991.

H. M. Wellman. The Child's Theory of Mind. Cambridge, Mass.: Bradford/MIT Press, 1990.

A. Whiten (Hg.), Natural Theories of Mind: Evolution, Development and Simulation of Everyday Mindreading. Oxford: Basil Blackwell, 1991.

Danksagung

Mit diesem Buch habe ich vor langer Zeit begonnen. Ich war Botanikerin und Lehrerin, dann bekam ich zwei Töchter. Ich kann mich immer noch an ihre Freude und ihre Überraschung erinnern, als sie das Denken entdeckten, obwohl ich es damals noch nicht so nannte. Als ich sie dabei beobachtete, wie sie sprechen und miteinander spielen lernten, wechselte ich von der Botanik zur Psychologie über. Ich ging zum *Ontario Institute for Studies in Education*, wo ich auf David Olson und Robbie Case stieß, die für mich zu Ratgebern, Freunden und Kollegen wurden. Ich möchte mich bei ihnen für ihren produktiven Beitrag zu meiner intellektuellen Entwicklung und zu diesem Buch bedanken.

Kurz nachdem ich am *Ontario Institute for Studies in Education* mein Examen gemacht hatte, organisierten Lynd Forguson, Alison Gopnik, David Olson und ich an der Universität von Toronto eine internationale Konferenz mit dem Titel „Developing Theories of Mind" („Die Entwicklung von Theorien des Denkens"). Eben dort traf ich erstmals viele der Menschen, über deren Arbeit dieses Buch informiert. Seit dieser Zeit bereitet es mir Vergnügen, innerhalb der lebendigen Gemeinschaft von Kollegen beiderseits des Atlantiks, die sich mit Theorien des Denkens beschäftigen, Artikel und Gedanken auszutauschen. Viele von ihnen, wie auch andere Freunde und Studenten, haben erste Entwürfe dieses Buchs gelesen. Ihre Kritik, ihre Ermutigungen und ihre Anekdoten haben aus ihm das gemacht, was es ist: Besonders danke ich Josef Perner, Paul Harris, Alison Gopnik, Henry Wellman, Sue Leekam, Simon Baron-Cohen, Daniela O'Neill, Joan Peskin, Jenny Jenkins und John Astington.

Vielen Dank für die eifrige Unterstützung sage ich auch allen in meiner jetzigen Arbeitsstelle, dem *Institute of Child Study* an der Pädagogikfakultät der Universität von Toronto – den Kindern und Lehrern, den Studenten, den Forschern, den Dozenten und dem übrigen Personal; dieser Dank gilt insbesondere dem Institutsdirektor Carl Corter und dem Dekan der Fakultät Michael Fullan. Ich kann mir keinen geeigneteren Ort vorstellen, an dem man über Kinder forschen und schreiben kann. Und ich möchte auch nicht vergessen, die finanzielle Unterstützung zu erwähnen, die dieses Forschen und Schreiben erst ermöglichte – die Unterstützung durch das *Social Sciences and Humanities Research Council of Canada*, durch das *Natural Sciences and Engineering Research Council of Canada* und durch die *National Academy of Education* in Form eines *Spencer Postdoctoral Fellowship*.

Bei dieser Gelegenheit danke ich auch Angela von der Lippe und Linda Howe von Harvard University Press für ihre Beratung und für ihre Geduld. Und schließlich bin ich Jerome Bruner, dessen Arbeit ich seit langem sehr bewundere, ausgesprochen dankbar für die Ermutigung und die Unterstützung, die er mir zuteil werden ließ.

Erika Landau

Mut zur Begabung

2., überarb. und erw. Auflage 1999
210 Seiten. 11 Abb. 3 Tab. (3-497-01484-2) kt

„Dieses Buch ist für die Begabten und ihre Umgebung geschrieben. Es soll sie stärken, so daß sie den Mut haben, ihre Begabung zu realisieren. Wie weit es jemand wagt, seine kreativen Fähigkeiten zu verwirklichen, ist von seiner Umwelt abhängig. Unsere Gesellschaft ist konformistisch. In ihr herrschen ziemlich rigide Vorstellungen davon, was in einem Kind wann entwickelt werden sollte. Individuelle Fähigkeiten und Begabungen werden dabei oft an den Rand gedrängt. Aber weder das Individuum noch die Gesellschaft kann und darf es sich leisten, auf kreative Fähigkeiten zu verzichten. Wir müssen Begabung herausfordern und fördern! Jedes Kind hat schon seine eigene Begabung. Eltern und Lehrer z. B. können ein Kind vielfältig fördern. Aber Vorsicht: Bei ausschließlich kognitiver Stimulierung bleibt die Persönlichkeit des Kindes als ganzes unreif. Nur das Zusammenspiel zwischen einer Umgebung, die emotional wie intellektuell herausfordert, und den Fähigkeiten des Kindes entspricht, führt zur Verwirklichung seiner Begabung. Die Zusammenhänge von Stimulation, Begabung und Kreativität zeige ich mit vielen Beispielen aus meiner langjährigen Erfahrung in diesem Buch: Mut zur Begabung!"   *Erika Landau*

Ernst Reinhardt Verlag München Basel

Hartmut Kasten

Geschwister

Vorbilder – Rivalen – Vertraute

3. Auflage 1999. 192 Seiten. 15 Abb. (3-497-01457-5) kt

Der Platz in der Geschwisterreihenfolge, Geschlecht und Altersabstand sind wichtige Faktoren für die Entwicklung von sozialen Fähigkeiten und Intelligenz. Der Entwicklungspsychologe und Pädagoge Hartmut Kasten zeigt dieses Thema in seiner ganzen Vielfalt und die Veränderungen von der frühen Kindheit bis ins Alter. Das Buch ist allen zu empfehlen, die Geschwisterkonstellationen besser verstehen möchen.

Aus dem Inhalt

Was ist das Interessante an Geschwistern?
Familie im Wandel: Auswirkungen auf die Geschwister
Geschwister bei uns und in anderen Gesellschaften
Unterschiede zwischen Geschwistern – wie sind sie zu erklären?
Welchen Einfluß haben Geburtsrangplatz und die Struktur der Familie?
Welche Rolle spielt das Geschlecht der Geschwister?
Welche Rolle spielt der Altersabstand?
Welchen Einfluß hat die Geschwisterzahl?
Wie verändern sich die Geschwisterbeziehungen im Laufe des Lebens?
Geschwister besonderer Art

Ernst Reinhardt Verlag München Basel

Hartmut Kasten

Pubertät und Adoleszenz

Wie Kinder heute erwachsen werden

1999. 224 Seiten. (3-497-01485-0) kt

Der Autor geht den vielfältigen Ursachen nach, die die Pubertät so schwierig machen können. Die körperlichen und seelischen Veränderungen bringen nicht wenige Jugendliche aus dem Gleichgewicht. Eigenverantwortung und erste Selbständigkeit werden probiert. Zwischen Rückzug und Protest spielt sich die ganze Bandbreite jugendlicher Nöte und Sehnsüchte ab. Hartmut Kasten, selbst Vater, versteht es, wissenschaftliche Erkenntnisse verständlich aufzuarbeiten und mit realistischen Empfehlungen an Eltern und Erzieher zu verbinden.

Aus dem Inhalt

Grundlegende Theorien der Entwicklung in Pubertät und Adoleszenz

Körperliche Veränderungen während der Pubertät und Adoleszenz

Die Pubertät: Beginn des großen seelischen Umbaus

Adoleszenz: Rückkehr in ruhigere Gewässer oder Aufbruch zu unbekannten Meeren?

Ernst Reinhardt Verlag München Basel

Günther Opp/Michael Fingerle/Andreas Freytag (Hrsg.)

Was Kinder stärkt

Erziehung zwischen Risiko und Resilienz

1999. 375 Seiten. 34 Abb. 15 Tab. (3-497-01497-4) gb

Kinder sind verletzlich – zahlreiche Risikofaktoren können sie in ihrer Entwicklung beeinträchtigen. Aber Kinder verfügen auch über Widerstandskräfte. Sie besitzen Stärken und Fähigkeiten, mit denen sie diesen Risikofaktoren begegnen können.

Was macht Kinder stark? Welche Hilfen und Ressourcen müssen sie in ihrer Umwelt vorfinden, damit sie ihre Potentiale voll entfalten können? Diesen Fragen widmen sich in dem vorliegenden Buch renommierte Wissenschaftler verschiedener Disziplinen und Länder. Die Autoren stellen aktuelle Ergebnisse der Resilienzforschung vor und leiten daraus neue Wege der (heil-)pädagogischen Arbeit ab, um entwicklungsgefährdete Kinder zu stärken.

Aus dem Inhalt

Entwicklung zwischen Risiko und Resilienz – Forschungsergebnisse
Risiko und Resilienz im Lebenslauf: Kleinkindalter, Schulalter, Übergänge ins Erwachsenenalter
Risiko und Resilienz aus der Sicht der Geschlechterdifferenz
Resilienzforschung
Pädagogische Reflexionen

Ernst Reinhardt Verlag München Basel

Horst Nickel / Ulrich Schmidt-Denter

Vom Kleinkind zum Schulkind

Eine entwicklungspsychologische Einführung
für Erzieher, Lehrer und Eltern

5., überarbeitete und ergänzte Auflage 1995. 277 Seiten. 28 Abb. (3-497-01378-1) kt

Auf der Grundlage gesicherter wissenschaftlicher Erkenntnisse geben die Autoren einen allgemeinverständlichen Überblick über die Altersspanne von drei bis acht Jahren. Neu berücksichtigt wurden u. a.: neue Forschungsergebnisse zu Psychomotorik, Spielen, Kreativität, psychosexueller Entwicklung, Elektronischen Medien sowie veränderte familiäre Bedingungen (z.b. Scheidungskinder) und veränderte Gesetzgebung bei Einschulung, Regelversetzung und Schulfähigkeit.

Aus dem Inhalt

Das Kind in seiner Entwicklung
Die körperliche Entwicklung
Die Erlebniswelt
Die Erkenntnisfunktionen
Sprachverhalten
Spielen und Gestalten
Sozialverhalten und Sexualität
Die Ausbildung überdauernder Persönlichkeitszüge
Förderung im Kleinkind- und Schulalter
Der Eintritt in die Welt der Schule

Ernst Reinhardt Verlag München Basel

»Kinder sind Kinder«

Diese Buchreihe bietet Rat und Informationen all denen, die täglich mit Kindern zu tun haben. Die handlichen Taschenbücher stellen aktuelle Themen aus dem Alltag mit Kindern dar und helfen, Probleme richtig zu erkennen oder ihren Anfängen entgegenzuwirken.

Alfred Zuckrigl
1 **Linkshändige Kinder in Familie und Schule**
5., ergänzte Auflage 1995. 96 Seiten. (3-497-01370-6)

Erwin Richter, Walburga Brügge, Katharina Mohs
2 **Wenn ein Kind anfängt zu stottern**
Ratgeber für Eltern und Erzieher
3., neubearbeitete Auflage 1998. 75 Seiten. 7 Abb. 1 Tab. (3-497-01450-8)

Gertraud Kietz
4 **Kinder erleben und verstehen**
1982. 112 Seiten. (3-497-00987-3)

Heinrich Kratzmeier
5 **Schule – unheimlich wichtig**
1982. 80 Seiten. (3-497-00988-1)

Beate Lohmann
6 **Müssen Legastheniker Schulversager sein?**
3., aktualisierte Auflage 1997. 109 Seiten. 12 Abb. (3-497-01422-2)

Ernst J. Kiphard
7 **Unser Kind ist ungeschickt?**
Hilfen für das bewegungsauffällige Kind
4., aktualisierte Auflage 1996. 83 Seiten. (3-497-01404-4)

Heinz-Lothar Worm
8 **Fünf Fragen an den Elternberater**
Zählenlernen, Farbenkennen, Geschwisterverhalten, Bettnässen, Straßenverkehr
1984. 66 Seiten. (3-497-01059-6)

Erwin, Richter, Walburga Brügge, Katharina Mohs
9 So lernen Kinder sprechen
Die normale und die gestörte Sprachentwicklung
3., neubearbeitete Auflage 1997. 94 Seiten. 4 Abb. 3 Tab. (3-497-01424-9)

Francis X. Waltron, Robert L. Powers
10 Vertrauen und Verantwortung zwischen Kindern und Erwachsenen
1984. 77 Seiten. (3-497-01075-8)

Manfred Berger
11 Der Übergang von der Familie zum Kindergarten
Anregungen zur Gestaltung der Aufnahme in den Kindergarten
2., neubearbeitete Auflage 1997. 107 Seiten. 15 Abb. (3-497-01428-1)

Andreas Mehringer
12 Eine kleine Heilpädagogik
Vom Umgang mit schwierigen Kindern
10. Auflage 1998 (40. Tsd.). 98 Seiten. (3-497-01463-X)

Thomas Lang
13 Kinder brauchen Abenteuer
2., ergänzte Auflage 1995. 80 Seiten. (3-497-01369-2)

Franz J. Mönks, Irene H. Ypenburg
14 Unser Kind ist hochbegabt
Ein Leitfaden für Eltern und Lehrer
3. Auflage 2000. 89 Seiten. (3-497-01461-3)

Karl E. Dambach
15 Mobbing in der Schulklasse
1998. 100 Seiten. (3-497-01472-9)

Ernst Reinhardt Verlag München Basel